A ESTRUTURA DA MAGIA
Um Livro sobre Linguagem e Terapia

Grupo
Editorial
Nacional

O GEN | Grupo Editorial Nacional – maior plataforma editorial brasileira no segmento científico, técnico e profissional – publica conteúdos nas áreas de ciências humanas, exatas, jurídicas, da saúde e sociais aplicadas, além de prover serviços direcionados à educação continuada e à preparação para concursos.

As editoras que integram o GEN, das mais respeitadas no mercado editorial, construíram catálogos inigualáveis, com obras decisivas para a formação acadêmica e o aperfeiçoamento de várias gerações de profissionais e estudantes, tendo se tornado sinônimo de qualidade e seriedade.

A missão do GEN e dos núcleos de conteúdo que o compõem é prover a melhor informação científica e distribuí-la de maneira flexível e conveniente, a preços justos, gerando benefícios e servindo a autores, docentes, livreiros, funcionários, colaboradores e acionistas.

Nosso comportamento ético incondicional e nossa responsabilidade social e ambiental são reforçados pela natureza educacional de nossa atividade e dão sustentabilidade ao crescimento contínuo e à rentabilidade do grupo.

RICHARD BANDLER

e

JOHN GRINDER

a estrutura da magia

UM LIVRO SOBRE LINGUAGEM E TERAPIA

Tradução de

RAUL BEZERRA PEDREIRA FILHO

Revisão Técnica de

ALZIRA SOARES DA ROCHA
*Licenciada em Letras-Anglo-Germânicas pela Faculdade de Filosofia
da antiga Universidade do Brasil — Professor Adjunto da UFRJ*

- **Atendimento ao cliente: (11) 5080-0751 | faleconosco@grupogen.com.br**

- Traduzido de
The Structure of Magic I: A Book About Language and Therapy, Bandler & Grinder
Copyright © 1975 by Science and Behavior Books, Inc.
Original English language, Science & Behavior Books, Palo Alto CA
All Rights Reserved.
ISBN: 9780831400446

- Direitos exclusivos para a língua portuguesa
Copyright © 1977, 2023 (16ª impressão) by
LTC | Livros Técnicos e Científicos Editora Ltda.
Uma editora integrante do GEN | Grupo Editorial Nacional
Travessa do Ouvidor, 11
Rio de Janeiro – RJ – 20040-040
www.grupogen.com.br

CIP-BRASIL. CATALOGAÇÃO-NA-FONTE
SINDICATO NACIONAL DOS EDITORES DE LIVROS, RJ

B169e
Bandler, Richard
A estrutura da magia: um livro sobre linguagem e terapia / Richard Bandler e John Grinder; tradução de Raul Bezerra Pedreira Filho ; revisão técnica de Alzira Soares da Rocha. – [Reimpr.]. – Rio de Janeiro: LTC, 2023.

Tradução de: The structure of magic : a book about language and therapy
Apêndices
Contém glossário
Inclui bibliografia
ISBN 978-85-216-1254-4

1. Psicoterapia. 2. Psicolinguística. I. Grinder, John. II. Título.

10-6462.   CDD: 616.8914
                                   CDU: 615.851

Respeite o direito autoral

Sumário

Nota do Tradutor

A par das dificuldades apresentadas por qualquer tradução, as desta obra foram redobradas, por se tratar da transcrição de um seminário — vale dizer, linguagem falada transposta para o papel. Consequentemente, o leitor se deparará, com relativa frequência, com coloquialismos e, até mesmo, gírias. Não houve hesitação em sacrificar a beleza da língua em favor da fidelidade ao original. Que o leitor tire deste livro o mesmo proveito que o tradutor.

Agradecimentos

Gostaríamos de agradecer a todos aqueles que nos auxiliaram na feitura deste livro: Jim Anderson e Kristofer Bakke, sem os quais teríamos gasto o dobro do tempo, e aos fabricantes do Café Folgers, sem cujo excelente produto não teríamos atravessado tão longas noites de trabalho.

Dedicatória

Dedicamos este livro
a
Virginia Satir

em reconhecimento por ter-nos dado
suas intuições sobre
gente.

Estas intuições são
a base do que
se segue
neste livro.

Obrigado, Virginia.
Nós
te amamos.

PSYCHE

Volumes publicados nesta coleção:

A ESTRUTURA DA MAGIA, R. Bandler e J. Grinder
O INDIVÍDUO EXCEPCIONAL, C. W. Telford e J. M. Sawrey (2ª ed.)
A CRIANÇA E O SEU MUNDO, D. W. Winnicot

Apresentação

PUXA! O que se pode dizer quando nosso trabalho é observado por dois pares de olhos penetrantes de dois pesquisadores, muito capazes, da criatura humana? Este livro é o resultado dos esforços de dois jovens espertos, capazes de nos deixar intrigados, que estão interessados em descobrir como ocorrem as modificações e em documentar esse processo. Eles parecem ter encontrado uma descrição dos elementos previsíveis que ocasionam as modificações numa transação entre duas pessoas. Conhecer esses elementos torna possível usá-los conscientemente e, assim, empregar métodos vantajosos para induzir as modificações.

Digo frequentemente às pessoas que tenho o direito de ser um aprendiz lento, porém educável. O que isso significa para mim, como terapeuta, é que tenho somente um pensamento — ajudar as pessoas que vêm a mim em sofrimento a efetuar modificações em sua vida. A maneira como uso meu corpo, minha voz, meus olhos, minhas mãos, além das palavras e o modo como as uso, é minha única ferramenta. Já que minha meta é tornar a mudança possível a todos, todo alguém oferece um novo desafio.

Revendo o passado, vejo que, embora estivesse ciente de que as modificações estavam ocorrendo, eu desconhecia os elementos específicos que participaram da transação, que tornaram possíveis as modificações. Durante anos, desejei saber como seria estar no outro extremo, observar-me trabalhando, observar o processo de modificação do outro lado. Os autores gastaram horas olhando *videotapes* e ouvindo o material gravado, encontraram padrões emergentes, que puderam documentar. Faço alguma coisa, sinto-a, vejo-a, minhas vísceras respondem a ela — isso é uma experiência subjetiva. Quando a faço com mais alguém, seus olhos, ouvidos, corpo sentem essas coisas. O que Richard Bandler e John Grinder fizeram foi observar o processo de modificação durante algum tempo e destilar deste os padrões do processo de *como*. O que eles descobriram relaciona-se particularmente, de uma forma sofisticada, à matemática, à física, à neurologia e à linguística.

Seria difícil para mim escrever esta apresentação sem deixar transparecer meu próprio sentimento de entusiasmo, espanto e emoção. Há muito tempo sou professora de Terapia Familiar, como também me dedico à clínica e à teoria do assunto. Isso significa que tenho visto ocorrerem modificações em muitas famílias, e estive envolvida no treinamento de muitos terapeutas familiares. Tenho uma teoria sobre *como* faço a modificação ocorrer. O conhecimento do processo foi agora consideravelmente adiantado graças a Richard Bandler e John Grinder, os quais podem falar, de um modo que pode ser concretizado e medido, sobre os ingredientes do *que* que entra para tornar o *como* possível.

Virginia M. Satir

Introdução

É um raro prazer escrever uma introdução para este livro, porque John Grinder e Richard Bandler fizeram algo semelhante ao que meus colegas e eu tentamos há quinze anos. A tarefa era fácil de definir: criar um ponto de partida de uma base teórica apropriada para a descrição da interação humana. A dificuldade reside na palavra "apropriada" e no fato de que o que deveria ser descrito incluía não somente a sequência de eventos da comunicação bem-sucedida, mas também os padrões de desentendimento e o patogênico.

As ciências do comportamento, e especialmente a psiquiatria, sempre evitaram a teoria, e é fácil fazer uma lista das várias manobras pelas quais a teoria poderia ser evitada: os historiadores (e alguns antropólogos) escolheram a impossível tarefa de fazer não teoria, mas extrair mais dados daquilo que era conhecido — uma tarefa para detetives e tribunais. Os sociólogos podaram as complexas variações do fato conhecido a uma tal simplicidade que o que restou dessa tosquia foi quase nada. Os economistas acreditavam na preferência transitiva. Os psicólogos aceitavam todo tipo de entidades explanatórias internas (ego, ansiedade, agressão, instinto, conflito etc.), de certa forma uma reminiscência da psicoteologia medieval.

Os psiquiatras embrenharam-se em todos esses métodos de explicação; andaram à busca de narrativas da infância para explicar o comportamento presente, extraindo novos dados daquilo que era conhecido. Tentaram criar exemplos estatísticos de morbidez. Mergulharam em entidades míticas e internas, ids e arquétipos. Acima de tudo, tomaram emprestados os conceitos de física e mecânica — energia, tensão e coisas semelhantes — para criar um cientificismo.

Mas houve alguns pontos de partida dignos de se trabalhar: os "tipos lógicos" de Russell e Whitehead, a "Teoria dos Jogos" de Von Neumann, as noções de forma comparável (chamadas "homologia" pelos biólogos), os conceitos de "níveis" em linguística, a análise dos silogismos "esquizofrênicos" de Von Domarus, a noção de descontinuidade da genética e a noção relacionada de informação binária. Padrão e redundância estavam começando a ser definidos. E, acima de tudo, havia a ideia de homeostase e autocorreção da cibernética.

Dessas peças espalhadas surgiu uma classificação hierárquica de ordens de mensagem e (por conseguinte) de ordens de aprendizado, os primórdios de uma teoria de "esquizofrenia" e com ela uma tentativa, muito prematura, de classificar os modos pelos quais as pessoas e os animais codificam suas mensagens (digital, analógico, icônico, cinésico, verbal etc.).

Talvez nossa maior desvantagem naquela época tenha sido a dificuldade que os profissionais aparentavam experimentar quando tentavam compreender o que estávamos fazendo. Alguns até mesmo tentaram contar "duplos sentidos" em conversações gravadas. Guardo como um tesouro em meus arquivos uma carta de um órgão subvencionador dizendo que meu trabalho deveria ser mais clínico, mais experimental, e, acima de tudo, mais quantitativo.

Grinder e Bandler enfrentaram os mesmos problemas que nós, naquela época, e esta série é o resultado. Eles dispõem de elementos que não tivemos — ou não víamos como usá-los. Tiveram êxito em transformar a linguística numa base para a teoria e simultaneamente num instrumento para a terapia. Isso lhes dá um duplo controle dos fenômenos psiquiátricos, e fizeram algo que, como vejo hoje em dia, fomos tolos em deixar escapar.

Já sabíamos que a maior parte das premissas da psicologia individual era inútil, e sabíamos que devíamos classificar os modos de comunicação. Mas nunca nos ocorreu indagar sobre os efeitos dos modos sobre as relações interpessoais. Neste primeiro volume, Grinder e Bandler tiveram êxito em tornar explícita a sintaxe de como as pessoas evitam a modificação e, por conseguinte, como auxiliá-las na mudança. Aqui se concentram na comunicação verbal. No segundo volume, desenvolvem um modelo geral de comunicação e modificação envolvendo os outros modos de comunicação que os seres humanos usam para representar e comunicar suas experiências. O que acontece quando as mensagens em código digital são lançadas a uma pessoa capaz de raciocinar dentro desse contexto? Ou quando representações visuais são oferecidas a um paciente auditivo?

Não vimos que esses diversos modos de codificação — visual, auditivo etc. — são tão distantes, tão diferentes um do outro mesmo na representação neurofisiológica, que material algum em código nenhum pode jamais ser do mesmo tipo lógico que qualquer material em qualquer outro código.

Essa descoberta parece óbvia quando o argumento parte da linguística, como no primeiro volume da presente série, em vez de partir de contraste cultural e psicose, como fizemos.

Mas, realmente, muito do que era tão difícil dizer em 1955 é extraordinariamente mais fácil em 1975.

Que isso seja ouvido.

Gregory Bateson
Kresge College
University of California, Santa Cruz

Prefácio

Desde os mais remotos tempos o poder e encanto dos praticantes de magia foram registrados em canções e narrativas. A presença de magos, bruxas, feiticeiros, xamãs e gurus sempre foi intrigante e inspiradora de medo às pessoas comuns. Esses seres poderosos, envoltos num manto de mistérios, apresentavam uma notável contradição aos modos comuns de se lidar com o mundo. Os feitiços e encantamentos que eles urdiam eram temidos acima de qualquer crença e, ao mesmo tempo, procurados constantemente pelo auxílio que podiam prestar. Onde quer que esses seres poderosos executassem publicamente seus prodígios podiam, a um só tempo, destruir os conceitos de realidade daquele momento e lugar e apresentar a si mesmos como possuidores de algo acima de qualquer conhecimento. Atualmente, o manto do mago é mais frequentemente colocado sobre esses dinâmicos praticantes de psicoterapia que rapidamente ultrapassaram a habilidade de outros terapeutas, e cujo trabalho é tão deslumbrante de se observar que nos leva a estados de grande emoção, descrença e extrema confusão. Exatamente como sucedeu com todos os magos de todas as épocas da Terra cujo conhecimento foi guardado com muito apreço e passado adiante de sábio a sábio — perdendo e acrescentando partes, mas retendo uma estrutura básica — assim também possui uma estrutura a magia desses magos terapeutas.

O Príncipe e o Mago

Era uma vez um jovem príncipe que acreditava em tudo, exceto em três coisas. Não acreditava em princesas, não acreditava em ilhas, não acreditava em Deus. Seu pai, o rei, disse-lhe que tais coisas não existiam. Como não havia princesas ou ilhas nos domínios de seu pai, e nenhum sinal de Deus, o príncipe acreditou no pai.

Um dia, porém, o príncipe fugiu do palácio e dirigiu-se ao país vizinho. Lá, para seu espanto, viu ilhas por toda a costa, e nessas ilhas viu criaturas estranhas e perturbadoras, às quais não se atreveu a dar nome. Quando estava procurando um barco, um homem vestido de noite dele se aproximou na beira da praia.

— Estas ilhas são de verdade? — perguntou o jovem príncipe.

— Claro que são ilhas verdadeiras — disse o homem vestido de noite.

— E aquelas estranhas e perturbadoras criaturas?

— São todas autênticas e genuínas princesas.

— Então, também Deus deve existir! — bradou o príncipe.

— Eu sou Deus — replicou o homem vestido de noite, com uma reverência. O jovem príncipe retornou a casa tão depressa quanto pôde.

— Então, estás de volta — disse o pai, o rei.

— Vi ilhas, vi princesas, vi Deus — disse o príncipe num tom reprovador.

O rei não se abalou.

— Não existem ilhas de verdade, nem princesas de verdade, nem um Deus de verdade.

— Eu os vi!

— Diga-me como Deus estava vestido.

— Deus estava todo vestido de noite.

— As mangas de sua túnica estavam arregaçadas?

O príncipe lembrou-se que estavam. O rei sorriu.

— Isso é o uniforme de um mago. Você foi enganado.

Com isso, o príncipe retornou ao país vizinho e foi para a mesma praia, onde mais uma vez encontrou o homem todo vestido de noite.

— Meu pai, o rei, contou-me quem és — disse o príncipe indignado. — Tu me enganaste da última vez, mas não o farás novamente. Agora sei que estas não são ilhas de verdade, nem aquelas criaturas são princesas de verdade, porque tu és um mago.

O homem da praia sorriu.

— És tu que estás enganado, meu rapaz. No reino de teu pai existem muitas ilhas e muitas princesas. Mas tu estás sob o encanto de teu pai, logo não podes vê-las.

O príncipe, cabisbaixo, voltou para casa. Quando viu o pai, fitou-o nos olhos.

— Pai, é verdade que tu não és um rei de verdade, mas apenas um mago?

O rei sorriu e arregaçou as mangas.

— Sim, meu filho, sou apenas um mago.

— Então o homem da praia era Deus.

— O homem da outra praia era outro mago.

— Tenho de saber a verdade, a verdade além da magia.

— Não há verdade além da magia — disse o rei.

O príncipe ficou profundamente triste.

— Eu me matarei — disse ele.

O rei, pela magia, fez a morte aparecer. A morte ficou junto à porta e acenou para o príncipe. O príncipe estremeceu. Lembrou-se das ilhas belas mas irreais e das princesas belas mas irreais.

— Muito bem — disse ele —, eu aguento lidar com isso.

— Vê, meu filho — disse o rei —, tu, também, agora começas a ser um mago.

Reproduzido de *The Magus,* por John Fowles, Dell Publishing Co., Inc.; pp. 499-500.

Advertência ao Leitor

A tarefa principal da psicologia, tanto experimental como aplicada, é a compreensão do comportamento humano. O comportamento humano é extremamente complexo. Dizer, contudo, que nosso comportamento é complexo não é negar que tenha estrutura. Em geral, a psicologia moderna tentou entender o comportamento humano dividindo-o em áreas de estudo relativamente separadas — por exemplo, as áreas de percepção, de aprendizado, de comportamento de linguagem, das habilidades motoras. Enquanto cresce a nossa compreensão de cada uma dessas áreas, continuamos a revelar a estrutura do comportamento humano que está sendo descrito — para concluir que o comportamento humano é governado por regras.

Dizer que o comportamento humano é governado por regras não é dizer que podemos entendê-lo em termos de simples estímulo-resposta. No estudo das linguagens humanas, por exemplo, o tipo de regras requeridas para descrever esse comportamento está além das possibilidades das teorias de E-R (Chomsky, 1957). Para uma compreensão adequada deste livro é útil fazer-se a distinção entre comportamento governado por regras e comportamento determinado.

Prosseguindo com o exemplo das línguas humanas, o número de orações possíveis em cada uma delas (por exemplo, inglês, espanhol etc.) é infinito. Em outras palavras, o número de descrições verbais das experiências humanas é ilimitado. Ao mesmo tempo, o número de formas (sintaxe) nas quais se representa esse conjunto infinito de significados é altamente restrito — tem estrutura — e, portanto, pode ser descrito por um conjunto de regras. Essa sequência de palavras é uma oração em inglês.[*] Tem

---

[*] Por se tratar de uma tradução do inglês para o português, todos os exemplos, bem como todas as referências feitas quanto à estrutura da língua, falantes nativos etc., se reportam ao inglês. (N.T.)

uma estrutura, como pode ser demonstrado considerando-se o resultado da inversão da ordem das palavras:

Inglês em oração uma é palavra de sequência esta.

Igualmente, no caso de outros tipos de comportamento humano complexo, há um número infinito de atos distintos. A forma desses atos terá estrutura — e, por conseguinte, será descritível por algum conjunto de regras. Dizer que o comportamento humano é descritível por algum conjunto de regras não é garantir que nosso comportamento seja determinado ou previsível.

O mais sofisticado estudo do comportamento humano governado por regras é o estudo dos sistemas das línguas humanas. Especificamente, um grupo de linguistas conhecidos como gramáticos transformacionais desenvolveu um conjunto de regras que descrevem as formas que usamos para representar e comunicar nossa experiência com a linguagem. Embora a gramática transformacional seja uma disciplina nova (iniciada em 1955), ela já teve efeito marcante na psicologia experimental, especialmente na teoria moderna de aprendizagem. Ainda lhe resta causar impacto na psicologia aplicada. O objetivo deste livro é fazer da compreensão da gramática transformacional um instrumento utilizável e à disposição daqueles que trabalham com o complexo comportamento humano.

Além do exposto anteriormente há três informações que desejamos que o leitor tenha ao começar este livro:

1. O que contém o livro;
2. Como usá-lo;
3. O que se pode esperar obter do uso do livro.

1. O que contém o livro

Este livro foi projetado para oferecer um instrumental explícito que irá ajudá-lo a tornar-se um terapeuta mais eficiente. O Capítulo 1 mostra que nós não operamos diretamente no mundo em que vivemos, mas, ao contrário, criamos modelos ou mapas do mundo e utilizamos esses mapas para guiar nosso comportamento. E mais, afirma que a terapia efetiva implica alguma alteração no modo como um paciente representa sua experiência.

O Capítulo 2 mostra a estrutura de um modo específico dos seres humanos de representarem suas experiências — os sistemas de linguagem humana. O Capítulo 3 apresenta um modo de usar a estrutura dos sistemas de linguagem como um instrumental para ser utilizado na terapia. Esse instrumental é compatível com todas as formas de psicoterapia que conhecemos. O Capítulo 4 apresenta um procedimento passo a passo para o aprendizado e a utilização desses instrumentos. O Capítulo 5 compõe-se de duas transcrições com comentário, mostrando o uso desses instrumentos em terapia. O Capítulo 6 integra esses instrumentos a determinadas técnicas não verbais, bem conhecidas, pertencentes a formas já estabelecidas de psicoterapia.

2. Como usar este livro

Este livro não é um romance, e recomendamos que não se tente lê-lo como tal. É um manual para instruí-lo sobre um instrumental que ampliará sua eficiência como terapeuta. Como todo manual, deve ser lido e relido.

A fim de começar esse processo de aprendizagem por si mesmo, é desejável uma compreensão geral global, dos Capítulos 1, 2 e 3. Naturalmente, quanto mais completa for a compreensão desses capítulos, mais efetivamente seremos capazes de aplicar as técnicas específicas apresentadas no Capítulo 4.

Ao atingir o Capítulo 4, diminua a marcha. Esse capítulo consiste em um conjunto de instruções, passo a passo, para fornecer-lhe a prática no uso das técnicas. Já que este livro, o primeiro de uma série, se ocupa basicamente das técnicas verbais, a maioria delas constitui-se de perguntas baseadas na *forma* da comunicação do paciente sob terapia. Cada uma das técnicas apresentadas no Capítulo 4 deve ser estudada por si mesma a fim de dar-lhe uma habilidade ótima para aumentar sua eficiência como um terapeuta. Cada uma dessas técnicas tem pelo menos um exercício, estágio por estágio. Para adquirir traquejo, você deve praticá-los — USE OS EXERCÍCIOS.

O Capítulo 5 não é um exemplo do que consideramos terapia poderosa. O capítulo é projetado para mostrar-lhe como as várias técnicas operam em conjunto umas com as outras. Leia toda a transcrição com o comentário, prestando atenção às escolhas que o terapeuta faz e ao fluxo do intercâmbio verbal entre ele e o paciente. Pode-se também querer cobrir o comentário e considerar uma de cada vez as frases do paciente, para determinar se consegue identificar todas as escolhas que cada uma dessas frases apresenta a você no papel de terapeuta.

Leia todo o Capítulo 6 cuidadosamente — o propósito é ensiná-lo a usar as técnicas do Capítulo 4 para identificar a conveniência de algumas das mais conhecidas técnicas não verbais. Se alguma das técnicas não verbais apresentadas nesse capítulo for técnica na qual você já esteja treinado, use-a como um ponto de referência para integrar outras técnicas que achar proveitosas em sua terapia. Se nenhuma das suas técnicas específicas for apresentada, preste especial atenção a que técnica do Capítulo 4 você está usando na terapia, quando se tornar consciente de um momento apropriado para empregar uma de suas próprias técnicas específicas. Isso iniciará o processo de integração dos instrumentos apresentados neste manual ao seu próprio estilo de terapia.

3. O que se pode esperar obter do uso deste livro

Usar este livro da forma que sugerimos fará com que você seja um terapeuta mais eficiente. Isso sucederá especificamente por meio da:

1. Aprendizagem de um conjunto específico de técnicas de questionamento baseadas na comunicação verbal do paciente;

2. Aprendizagem de como o uso de técnicas não verbais especiais pode ser indicado por indicações verbais.

O efeito global desse conhecimento será dar-lhe uma estratégia explícita e clara para seu trabalho em terapia.

Capítulo 1

A ESTRUTURA DA ESCOLHA

... operações de caráter quase misterioso, que vão de encontro ao procedimento comum de um modo mais ou menos paradoxal. Elas são métodos que dão ao espectador a impressão de mágica, caso ele próprio não seja iniciado ou igualmente hábil no mecanismo.

H. Vaihinger, *The Philosophy of As If*, p. 11

Fora das categorias da psicoterapia moderna emergiram alguns superastros carismáticos. Essas pessoas aparentemente desempenham a tarefa da psicologia clínica com a facilidade e o prodígio de um mago terapeuta. Chegam até o sofrimento, a dor e a morbidez de outros, transformando seu desespero em alegria, vida e esperança renovada. Embora as abordagens que trazem a essa tarefa pareçam variadas e tão diferentes como o dia da noite, todos parecem partilhar de magia e força únicas. Sheldon Kopp descreveu sua experiência com uma dessas pessoas em seu livro *Guru* (p. 146):

Perls tinha presença física extraordinariamente poderosa, independência de espírito, disposição para aventurar-se aonde quer que sua intuição o levasse, e uma grande capacidade para estar intimamente em contato com qualquer um que estivesse pronto a trabalhar com ele. Não é raro nos vermos em lágrimas, ou exaustos, ou exultantes, após presenciarmos alguém sendo guiado através de uma tal experiência. Tão brilhante era sua intuição e tão poderosas suas técnicas que algumas vezes Perls levava apenas minutos para atingir a pessoa na posição crítica. Você poderia ser um personagem acuado, rígido, apático, em busca de auxílio e, no entanto, temeroso de que este surgisse e modificasse as coisas. Ele o colocaria no banco dos réus e então faria sua magia. Se você estivesse pronto para trabalhar, seria quase como se ele estendesse a mão, agarrasse o zíper de sua fachada, e o descesse tão rápido que sua alma torturada cairia ao chão entre vocês dois.

Perls não era, e mais certamente não é, o único terapeuta a se apresentar com tal força mágica. Virginia Satir e outros que conhecemos parecem ter essa mesma qualidade mágica. Negar essa capacidade ou simplesmente rotulá-la como *talento, intuição* ou *genialidade* é limitar o próprio potencial de alguém ao de "ajudador" de pessoas. Assim fazendo, perde-se a oportunidade de aprender a oferecer às pessoas que chegam até nós uma experiência que possivelmente usarão para mudar suas vidas a fim de gozar a plenitude do viver. Nosso desejo neste livro não é questionar a qualidade mágica de nossa experiência desses magos terapeutas, mas, ao contrário, mostrar que essa magia que eles executam — à semelhança de outras atividades humanas complexas como pintura, composição musical ou colocar um homem na Lua — tem estrutura e é, portanto, possível de aprender, uma vez fornecidos os recursos apropriados. Tampouco é nossa intenção afirmar que a leitura de um livro possa assegurar a obtenção dessas qualidades dinâmicas. Especialmente, não queremos fazer a reivindicação de que descobrimos a abordagem "certa" ou mais poderosa da psicoterapia.[1] Desejamos somente apresentar-lhe um instrumental específico que nos parece estar implícito nas ações desses terapeutas, de modo que se possa começar ou continuar o interminável processo de melhorar, enriquecer e ampliar as habilidades que oferece como aquele que auxilia as pessoas.

Já que esse instrumental não está baseado em nenhuma teoria psicológica ou abordagem terapêutica preexistentes, gostaríamos de apresentar uma simples visão geral dos processos humanos, a partir dos quais criamos esses instrumentos. Chamamos a esse processo *modelagem.*

Vendo imprecisamente através de um vidro*

Onde intervém ativamente a função lógica, altera o que é dado e o faz afastar-se da realidade. Não podemos nem mesmo descrever os

---

[1] Na realidade, parte do que estabelecemos no decorrer deste livro é que expressões tais como *a abordagem correta* ou *a abordagem mais poderosa* são expressões incompletas. As perguntas que nos vêm à mente, e que faríamos para obter o material para tornar completas as expressões, são: *abordagem de quê? correta para quem? mais poderosa comparada a quê? mais poderosa para que finalidade?* Fornecemos também um glossário de termos. Sugerimos que seja utilizado sempre que se encontrar um termo novo ou incomum.
* O tradutor crê que o autor esteja fazendo referência à passagem bíblica, Coríntios I, 13:12, no original: *"For now we see through a glass, darkly."* (N.T.)

processos elementares da psique sem encontrar a cada passo esse fator perturbador — ou deveríamos dizer proveitoso? Assim que as sensações penetram a esfera da psique, ela é arrebatada no remoinho dos processos lógicos. A psique inteiramente por sua iniciativa altera ambos, o que é dado e o que é apresentado. Duas coisas devem ser distinguidas nesse processo: primeiro, as formas reais nas quais essa modificação ocorre; e segundo, os produtos obtidos por essa modificação do material original.

A atividade organizada da função lógica absorve em si mesma todas as sensações e constrói um mundo interior próprio, o qual progressivamente se afasta da realidade; entretanto, em certos pontos, ainda retém uma conexão tão íntima com ela que as transições entre a realidade e esse mundo interior ocorrem continuamente e dificilmente notamos que estamos atuando em um palco duplo — nosso próprio mundo interior (o qual, evidentemente, objetivamos como o mundo de sentidos-percepção) e também um mundo externo inteiramente diferente.

H. Vaihinger, *The Philosophy of As If*, pp. 159-160.

Diversas pessoas na história da civilização estabeleceram este ponto — que há uma irredutível diferença entre o mundo e nossa experiência do mesmo. Nós como seres humanos não operamos diretamente no mundo. Cada um de nós cria uma representação do mundo em que vivemos — isto é, criamos um mapa ou modelo que usamos para gerar nosso comportamento. Nossa representação do mundo determina em grande escala o que será nossa experiência do mesmo, como perceberemos o mundo, que escolhas teremos à disposição enquanto nele vivermos.

É preciso lembrar que o propósito do mundo das ideias como um todo [o mapa ou modelo — RWB/JLG] não é o retrato da realidade — isso seria uma tarefa definitivamente impossível — mas antes prover-nos de um instrumento para descobrir mais facilmente o nosso caminho pelo mundo.

H. Vaihinger, *The Philosophy of As If*, p. 15.

Não há dois seres humanos que tenham exatamente as mesmas experiências. O modelo que criamos para guiar-nos no mundo baseia-se, em parte, em nossas experiências. Cada um de nós pode, então, criar um modelo diferente do mundo que partilhamos e assim chegar a viver uma realidade um tanto diferente.

... características importantes dos mapas devem ser observadas. Um mapa não é o território que representa, mas, se correto, tem

> uma estrutura semelhante à do território que justifica sua utilização...
>
> A. Korzybski, *Science & Sanity,* 4.ª ed., 1958, pp. 58-60

Queremos aqui estabelecer dois pontos. Primeiro, há uma diferença necessária entre o mundo e qualquer modelo ou representação particular do mesmo. Segundo, os modelos do mundo, que são criados por cada um de nós, serão eles mesmos diferentes. Há diversas maneiras de demonstrar isso. Para nossos propósitos, as dividimos em três áreas:[2] restrições neurológicas, restrições sociais e restrições individuais.

EXPERIÊNCIA E PERCEPÇÃO COMO UM PROCESSO ATIVO

Restrições Neurológicas

Consideremos os sistemas receptores humanos: visão, audição, tato, gustação e olfação. Há fenômenos físicos que estão fora dos limites desses cinco canais sensoriais aceitos. Por exemplo, as ondas sonoras tanto abaixo de 20 ciclos por segundo quanto acima de 20.000 ciclos por segundo não podem ser detectadas pelos seres humanos. Contudo, esses fenômenos físicos são estruturalmente a mesma coisa que as ondas físicas que se encontram entre esses algarismos limitadores: as ondas físicas que chamamos *som*. No sistema visual humano, somos capazes de detectar contornos de onda apenas entre 380 e 680 milimícrons. Os contornos de onda acima ou abaixo desses números não são detectáveis pelo olho humano. Novamente, percebemos apenas uma parte de um fenômeno físico contínuo determinado pelas nossas limitações neurológicas geneticamente transmitidas.

---

[2] Queremos assinalar que achamos essa divisão (do modo pelo qual o modelo do mundo criado por cada um de nós será necessariamente diferente do mundo), em três categorias, muito útil para nossos propósitos de apresentar a discussão da modelagem pelos seres humanos. Não estamos sugerindo que essas três categorias de diferenças sejam as únicas, ou as corretas, ou um modo exaustivo de se entender o processo de modelagem. Mais ainda, não estamos sugerindo que essas três categorias possam ser proveitosamente distinguidas entre si em todos os casos. Mas sim, coerentes com os princípios de modelagem que estamos apresentando, achamos essa divisão útil para a compreensão do processo de modelagem em si.

O corpo humano é sensível ao tato — ao contato com a superfície da pele. O sentido do tato proporciona um excelente exemplo da profunda influência que nosso próprio sistema neurológico pode exercer sobre nossa experiência. Em uma série de experimentos (Boring, 1957, pp. 110-111), Weber estabeleceu, há mais de um século, o fato de que precisamente a mesma situação do mundo real é percebida por um humano como duas experiências táteis totalmente distintas. Em seus experimentos, Weber descobriu que nossa habilidade para perceber o fato de sermos tocados em dois pontos da superfície de nossa pele varia dramaticamente, dependendo de onde esses dois pontos estão localizados em nosso corpo. A menor distância entre dois pontos, que foi distinguida como dois pontos separados no dedo mínimo, teve que ser aumentada trinta vezes antes que os dois pontos pudessem ser distinguidos quando aplicados à parte superior do braço. Assim, toda uma gama de situações de estímulos idênticos do mundo real é percebida como duas experiências totalmente diferentes apenas como uma função de nosso sistema nervoso. Quando tocados no dedo mínimo, sentimos como se estivéssemos sendo tocados em dois lugares, e na parte superior do braço, como se estivéssemos sendo tocados em apenas um. O mundo físico permanece constante, e a experiência que temos dele se modifica dramaticamente como uma função de nosso sistema nervoso.

Diferenças semelhantes entre o mundo e a experiência que dele temos podem ser demonstradas por outros sentidos (Boring, 1957). As limitações de nossa percepção são claramente reconhecidas pelos cientistas que conduzem experimentos com o mundo físico, enquanto desenvolvem máquinas que estendem esses limites. Esses instrumentos captam os fenômenos que estão fora do alcance de nossos sentidos, ou fora de nossa capacidade de discriminação, e os apresentam como sinais que incidem em nossa faixa sensorial — sinais como fotografias, manômetros, termômetros, osciloscópios, contadores Geiger e detectores de onda alfa. Assim, um modelo pelo qual nossos modelos do mundo irão necessariamente diferir do próprio mundo é aquele em que nosso sistema nervoso sistematicamente distorce e elimina porções inteiras do mundo real. Isso tem o efeito de reduzir o alcance da experiência humana possível, como também introduzir diferenças entre o que está realmente acontecendo no mundo e nossa experiência disso. Nosso sistema nervoso, então, de início determinado geneticamente, constitui o primeiro grupo de filtros que distinguem o mundo — o território — de nossas representações do mesmo — o mapa.

VENDO IMPRECISAMENTE ATRAVÉS DE UM VIDRO COM OS ÓCULOS DAS IMPOSIÇÕES SOCIAIS

Restrições Sociais

... A sugestão é que a função do cérebro, do sistema nervoso e dos órgãos dos sentidos é principalmente eliminativa e não produtiva. Cada pessoa é a cada momento capaz de lembrar tudo o que já lhe aconteceu e de perceber tudo o que está acontecendo em toda parte do universo. A função do cérebro e do sistema nervoso é proteger-nos de sermos engolfados e confundidos por essa massa de conhecimento em grande escala inútil e irrelevante, pela interceptação da maior parte do que, de outra forma, deveríamos perceber ou lembrar a qualquer momento, e deixando somente essa seleção bem pequena e especial que provavelmente é de uso prático. De acordo com tal teoria, cada um de nós é potencialmente Mente em Toda a Sua Extensão... Para tornar possível a sobrevivência biológica, a Mente em Toda a Sua Extensão tem de ser afunilada por meio da válvula redutora do cérebro e sistema nervoso. O que sai do outro lado do funil é uma gota insignificante da espécie de consciência que nos ajudará a nos manter vivos na superfície deste planeta específico. Para formular e expressar o conteúdo dessa consciência reduzida, o homem inventou e elaborou incessantemente esses sistemas de símbolos e filosofias implícitas que chamamos línguas. Cada indivíduo é a um só tempo o beneficiário e a vítima da tradição linguística na qual ele nasceu — beneficiário na medida em que a língua lhe dá acesso ao registro acumulado da experiência de outras pessoas, vítima na medida em que a língua confirma nele a crença de que a consciência reduzida é a única consciência, e ela confunde seu sentido de realidade, de modo que ele está inteiramente apto a tomar seus conceitos por dados, suas palavras por coisas reais.

Aldous Huxley, *As Portas da Percepção,* Nova York: Harper & Row, 1954, pp. 22-23.

Uma segunda maneira pela qual nossa experiência do mundo difere do próprio mundo é através do conjunto de restrições ou filtros sociais (os óculos impostos) — referimo-nos a estes como fatores genéticos sociais.[3] Por genética social referimo-nos a to-

---

[3] Adotamos essa terminologia incomum — genética social — para lembrar ao leitor que as restrições sociais no comportamento dos membros da sociedade têm um efeito tão profundo na formação de suas percepções quanto o têm as restrições neurológicas. Também, que restrições neurológicas, de início determinadas geneticamente, estão sujeitas à contestação e à mudança, exatamente como estão as restrições determinadas, de início, socialmente. Por

das as categorias ou filtros aos quais estamos sujeitos como membros de um sistema social: nossa língua, nossos meios aceitos de percepção e todas as ficções aprovadas socialmente. Talvez o filtro genético social mais comumente reconhecido seja nosso sistema linguístico. Dentro de qualquer sistema linguístico específico, por exemplo, parte da riqueza de nossa experiência está associada a um número de distinções feitas em alguma área de nossas sensações.[4] Em maidu, uma língua indígena americana do Norte da Califórnia, apenas três palavras[5] são utilizadas para descrever o espectro das cores. Dividem o espectro como se segue (as palavras em inglês* são as aproximações mais chegadas):

lak	tit	tulak
|	|	|
(vermelho)	(verde-azul)	(amarelo-laranja-marrom)

Enquanto os seres humanos são capazes de fazer 7.500.000 distinções de cores diferentes no espectro de cores visíveis (Boring, 1957), os falantes nativos de maidu habitualmente agrupam sua experiência nas três categorias fornecidas por sua língua. Essas três palavras maidu para cores cobrem a mesma gama de sensação do mundo real que as oito palavras específicas para cores em inglês. Aqui a questão é que um falante de maidu é caracteristicamente consciente de apenas três categorias de experiência de cor, ao passo que o falante de inglês tem mais categorias

---

exemplo, o dramático sucesso que os pesquisadores tiveram em obter controle voluntário sobre partes do chamado sistema nervoso involuntário nos humanos (p. ex., onda alfa) como também em outras espécies mostra que as restrições neurológicas são contestáveis.

[4] Isso é apenas um dos modos mais óbvios pelos quais as linguagens dão forma às percepções habituais dos falantes nativos (Grinder e Elgin, 1972, pp. 6-7, e os escritos de Benjamin Whorf e Edward Sapir). Uma bibliografia anotada é também fornecida no fim deste livro.

[5] Realmente, de um ponto de vista puramente linguístico, a língua maidu tem somente duas palavras para descrever o espectro das cores, *lak* e *tit*. A terceira palavra apresentada no texto é complexa, possuindo duas partes significativas ou morfemas:

tu — urina e *lak* — vermelho

Estamos interessados, entretanto, não nos resultados de uma análise linguística, mas sim nas percepções habituais do falante nativo de maidu. William Shipley, da Universidade da Califórnia, Santa Cruz, forneceu a informação sobre maidu.

* Vide N.T., p. 7.

e, portanto, mais distinções perceptivas habituais. Isso significa que, enquanto os falantes de inglês descreverão sua experiência de dois objetos como diferentes (digamos, um livro amarelo e um livro laranja), os falantes de maidu tipicamente descreverão sua experiência da situação idêntica do mundo real como a mesma (dois livros *tulak)*.

Ao contrário de nossas limitações genéticas neurológicas, as introduzidas pelos filtros genéticos sociais são facilmente superadas. Isso se demonstra mais claramente pelo fato de que somos capazes de falar mais de uma língua — isto é, somos capazes de utilizar mais de um conjunto de categorias ou filtros sociais linguísticos para organizar nossa experiência, para servir como nossa representação do mundo.[6] Por exemplo, tomemos a frase comum: O *livro é azul.* Azul é o nome que nós, como falantes nativos de inglês, aprendemos a usar para descrever nossa experiência de uma certa porção do *continuum* de luz visível. Enganados pela estrutura da nossa língua, chegamos a presumir que azul é uma propriedade do objeto a que nos referimos como um livro, em vez de ser o nome que damos à nossa sensação.

Na percepção, o complexo da sensação *branco-doce* está constantemente ocorrendo na substância *açúcar.* A psique então aplica a essa combinação a categoria de uma coisa e seus atributos: *O açúcar é doce.* Aqui, entretanto, o *branco* aparece também como objeto. *Doce* é um atributo. A psique está familiarizada com a sensação *branco* em outros casos, onde ela aparece como um atributo, de modo que, nesse caso também, branco é tratado como atributo. Mas a categoria atributo-coisa é inaplicável se *doce* e *branco* forem atributos e nenhuma outra sensação seja dada. Aqui a língua vem em nosso auxílio e, pela aplicação do nome *açúcar* ao todo da percepção, ela capacita-nos a tratar a sensação única como atributo... Quem autorizou a presumir que *branco* era uma coisa e que *doce* era um atributo? Que direito tinha de prosseguir com a presunção de que ambos eram atributos e então, mentalmente, adicionar um objeto como seu veículo? A justificativa não pode ser encontrada nem nas próprias sensações, nem no que agora consideramos como realidade... Tudo o que se dá à consciência é sensação. Ao se acrescentar uma coisa à qual se supõe que as sensações se juntem como atributos, o pensamento comete um grave erro. Ele transforma a sensação em coisa concreta, a qual em última análise é apenas um processo, como um atributo subsistente, e imputa esse *atributo* a uma *coisa*

---

[6] Aquele de vocês que aprendeu a falar, fluentemente, mais de um idioma irá notar como sua percepção do mundo e de si mesmo muda quando se passa de uma língua para a outra.

que ou existe apenas no próprio complexo das sensações, ou foi simplesmente acrescentado pelo pensamento àquilo que foi sentido... Onde está o *doce* que é imputado ao açúcar? Existe apenas no ato da sensação... O pensamento não apenas modifica a sensação imediata por esse meio, mas se afasta cada vez mais da realidade e enreda-se mais e mais em suas próprias formas. Por meio da *faculdade criativa* — para se usar esse termo científico —, inventou uma coisa da qual se supõe possuir um Atributo. Essa coisa é uma ficção, o Atributo como tal é uma ficção, e o relacionamento em seu todo é uma ficção.

H. Vaihinger, The Philosophy of As If, p. 167.

As categorias de experiência de que partilhamos com outros membros da situação social em que vivemos — por exemplo, a língua comum de que partilhamos — são uma segunda forma pela qual nossos modelos do mundo diferem do mundo propriamente dito.

Observe-se que, no caso das restrições neurológicas, em circunstâncias normais, os filtros neurológicos são os mesmos para todos os seres humanos — esta é a base comum de experiência de que partilhamos como membros da espécie. Os filtros genéticos sociais são os mesmos para os membros da mesma comunidade sociolinguística, mas há um grande número de comunidades sociolinguísticas diferentes. Assim, o segundo conjunto de filtros começa a nos distinguir uns dos outros como seres humanos. Nossas experiências começam a diferir mais radicalmente, dando surgimento a representações do mundo mais dramaticamente diferentes. O terceiro conjunto de restrições — as restrições individuais — são a base para a maioria das diferenças de profundo alcance entre nós como humanos.

VENDO IMPRECISAMENTE ATRAVÉS DE UM VIDRO COM OS ÓCULOS DAS IMPOSIÇÕES INDIVIDUAIS

Restrições Individuais

O terceiro modo pelo qual nossa experiência do mundo pode diferir do próprio mundo é através de um conjunto de filtros que chamamos restrições individuais. Por restrições individuais referimo-nos a todas as representações que criamos como seres humanos, baseadas sobre nossa história pessoal única. Cada ser humano possui um conjunto de experiências que constituem sua própria história pessoal, e é tão próprio dele como o são suas impressões digitais. Assim como cada pessoa tem um conjunto de impressões digitais distintas, assim, também, cada pessoa tem experiências incomuns de crescimento e vida, e jamais a história de duas vidas será idêntica. Novamente, embora possa haver semelhança, ao menos alguns aspectos serão diferentes e peculiares a cada pessoa. Os modelos ou mapas que criamos no processo de viver estão baseados em nossas experiências individuais, e, já que alguns aspectos de nossas experiências nos serão peculiares como pessoa humana, algumas partes de nosso modelo do mundo pertencerão apenas a cada um de nós. Esses modos incomuns pelos quais cada um de nós representa o mundo constituirão um conjunto de interesses, hábitos, gostos, desgostos e regras para o comportamento que são claramente nossos. Essas diferenças em nossas experiências garantirão que cada um de nós possui um modelo do mundo que, de algum modo, será diferente do modelo de qualquer outra pessoa.

Por exemplo, duas gêmeas idênticas poderiam crescer juntas no mesmo lar, com os mesmos pais, tendo experiências quase idênticas, mas cada uma delas, no processo de observar o modo pelo qual os pais se relacionam entre si e com o resto da família, poderia modelar suas experiências diferentemente. Uma diria: meus pais nunca se amaram muito, sempre discutiram, e minha irmã gêmea era a favorita. Enquanto a outra diria: meus pais se interessavam muito um pelo outro, discutiam extensivamente tudo, e realmente tinham predileção pela minha irmã gêmea. Assim, mesmo no caso limitado de gêmeos idênticos, suas experiências como pessoas darão origem a diferenças no modo pelo qual criam seus próprios modelos ou percepções do mundo. Nos casos em que nossa discussão diz respeito a pessoas não relacionadas, as diferenças criadas nos modelos pessoais serão maiores e mais abrangentes.

Esse terceiro conjunto de filtros, as restrições individuais, constitui a base para diferenças profundas entre nós, seres humanos, e o modo pelo qual criamos modelos do mundo. Essas diferenças em nossos modelos podem ser tanto aquelas que alteram nossas imposições (socialmente fornecidas) de um modo que enriquece nossa experiência e nos oferece um maior número de escolhas, ou aquelas que empobrecem nossas experiências de um modo que limita nossa habilidade para atuar efetivamente.

MODELOS E TERAPIA

Nossa experiência é a de que, quando as pessoas nos procuram para terapia, tipicamente chegam em sofrimento, sentindo-se paralisadas, não tendo escolhas ou liberdade de ação em suas vidas. O que achamos não é que o mundo seja tão limitado ou que não haja escolhas, mas que essas pessoas bloqueiam a si mesmas de ver essas opções e possibilidades que lhes estão abertas já que elas não estão disponíveis em seus modelos do mundo.

Quase todo ser humano em nossa própria cultura, em seu ciclo de vida, passa por determinados períodos de modificação e transição com os quais ele tem de lidar. Formas diferentes de psicoterapia desenvolveram várias categorias para esses importantes pontos de crise de transição. O que é estranho é que algumas pessoas são capazes de lidar com esses períodos de modificação com relativa dificuldade, vivenciando-os como épocas de energia e criatividade intensas. Outras, enfrentando os mesmos desafios, vivenciam esses períodos como épocas de medo e sofrimento — períodos que devem ser superados, quando a preocupação básica é a simples sobrevivência. A diferença entre esses dois grupos nos parece ser basicamente a de que as pessoas que respondem criativamente e, efetivamente, enfrentam esse estresse são pessoas que têm uma representação ou modelo rico de sua situação, na qual elas percebem uma ampla gama de opções para a escolha de suas ações. As outras pessoas têm uma experiência de si mesmas como possuidoras de poucas opções, nenhuma das quais lhes é atraente, o jogo do "perdedor natural". Para nós o problema é: como é possível que seres humanos diferentes, diante do mesmo mundo, tenham experiências diferentes? Ao nosso entender, essa diferença resulta basicamente de diferenças na riqueza de seus modelos. Assim, o problema torna-se em: como é possível que seres humanos conservem um modelo empobrecido, que lhes causa sofrimento em face de um mundo complexo, rico e de múltiplos valores?

Na tentativa de compreender como algumas pessoas continuam a infligir a si mesmas sofrimento e angústia, nos foi importante compreender que elas não são más, loucas ou doentes. Estão, na realidade, fazendo as melhores escolhas dentre aquelas de que têm conhecimento, isto é, as melhores escolhas disponíveis em seu próprio modelo particular. Em outras palavras, o comportamento dos seres humanos, não importa quão bizarro possa parecer à primeira vista, faz sentido quando é visto no contexto das escolhas geradas por seu modelo.[7] O problema não é que estejam fazendo a escolha errada, mas sim que não têm escolhas em

---

[7] Isso foi claramente reconhecido por pessoas como Gregory Bateson e R. D. Laing em seu trabalho sobre a família esquizofrênica. Os leitores de Sherlock Holmes também reconhecerão isso como um de seus princípios.

número suficiente — não têm um enfoque rico do mundo. O paradoxo mais comum da condição humana que encontramos é que os processos que nos permitem sobreviver, crescer, modificar-nos e sentir alegria são os mesmos processos que nos permitem manter um modelo empobrecido do mundo — nossa habilidade para manipular símbolos, isto é, criar modelos. Então os processos que nos permitem executar as mais extraordinárias e incomuns atividades humanas são os mesmos processos que bloqueiam nosso crescimento posterior, se cometemos o erro de tomar por engano o modelo pela realidade. Podemos identificar três mecanismos gerais pelos quais fazemos isso:[8] Generalização, Eliminação e Distorção.

Generalização é o processo pelo qual os elementos ou partes do modelo de uma pessoa afastam-se de sua experiência original e vêm a representar toda a categoria da qual a experiência é um exemplo. Nossa habilidade para generalizar é essencial para enfrentar o mundo. Por exemplo, nos é útil sermos capazes de generalizar a partir da experiência de nos queimarmos quando tocamos um fogão quente, formulando a regra de que não se deve tocar fogões quentes. Mas generalizar essa experiência a uma percepção de que fogões são perigosos e, portanto, recusar-se a ficar no mesmo recinto com um fogão é limitar desnecessariamente nossa movimentação no mundo.

Suponhamos que, na primeira vez em que uma criança estiver às voltas com uma cadeira de balanço, ela se apoie no encosto e caia. Ela poderia estabelecer uma regra para si mesma de que cadeiras de balanço são instáveis e recusar-se para sempre a experimentá-las. Se o modelo da criança agrupa cadeiras de balanço e cadeiras em geral, então todas as cadeiras se enquadrarão na regra: não se apoie no encosto! Outra criança que crie um modelo que distinga cadeiras de balanço dos outros tipos de cadeiras terá mais escolhas em seu comportamento. De sua experiência, desenvolve uma nova regra ou generalização relativa apenas ao uso de cadeiras de balanço — Não se apoie no encosto! — e, por conseguinte, tem um modelo mais rico e mais escolhas.

O mesmo processo de generalização pode levar um ser humano a estabelecer uma regra tal como "Não expresse sentimentos".

---

[8] Mais uma vez, desejamos assinalar que nossas categorias não impõem nenhuma exigência à estrutura da realidade — achamos que essas categorias são úteis na organização de nosso próprio pensamento e ações, tanto na apresentação desse material como na terapia; isto é, no desenvolvimento de nosso modelo para a terapia. Suspeitamos que a maioria dos nossos leitores, caso pensem a respeito dos significados comuns dos termos, chegará a ver a Generalização e a Eliminação como casos especiais de Distorção.

Essa regra no contexto de um campo de prisioneiros de guerra pode ter um alto valor de sobrevivência, e permitirá a quem dela faz uso evitar colocar-se em situação de ser punido. No entanto, essa pessoa, usando essa mesma regra em um casamento, limita seu potencial para um relacionamento mais íntimo, pela exclusão de expressões que são úteis nesse tipo de relacionamento. Isso pode levá-la a ter sentimentos de solidão e isolamento — aqui a pessoa sente não ter escolha, já que a possibilidade de expressar sentimentos não está disponível em seu modelo.

O que importa aqui é que a mesma regra será útil ou não, dependendo do contexto — quer dizer, não há generalizações corretas; cada modelo precisa ser avaliado em seu contexto. Ademais, isso nos dá uma chave para a compreensão do comportamento humano que nos pareça estranho ou inadequado — isto é, se podemos ver o comportamento da pessoa no contexto em que se originou.

Um segundo mecanismo que podemos usar para vencermos ou derrotarmos a nós mesmos é a *Eliminação*. A Eliminação é um processo pelo qual prestamos atenção seletivamente a certas dimensões de nossa experiência e excluímos outras. Tomemos, por exemplo, a capacidade que as pessoas têm para não registrar ou excluir todos os outros sons, em uma sala cheia de gente conversando, para ouvir a voz de uma determinada pessoa. Usando o mesmo processo, as pessoas são capazes de bloquear a audição de mensagens de apreço de outras pessoas que consideram importantes. Por exemplo, um homem que estava convencido de que não era digno de atenção queixou-se a nós de que sua mulher nunca lhe dera mostras de apreço. Quando visitamos a casa desse homem, ficamos cientes de que a esposa dele, na realidade, expressava sinais de apreço para com ele. Entretanto, como essas mensagens conflitavam com a generalização que o homem tecera sobre seu próprio valor, literalmente, ele não ouvia sua mulher. Isso foi constatado quando lhe chamamos a atenção para algumas dessas mensagens, e o homem afirmou que sequer ouvira a esposa quando ela dissera aquelas coisas.

A Eliminação reduz o mundo a tais proporções que sentimos ser capazes de controlá-lo. A redução pode ser útil em alguns contextos e, no entanto, ser fonte de sofrimento em outros.

O terceiro processo de modelagem é o de *Distorção*. A Distorção é o processo que nos permite fazer substituições em nossa experiência de dados sensoriais. A fantasia, por exemplo, permite-nos um preparo para experiências que possamos ter antes que elas ocorram. As pessoas distorcerão a realidade do momento ao ensaiar um discurso que farão mais tarde. É esse o processo que tornou possíveis todas as criações artísticas que nós, humanos, produzimos. Um céu como o representado por Van Gogh em uma pintura é possível somente na medida em que Van Gogh foi capaz de distorcer sua percepção do tempo-lugar em que estava situado no momento da criação. De modo semelhante, todos os grandes romances, todas as descobertas revolucionárias das ciências envolvem a habilidade de distorcer e adulterar a realidade presente. Usando a mesma técnica, as pessoas podem limitar a riqueza de suas experiências. Por exemplo, quando a nosso amigo mencionado anteriormente (aquele que teceu a generalização de que não era digno de consideração) foram apontadas as mensagens de apreço por parte de sua esposa, ele imediatamente as distorceu. Especificamente, cada vez que ele ouviu uma mensagem de apreço que anteriormente vinha eliminando, voltava-se para nós, sorrindo, e dizia: "Ela diz isso só porque quer alguma coisa." Desse modo, o homem era capaz de impedir que a experiência entrasse em contradição com o modelo do mundo que havia criado, e, por esse meio, impediu a si mesmo de ter uma representação mais rica, bloqueando-se de um relacionamento mais íntimo e satisfatório com a esposa.

Uma pessoa que alguma vez em sua vida foi rejeitada faz a generalização de que não é digna de consideração. Na medida em que seu modelo contém essa generalização, ou ela elimina as mensagens de apreço, ou reinterpreta essas mensagens como insinceras. Já que ela não toma conhecimento de nenhuma mensagem de apreço, é capaz de manter a generalização de que não é digna de consideração. Essa descrição é um exemplo da curva clássica de *feedback* positivo: a profecia de autorrealização, ou *feedback* avançado (Pribram, 1967). As generalizações ou expectativas de uma pessoa filtram ou distorcem sua experiência, para torná-la coerente com aquelas expectativas. Como não tem experiências que contestem suas generalizações, suas expectativas são confirmadas, e o ciclo continua. Desse modo as pessoas mantêm seus modelos empobrecidos do mundo.

Consideremos o conjunto psicológico clássico ou experimento de expectativa de Postman e Bruner:

> ... Em um experimento psicológico que merece ser conhecido mais extensamente fora do ofício, Bruner e Postman pediram a indivíduos, que eram objeto da experiência, para identificar, em uma exposição curta e controlada, uma série de cartas de baralho. Muitas das cartas eram normais, mas algumas foram fabricadas de forma estranha, isto é, um seis de espadas vermelho e um quatro de copas preto. Cada sequência da experiência era constituída pela exibição

de uma única carta a um único indivíduo em uma série de exposições gradativamente mais longas. Após cada exposição perguntava-se ao indivíduo o que ele havia visto, e a sequência terminava quando havia duas identificações corretas sucessivas.

Mesmo nas exposições mais curtas, muitos indivíduos identificavam a maioria das cartas, e após um ligeiro aumento de tempo de exposição os indivíduos identificavam-nas todas. Para as cartas normais essas identificações eram de modo geral corretas, mas para as cartas irregulares foram quase sempre identificadas, sem hesitação ou embaraço visíveis, como normais. O quatro de copas preto poderia, por exemplo, ser identificado como o quatro tanto de copas como de espadas. Sem nenhum conhecimento de dificuldade, ele foi imediatamente ajustado a uma das categorias conceituais preparadas pela experiência anterior. Ninguém estaria disposto a dizer que os indivíduos tinham visto algo diferente do que identificaram. Alongando a exposição das cartas irregulares, os indivíduos começaram a hesitar e a demonstrar consciência da irregularidade. Por exemplo, ao se mostrar o seis de espadas vermelho, alguém diria: esse é o seis de espadas, mas há alguma coisa errada com ele, o preto tem uma margem vermelha. Um maior alongamento do tempo de exposição resultou em hesitação e confusão ainda maiores, até que finalmente, e algumas vezes de súbito, a maioria dos indivíduos faria a identificação correta sem hesitação. E mais, após fazer isso com duas ou três cartas irregulares, eles viriam a ter muito pouca dificuldade com as outras cartas. Uns poucos indivíduos, entretanto, nunca foram capazes de fazer o ajuste requerido de suas categorias. Mesmo aumentando quarenta vezes a média de exposições requeridas para reconhecer as cartas normais pelo que eram, mais de dez por cento das cartas irregulares não foram identificadas corretamente. E os indivíduos que assim falharam sofreram frequentemente uma angústia pessoal aguda. Um deles exclamou: "Não consigo decifrar o naipe, qualquer que seja. Nem sequer parecia uma carta naquele momento. Agora não sei qual é a cor, se é uma de espadas ou de copas. Nem mesmo agora tenho certeza de como seja uma carta de espadas. Meu Deus!" Na próxima parte, ocasionalmente, veremos cientistas se comportando dessa maneira, também.

Ou como uma metáfora, ou porque reflete a natureza da mente, esse experimento psicológico fornece esquemas maravilhosamente simples e convincentes para os processos de descoberta científica. Em ciência, como no experimento do baralho, a inovação somente emerge com dificuldade, manifestada pela resistência, contra um fundo fornecido pela expectativa. Inicialmente, experimenta-se apenas o que é esperado e comum, mesmo sob circunstâncias em que mais tarde se observa a irregularidade.

A generalização feita pelas pessoas participantes do experimento foi a de que o par cor-forma possível seria o mesmo como elas tinham sempre experimentado: preto para paus e espadas, vermelho para copas e ouros. Sustentavam sua generalização pela distorção ou da cor ou da forma nas cartas irregulares. O que importa é que, mesmo nessa simples tarefa, o mecanismo de generalização e o processo de distorção que o sustenta impediam as pessoas de identificar corretamente o que lhes era possível ver. A identificação das cartas de aparência estranha apresentadas, em um piscar de olhos, sobre uma tela pouco representa para nós. Entretanto, o experimento é útil na medida em que nos fornece o potencial de enriquecer ou empobrecer tudo o que nos acontece como seres humanos — quer estejamos dirigindo um carro, quer nos esforçando e alcançando maior intimidade em um relacionamento, ou, literalmente, tudo que iremos experimentar em todas as dimensões de nossa vida.

E DAÍ?

Os "magos" terapeutas que descrevemos anteriormente chegam à psicoterapia oriundos de abordagens variadas e usam técnicas de trabalho que parecem ser dramaticamente diferentes. Descrevem as maravilhas que executam com terminologias tão distintas que suas percepções do que fazem não parecem ter nada em comum. Muitas vezes observamos essa gente trabalhando com alguém, e ouvimos comentários de espectadores que insinuavam que esses magos da terapia davam saltos intuitivos tão fantásticos que tornavam seu trabalho incompreensível. Todavia, embora as técnicas desses magos sejam diferentes, eles partilham de algo em comum: introduzem modificações nos modelos dos pacientes as quais permitem a estes um maior número de opções em seu comportamento. O que vemos é que cada um desses magos tem um mapa ou modelo para as modificações dos modelos do mundo de seus pacientes — isto é, um metamodelo — que lhes permite expandir e enriquecer efetivamente os modelos de seus pacientes de algum modo que torne a vida destes mais rica e mais digna de viver.

Nosso propósito neste livro é apresentar um metamodelo explícito, isto é, um metamodelo que seja compreensível. Queremos pôr esse metamodelo à disposição de todos aqueles que desejem expandir e enriquecer as habilidades que têm como "ajudantes de pessoas".* Visto que um dos principais meios pelos quais os terapeutas podem chegar a conhecer e entender seus pacientes

---

* No original *people-helpers*. (N.T.)

é através da linguagem, e já que a linguagem é também um dos meios elementares que todos os humanos utilizam para modelar suas experiências, focalizamos nosso trabalho na linguagem da terapia. Felizmente, um modelo explícito da estrutura da linguagem foi desenvolvido independentemente do contexto de psicologia e terapia pelos gramáticas transformacionais. Adaptado para uso em terapia, ele nos oferece um metamodelo explícito para o enriquecimento e a expansão de nossas habilidades terapêuticas, oferecendo também um valioso instrumental para aumentar nossa eficiência e, assim, a qualidade mágica de nosso próprio trabalho terapêutico.

Se você deseja entender mais a respeito do intercâmbio de linguagem no encontro terapêutico, ou aumentar a eficiência e a qualidade mágica de seu trabalho em terapia, *A Estrutura da Magia* oferece um modo viável de proceder. A magia está oculta na linguagem que falamos. As tramas que se podem atar ou desatar estão sob seu comando, se prestar atenção ao que você já possui (linguagem), e à estrutura dos encantamentos para crescimento que apresentamos no restante deste livro.

Capítulo 2

A ESTRUTURA DA LINGUAGEM

Uma forma pela qual os seres humanos se distinguem de outros animais é pela criação e uso da linguagem. A importância da linguagem, para se chegar a entender a história e a situação atual da raça humana, não pode ser superestimada. Como o expressou Edward Sapir:

> O dom da fala e uma linguagem bem-ordenada são características de todos os grupos conhecidos de seres humanos. Jamais se encontrou uma tribo sem linguagem, e todas as afirmações em contrário podem ser abandonadas como mero folclore. Parece haver garantia, qualquer que seja ela, para a afirmação que se faz algumas vezes de que existem pessoas cujo vocabulário é tão limitado que não podem prosseguir sem o uso suplementar de gestos, de forma que a comunicação inteligível entre os membros de tal grupo se torna impossível no escuro. A verdade sobre esse assunto é que a linguagem é essencialmente perfeita do ponto de vista da expressão e comunicação entre todos os povos conhecidos. De todos os aspectos da cultura, é uma justa suposição que a linguagem tenha sido o primeiro a receber uma forma altamente aperfeiçoada, e que sua perfeição essencial seja um pré-requisito ao desenvolvimento da cultura como um todo.
>
> Edward Sapir, *Language and Personality,* por
> D. Mandelbaum (org.)

Todas as realizações da raça humana, positivas e negativas, envolveram o uso da linguagem. Nós como seres humanos usamos a linguagem de dois modos. Usamo-la, antes de tudo, para representar nossa experiência — chamamos essa atividade de raciocínio, pensamento, fantasia e narrativa. Quando estamos usando a linguagem como um sistema representativo, estamos criando um modelo de nossa experiência. Esse modelo do mundo que criamos pelo nosso uso representativo da linguagem está baseado sobre nossas percepções do mundo. Nossas percepções são também, parcialmente, determinadas pelo nosso modelo ou representação, nas formas que discutimos no Capítulo 1. Observe-se que, já que discutimos a linguagem como um sistema representativo, nossas representações linguísticas estão sujeitas aos três mecanismos universais de modelagem feita pelo homem: Generalização, Eliminação e Distorção. Em segundo lugar, usamos a linguagem para comunicar a outros nosso modelo ou representação do mundo.[9] Quando usamos a linguagem para comunicação, ela é chamada de conversa, discussão, escrita, preleção e canto. Quando estamos usando a linguagem para comunicação, estamos apresentando nosso modelo a outros. Este livro, por exemplo, apresenta um modelo parcial de nossas experiências em terapia.

Quando os humanos se comunicam — quando falamos, discutimos, escrevemos —, comumente não estamos conscientes do processo de seleção de palavras para representar nossa experiência. Quase nunca estamos conscientes do modo pelo qual ordenamos e estruturamos as palavras que selecionamos. A linguagem, então, preenche nosso mundo de tal forma que nos movimentamos através dela como um peixe na água. Embora tenhamos pouca ou nenhuma consciência do modo pelo qual formamos nossa comunicação, nossa atividade — o processo de usar a linguagem — é altamente estruturada. Por exemplo, se selecionarmos qualquer frase deste livro e invertermos a ordem das palavras nessa frase, ou se numerarmos as palavras 1, 2, 3..., e movermos cada palavra ímpar para a direita das palavras de número par em seguida a ela, a sequência de palavras que se obtém é um disparate. Pela destruição da estrutura da frase, esta não faz mais sentido; não mais representa um modelo de qualquer experiência. Tomemos essa última frase como um exemplo demonstrativo:

Versão original:

> *Pela destruição da estrutura da frase, esta não faz mais sentido; não mais representa um modelo de qualquer experiência.*

---

[9] Esse uso da linguagem para comunicar é, na realidade, um caso especial do uso da linguagem para representar. A comunicação é, nesse modo de pensar, a representação para outros de nossa representação para nós mesmos. Em outras palavras, utilizamos a linguagem para representar nossa experiência — este é um processo particular. Utilizamos, então, a linguagem para representar nossa representação de nossa experiência — um processo social.

Após invertermos a ordem das palavras:[10]

> * *Experiência qualquer de modelo um representa mais não; sentido mais faz não esta, frase da estrutura da destruição pela.*

Após movermos cada palavra ímpar para a direita das palavras pares:

> * *Destruição pela estrutura da frase da, não esta mais faz não; sentido representa mais modelo um qualquer experiência.*

Dizer que a comunicação e a linguagem são um sistema é dizer que elas têm estrutura, que existe algum conjunto de regras que identifica qual sequência de palavras fará sentido, representará um modelo de nossa experiência. Em outras palavras, nosso comportamento, quando está criando uma representação, ou quando está comunicando, é o comportamento governado por regras. Mesmo que não estejamos normalmente conscientes da estrutura no processo de representação e comunicação, essa estrutura, a estrutura da linguagem, pode ser entendida em termos de padrões regulares.

Felizmente, há um grupo de teóricos que fez da descoberta e da declaração explícita desses padrões o assunto de seu estudo, a gramática transformacional. De fato, os gramáticos transformacionais desenvolveram o mais completo e sofisticado modelo explícito do comportamento humano governado por regras. A noção de comportamento humano governado por regras é a chave para a compreensão do modo pelo qual nós, humanos, usamos a linguagem.

Podemos estar completamente certos de que uma criança tem algum sistema de regras se sua produção [de orações e frases — JTG) é regular, se ela estende essas regularidades a novos exemplos, e se podemos detectar desvios de regularidade em sua própria fala e na fala de outros. Isto é, geralmente, o que os psicolinguistas querem dizer quando falam da aprendizagem, da formação, ou posse das regras linguísticas por parte da criança. Observe-se que deixei de lado o teste mais severo para determinar a existência de regras, a saber: o indivíduo pode fornecer a regra explícita?... A exposição

---

[10] O símbolo * será utilizado, neste livro, para identificar sequência de palavras inglesas que não são frases bem-estruturadas do inglês.

explícita de regras é aqui irrelevante ao nosso interesse, e é um tipo inteiramente diferente de habilidade, em relação ao que aqui estamos considerando. Como o escreveu Susan Ervin-Tripp:

Para qualificar-se como falante nativo... devem-se aprender... regras... Isso quer dizer, naturalmente, que temos que aprender a nos comportar *como se soubéssemos as regras.*

(Slobin, 1967, p. x)

O que isso significa do ponto de vista do observador científico é que é possível descrever o comportamento do falante em termos de regras. Uma tal descrição, entretanto, não deveria ser considerada como sugerindo que as regras específicas criadas pelo cientista sejam entidades reais existentes no interior do indivíduo em um sentido psicológico ou fisiológico definido.

(Slobin, *Psycholinguistics,* Scott, Foreman & Co., 1971, p. 55)

O objetivo do linguista é desenvolver uma gramática — um conjunto de regras — que estabeleça quais são os padrões bem formados para qualquer língua determinada. Este estudo baseia-se no brilhante trabalho de Noam Chomsky, que desenvolveu inicialmente uma metodologia e um conjunto de modelos formais para a língua natural.[11] Como resultado do trabalho de Chomsky e de outros transformacionalistas, foi possível desenvolver um modelo formal para descrever os padrões regulares no modo pelo qual comunicamos nosso modelo de nossa experiência. Usamos a linguagem para representar e comunicar nossa experiência; a linguagem é um modelo do nosso mundo. O que os gramáticos transformacionais fizeram foi desenvolver um modelo formal de nossa linguagem, um modelo de nosso modelo de nosso mundo, ou, simplesmente, um metamodelo.

O METAMODELO PARA LINGUAGEM

A linguagem serve como um sistema representativo para nossas experiências. Nossas experiências possíveis, enquanto humanos, são tremendamente ricas e complexas. Se a linguagem é adequada a preencher sua função como um sistema representativo, ela própria precisa fornecer um conjunto rico e complexo

---

[11] Fornecemos um apêndice, que apresenta o modelo transformacional de forma mais completa, e uma bibliografia selecionada e anotada para aqueles que desejem aprofundar o exame do modelo transformacional da linguagem.

de expressões para representar nossas experiências possíveis. Os gramáticos transformacionais reconheceram que abordar o estudo dos sistemas das línguas naturais por meio do estudo direto desse conjunto rico e complexo de expressões tornaria sua tarefa homérica. Escolheram estudar não as expressões em si, mas as regras para a formação dessas expressões (sintaxe). Os gramáticos transformacionais fazem a suposição simplificada de que as regras para a formação desse conjunto rico de expressões podem ser estudadas independentemente do conteúdo.[12] Por exemplo, pessoas que têm o inglês como língua nativa fazem uma distinção coerente entre:

(1) *Colorless green ideas sleep furiously,*
(2) * *Furiously sleep ideas green colorless.* *

Muito embora haja algo de estranho quanto ao primeiro grupo de palavras, as pessoas reconhecem que, de certo modo, é gramatical ou bem formado, o que não o é o segundo grupo. O que aqui estamos demonstrando é que as pessoas têm intuições coerentes sobre a língua que falam. Por intuições coerentes queremos dizer que a mesma pessoa posta diante do mesmo grupo de palavras hoje, e novamente um ano após essa data, fará os mesmos julgamentos sobre se elas são uma frase bem-estruturada de sua língua. Além disso, falantes nativos diferentes farão os mesmos julgamentos sobre se o mesmo grupo de palavras é uma frase ou não. Essa capacidade é um exemplo clássico do comportamento humano governado por regras. Embora não estejamos conscientes de *como* somos capazes de nos comportar coerentemente, ainda assim o fazemos.

Os gramáticos transformacionais criaram um modelo que representa esse comportamento governado por regras — essas intuições coerentes sobre as frases. O modelo formal em linguística fornece uma solução quanto a se um determinado grupo de palavras, por exemplo, é ou não uma frase. O modelo transformacional representa também outros tipos de intuições linguísticas. Já que

---

[12] Isso não é verdadeiro para todos os linguistas que se intitulam transformacionalistas. A atual divisão no campo — Teóricos do Padrão Ampliado e Semanticistas Gerativos — não é relevante para nossas finalidades em adaptar certas partes do modelo transformacional ao nosso modelo para terapia. O trabalho recente, especialmente pelo grupo da Semântica Gerativa, será útil, cremos, na expansão do metamodelo aqui apresentado. Vide bibliografia para as fontes de consulta.
* (1) Ideias verdes incolores dormem furiosamente.
 (2) * Furiosamente dormem ideias verdes incolores. (N.T.)

o modelo é uma descrição do comportamento humano governado por regras, o modo pelo qual determinamos se as regras do modelo se ajustam ou não é examinando-as em relação às intuições dos falantes nativos — intuições acessíveis a todo falante nativo.

ALGUNS UNIVERSAIS DO PROCESSO LINGUÍSTICO HUMANO

No Capítulo 1, discutimos os três processos principais da modelagem feita pelo homem — Generalização, Eliminação e Distorção — três formas pelas quais o modelo que criamos diferirá da coisa que ele modela. Esses processos aplicam-se, evidentemente, com força total no caso de representações linguísticas. Vista desse ângulo, uma grande parte do trabalho que os linguistas transformacionais vêm executando é a descoberta e a exposição do modo pelo qual se realizam esses três universais de representação, no caso de sistemas de linguagem humana. Nossa habilidade e experiência em usar nosso sistema de linguagem para representar e comunicar são tão amplas que somos capazes de refletir sobre o processo em si na medida em que temos intuições coerentes sobre esse processo. O propósito do modelo transformacional de linguagem é representar os padrões nas intuições que temos sobre nosso sistema de linguagem. Essas intuições estão disponíveis a todo falante nativo de qualquer língua. As três principais categorias de intuições linguísticas que selecionamos como relevantes para nossas finalidades são: Boa-Estruturação, Estrutura Constituinte e Relações Semânticas Lógicas.

III. **Boa-Estruturação:** Os julgamentos coerentes que os falantes nativos fazem sobre se grupos de palavras são ou não orações de sua língua. Consideremos os três grupos seguintes de palavras:

(3) *Even the president has tapeworms.*
(4) *Even the president has yellow ideas.*
(5) *Even the president have tapeworms.**

Identifica-se o primeiro como bem-estruturado; isto é, transmite um significado aos falantes nativos, e estes o reconhe-

---

*(3) Até o presidente tem lombrigas.
(4) Até o presidente tem ideias amarelas.
(5) * Até o presidente tens lombrigas. (N.T.)

cem como sintaticamente bem-estruturado; (2) é semanticamente mal-estruturado; isto é, não comunica nenhum
sentido que o falante nativo reconheça como possível; (3) é
sintaticamente mal-estruturado, embora sejamos capazes de
emprestar-lhe algum significado.

II. **Estrutura Constituinte:** Os julgamentos coerentes que os
falantes nativos fazem sobre o que se ajusta como uma unidade ou constituinte dentro de uma frase de sua língua. Por
exemplo, na frase

(6)   *The Guru of Ben Lomond thought Rosemary was
at the controls.**

as palavras *The* e *Guru* se ajustam de alguma forma como
uma unidade, ao passo que *Guru* e *of*, não. Esses constituintes de nível mais baixo vão formar unidades maiores; por
exemplo, *The Guru* e *of Ben Lomond* se ajustam de alguma
forma, ao passo que *of Ben Lomond* e *was*, não.

III. **Relações Semânticas Lógicas:** Os julgamentos coerentes
que os falantes nativos fazem a respeito das relações lógicas
refletidas nas frases de sua língua.

1. *Integralidade:* Falantes nativos, quando colocados diante de
um verbo de sua língua, são capazes de determinar quantas
e entre que tipos de coisas esse verbo estabelece conexão
ou descreve uma relação. Por exemplo, o verbo *kiss* (beijar)
em inglês subentende uma pessoa beijando e uma pessoa
ou coisa sendo beijada. O verbo *hit* (golpear) implica uma
pessoa ou coisa golpeando, e uma pessoa ou coisa sendo
golpeada, e um instrumento sendo utilizado para golpear.

2. *Ambiguidade:* Falantes nativos reconhecem que uma simples frase como

(7) *Investigating FBI agents can be dangerous.*

ou

(8) *Maxime took Max's shirt off.***

---

* (6) O Guru de Ben Lomond pensou que Rosemary estivesse nos controles.
(N.T.)
** (7) Investigar agentes do FBI pode ser perigoso.
ou
(8) Maxime despiu a camisa de Max. (N.T.)

comunica dois sentidos distintos. A frase (7) pode ser entendida como significando tanto:

(9) *FBI agents who are conducting investigations can be dangerous.*

ou

(10) *To investigate FBI agents is possibly dangerous.* *

Na frase (8), não está claro se Maxime está usando a camisa de Max e despiu-a de si mesma, ou se ela despiu a camisa de Max do próprio.

3. *Sinonímia:* Falantes nativos reconhecem que ambas as frases seguintes têm o mesmo sentido ou transmitem a mesma mensagem.

(11) *Sandy looked up the number.*
(12) *Sandy looked the number up.* **

4. *Índices Referenciais:* Falantes nativos podem determinar se uma palavra ou frase faz referência a um determinado objeto de sua experiência, como *my car* (meu carro), ou se identifica uma classe de objetos: *cars* (carros). Além disso, fazem julgamentos coerentes sobre se duas (ou mais) palavras se referem ao mesmo objeto ou classe, isto é, as palavras *Jackson* e *himself* (ele próprio) na frase

(13) *Jackson changed himself.* ***

5. *Pressuposições:* Falantes nativos podem determinar qual é a experiência do falante que o leva a dizer uma frase. Por exemplo, se digo a frase

(14) *Meu gato fugiu.*

você está autorizado a acreditar que, na minha experiência do mundo, é verdade que

(15) *Tenho um gato.*

---

* (9) Agentes do FBI que estão conduzindo investigações podem ser perigosos.
ou
   (10) Investigar agentes do FBI é possivelmente perigoso. (N.T.)
** (11) Sandy procurou o número.
   (12) *Idem.* (N.T.)
*** (13) Jackson mudou a si mesmo. (N.T.)

Essas três categorias gerais de intuições que os seres humanos têm sobre sua língua são representadas explicitamente no modelo transformacional.

O MODELO TRANSFORMACIONAL

Iremos descrever como as intuições coerentes, que identificamos em relação à nossa linguagem, são representadas no metamodelo — o modelo da gramática transformacional. Os linguistas, usando esse modelo, trabalham para representar essas intuições que estão à disposição de todo falante nativo de maneira explícita. Os falantes nativos têm dois tipos de intuições coerentes em relação a cada frase de sua língua. São capazes de determinar como as unidades menores, tais como as palavras, se ajustam para formar uma frase (intuições sobre estrutura constituinte) e, também, o que seria uma representação completa da frase (a integralidade da representação lógica). Por exemplo, apresentado à frase:

(16) *The woman bought a truck.**

um falante nativo pode agrupar as palavras em constituintes ou unidades de nível mais amplo, tais como:

/The woman/ e /bought/ e /a truck/

Por sua vez, essas unidades serão agrupadas em

/The woman/ e /bought a truck/

O linguista representa essas intuições sobre o que se ajusta dentro de uma frase, colocando palavras que formam um constituinte (tais como *the* e *woman*) no que chama uma estrutura de árvore, algo semelhante a:

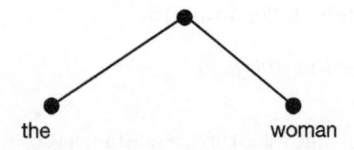

A regra é que palavras, que nós como falantes nativos agrupamos em um único constituinte, são unidas ao mesmo ponto ou nódulo

---

*(16) A mulher comprou um caminhão. (N.T.)

da estrutura de árvore. A representação da estrutura de árvore para (16) é:

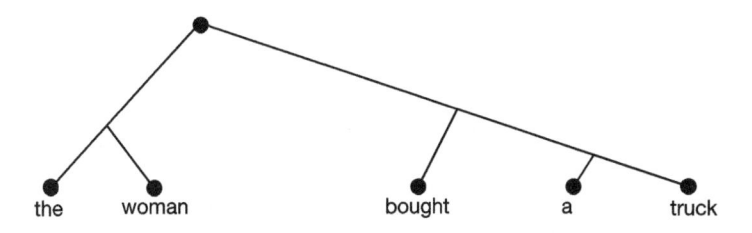

Isso se chama Estrutura Superficial.

O segundo tipo de intuições coerentes que os falantes nativos têm a respeito de uma frase como a (16) é o que seria uma representação completa de seu significado ou relação semântica lógica. Uma forma pela qual se representam essas intuições é:

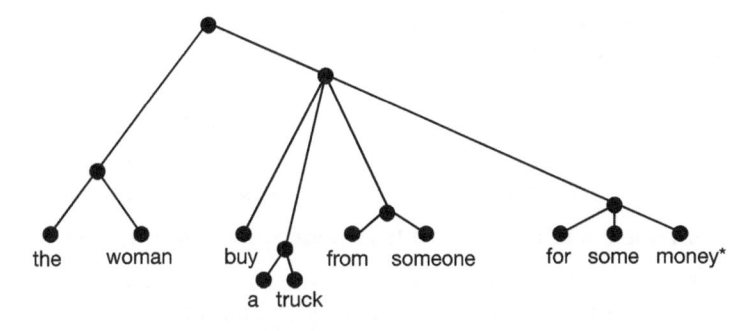

Isso se Chama Estrutura Profunda.

Estamos demonstrando como cada frase, dentro do modelo transformacional, é analisada em dois níveis de estrutura, correspondentes a dois tipos coerentes de intuições que os falantes nativos têm: Estrutura Superficial — na qual se dá uma representação de estrutura em árvore às suas intuições sobre a estrutura coerente — e Estrutura Profunda — na qual se dão suas intuições sobre o que é uma representação completa das relações semânticas lógicas. Já que o modelo dá duas representações para cada frase (Estrutura Superficial e Estrutura Profunda), os linguistas têm o encargo de expor, explicitamente, como esses dois níveis se ligam. O modo pelo qual eles representam essa ligação é um processo ou derivação que é uma série de transformações.

---

*A mulher compra um caminhão de alguém por uma quantia.

Que São Transformações?

Uma transformação é uma exposição explícita de um tipo de padrão que os falantes nativos reconhecem dentre as frases de sua língua. Por exemplo, comparem-se as duas frases:

> (17) *The woman bought the truck.*
> (18) *The truck was bought by the woman.* *

Os falantes nativos reconhecem que, embora essas Estruturas Superficiais sejam diferentes, a mensagem comunicada, ou Estruturas Profundas, dessas duas frases é a mesma. O processo pelo qual essas duas frases derivam de sua Estrutura Profunda comum é chamado uma derivação. Uma derivação é uma série de transformações que liga a Estrutura Profunda e a Estrutura Superficial. A derivação de uma dessas duas Estruturas Superficiais inclui a transformação chamada Transformação Passiva. Se examinarmos (17) e (18), notaremos que a ordem das palavras é diferente. Especialmente, as locuções *the woman* e *the truck* foram transpostas. Os gramáticos transformacionais expõem esse padrão assim:

T passiva:

⟶ Locução Nominal 1   Verbo Locução Nominal 2
     the woman   bought the truck

⟶ Locução Nominal 2   Be + verbo + by + Loc. Nominal 1
     the truck   was bought by the woman

em que o símbolo — significa "pode ser transformado em".

Observe-se que o que esse padrão expressa não se limita a essas duas frases apenas, (17) e (18), mas é geral no inglês:

> (19) a. *Susan followed Sam.*
>   b. *Sam was followed by Susan.*
> (20) a. *The tapeworm ate the president.*
>   b. *The president was eaten by the tapeworm.*
> (21) a. *The bee touched the flower.*
>   b. *The flower was touched by the bee.* **

---

*   (17) A mulher comprou o caminhão.
    (18) O caminhão foi comprado pela mulher. (N.T.)
** (19) a. Susan seguiu Sam.
        b. Sam foi seguido por Susan.
    (20) a. A tênia comeu o presidente.
        b. O presidente foi comido pela tênia.
    (21) a. A abelha tocou a flor.
        b. A flor foi tocada pela abelha. (N.T.)

Esse é um exemplo simples de como são formadas duas Estruturas Superficiais cujas derivações diferem apenas por uma transformação — a Transformação Passiva aplicada à derivação das versões (b), mas não às versões (a). As derivações podem ser muito mais complexas; por exemplo:

> (22) a. *Timothy thought that Rosemary was guiding the spaceship.*
> b. *The spaceship was thought by Timothy to have been guided by Rosemary.**

O que todos esses pares de frases demonstram é que as Estruturas Profundas podem diferir de suas Estruturas Superficiais correlatas por apresentarem a ocorrência de elementos ou palavras em ordem diferente. Observe-se que, embora a ordem das palavras seja diferente, em cada par de frases o significado parece ser constante. Para cada par de frases de mesmo significado, mas cujas palavras são ordenadas diferentemente, o linguista estabelece uma transformação que especifica, exatamente, o padrão — o modo pelo qual a ordem de palavras pode diferir.

Assim, o modo pelo qual se representa a intuição de sinonímia do falante nativo é pelo estabelecimento de uma transformação que relacione as duas ou mais Estruturas Superficiais que sejam sinônimas ou tenham o mesmo sentido. Para cada conjunto de duas ou mais Estruturas Superficiais que sejam sinônimas, portanto, o linguista estabelece qual é a padronização formal — a transformação. O teste para sinonímia é, intuitivamente, tentar imaginar se seria possível em nosso mundo coerente (ou em um outro imaginário) que uma das Estruturas Superficiais, que se está testando para sinonímia, seria verdadeira (falsa) e a outra Estrutura Superficial não verdadeira (não falsa). Se elas sempre possuem o mesmo valor (ambas verdadeiras ou ambas falsas), são sinônimas. Isso é conhecido como teste parafrásico. Há inúmeras transformações de modificação de ordem de palavras que os linguistas já identificaram. Os pares seguintes mostram alguns desses padrões:

> (23) a. *I want borsch.*
> b. *Borsch, I want.***

---

* (22) a. Timothy pensou que Rosemary estava guiando a espaçonave.
A versão b não tem estrutura equivalente em português, e a tradução para o português seria a mesma (a). (N.T.)
** (23) a. Eu quero *borsch* [sopa russa de beterraba].
b. *Borsch*, eu quero. (N.T.)

(24) a. *It is easy to scare Barry.*
b. *Barry is easy to scare.*
(25) a. *George gave Martha an apple.*
b. *George gave an apple to Martha.*
(26) a. *The Watergate 500 stumbled away.*
b. *Away stumbled the Watergate 500.*
(27) a. *Writing this sentence is easy.*
b. *It is easy to write this sentence.* *

Cada uma dessas transformações especifica um modo pelo qual a ordem das palavras pode diferir, e, como um grupo, chamam-se Transformações por Permutação.

As Transformações por Permutação são uma das duas principais classes de transformações; a outra chama-se Transformações por Eliminação. Por exemplo:

(28) a. *Ilene talked to someone a great deal.*
b. *Ilene talked a great deal.* **

Na versão (b) da (28), uma das Locuções Nominais (isto é, *to someone*) foi eliminada ou removida. A transformação geral que estabelece esse padrão chama-se Eliminação de Locução Nominal Indefinida.

Eliminação de Loc.
Nominal Indefinida:	X	Verbo	Loc. Nominal	Y
↓	Ilene	talked	to someone	a great deal
	X	Verbo	Y	
	Ilene	talked	a great deal	

em que X e Y são símbolos ou variáveis para qualquer (quaisquer) palavra(s) nessas posições.

---

* (24) a. E fácil assustar Barry.
  b. Barry é fácil de se assustar.
(25) a. George deu a Martha uma maçã.
  b. George deu uma maçã a Martha.
(26) a. O Watergate 500 foi-se.
  b. Foi-se o Watergate 500.
(27) a. Escrever esta frase é fácil.
  b. E fácil escrever esta frase. (N.T.)
** (28) a. Ilene falou muito com alguém.
  b. Ilene falou muito. (N.T.)

Novamente, há inúmeras transformações por eliminação que os linguistas já identificaram:

(29) a. *Fluffo went to the store and Tab went to the store too.*
b. *Fluffo went to the store and Tab went too.*
(30) a. *Tripod ate something.*
b. *Tripod ate.*
(31) a. *Natural struck the wall with something.*
b. *Natural struck the wall.**

Em cada um desses pares, o processo ou derivação da segunda versão inclui uma transformação que eliminou parte da representação semântica lógica completa, que está presente na Estrutura Profunda. Novamente, o significado parece permanecer o mesmo ainda quando os elementos da Estrutura Profunda são eliminados.

Os linguistas distinguem dois tipos de transformações por eliminação — Eliminação Livre, ou eliminação de elementos indefinidos, e Eliminação de Identidade. Observe-se nos pares seguintes:

Ilene talked to someone a great deal.
Ilene talked a great deal.
Tripod ate something.
Tripod ate.
Natural struck the wall with something.
Natural struck the wall.

o elemento que se eliminou é uma locução indefinida (*to someone, something, with something*), ao passo que no par seguinte:

Fluffo went to the store and Tab went to the store too.
Fluffo went to the store and Tab went too.

uma locução que é definida (*to the store*) foi eliminada. A regra geral é que os elementos indefinidos podem ser eliminados de qualquer frase. Existem condições especiais que precisam ser

---

* (29) a. Fluffo foi para a loja e Tab também foi para a loja.
b. Fluffo foi para a loja e Tab também foi.
(30) a. Tripod comeu algo.
b. Tripod comeu.
(31) a. Natural golpeou a parede com alguma coisa.
b. Natural golpeou a parede. (N.T.)

satisfeitas, antes que um elemento definido possa ser eliminado. Observe-se, por exemplo, o elemento definido *to the store,* que foi legitimamente eliminado no último par de frases, ocorre duas vezes nessa frase, resultando que, após a eliminação ter ocorrido [a parte (b)], uma cópia do elemento ainda está presente, e nenhuma informação se perdeu.

Assim, as Estruturas Superficiais podem diferir de sua Estrutura Profunda associada de duas maneiras principais:

— *As palavras podem ocorrer em uma ordem diferente — Transformação por Permutação*
— *Partes da representação semântica lógica completa podem não aparecer na Estrutura Superficial — Transformação por Eliminação.*

Uma outra forma pela qual a representação da Estrutura Profunda pode diferir das Estruturas Superficiais, que as representam, é pelo processo de Nominalização. Em essência, o processo de nominalização ocorre quando as transformações da linguagem modificam o que ocorre na representação de Estrutura Profunda, como uma palavra-processo — um verbo ou predicado — em uma palavra-evento — um substantivo ou argumento — na representação da Estrutura Superficial. Por exemplo, comparem-se as versões (a) e (b) dos pares seguintes de frases:

(32) a. *Susan knows that she fears her parents.*
b. *Susan knows her fear of her parents.*
(33) a. *Jeffrey recognizes that he hates his job.*
b. *Jeffrey recognizes his hatred of his job.*
(34) a. *Debbie understands that she decides her own life.*
b. *Debbie understands her decision about her own life.**

Na segunda versão de cada um dos três pares, o que ocorre na primeira como um verbo ou palavra-processo aparece como um substantivo ou palavra-evento. Especificamente,

---

*(32) a. Susan sabe que tem medo de seus pais.
b. Susan conhece seu medo de seus pais.
(33) a. Jeffrey reconhece que odeia seu trabalho.
b. Jeffrey reconhece seu ódio por seu trabalho.
(34) a. Debbie compreende que ela decide sua própria vida.
b. Debbie compreende sua decisão a respeito de sua própria vida. (N.T.)

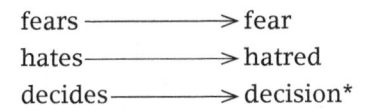

fears ────────→ fear

hates ────────→ hatred

decides ────────→ decision*

Ambas as transformações por Eliminação e por Permutação podem participar nesse processo transformacional complexo. Por exemplo, se nas nominalizações anteriores fossem aplicadas as transformações por permutação, teríamos:

(32) c. *Susan knows the fear by her of her parents.*
(33) c. *Jeffrey recognizes the hatred by him of his job.*
(34) c. *Debbie understands the decision by her about her life.***

Se, no entanto, as Transformações por Eliminação fossem aplicadas[13] nas nominalizações anteriores, teríamos as representações de Estrutura Superficial:

(32) d. *Susan knows the fear.*
(33) d. *Jeffrey recognizes the hatred.*
(34) d. *Debbie understands the decision.****

Se a Nominalização ocorre com ou sem transformações por Eliminação e Permutação, seu efeito é converter a representação de Estrutura Profunda de um processo na representação de Estrutura Superficial de um evento.

O que é importante nessa apresentação não são os detalhes técnicos nem a terminologia que os linguistas desenvolveram, mas antes o fato de que se pode dar uma representação às intuições

---

* teme   medo
  odeia   ódio
  decide decisão (N.T.)
** (32) c. Susan conhece o medo por parte dela de seus pais.
   (33) c. Jeffrey reconhece o ódio por parte dele de seu trabalho.
   (34) c. Debbie compreende a decisão por parte dela a respeito de sua vida. (N.T.)
[13] Estritamente falando, a eliminação dos elementos eliminados no texto não é legítima de um ponto de vista puramente linguístico, pois comportam índices referenciais — o processo, entretanto, é típico de pacientes sob terapia.
*** (32) d. Susan conhece o medo.
   (33) d. Jeffrey reconhece o ódio.
   (34) d. Debbie compreende a decisão. (N.T.)

acessíveis a cada um de nós como falantes nativos. Assim, representa-se o próprio processo de representação. Por exemplo, as duas maneiras principais pelas quais o que aceitamos como uma frase bem-estruturada podem diferir de sua representação semântica completa é por distorção (Transformação por Permutação ou Nominalização) ou remoção de material (Transformação por Eliminação). Como exemplo, cada pessoa que fala inglês é capaz de decidir coerentemente que grupos de palavras inglesas são frases bem-estruturadas. Essa informação é acessível a cada um de vocês. O modelo transformacional representa essa informação. Assim, no modelo, diz-se que um grupo de palavras está bem estruturado se há uma série de transformações que convertem a representação completa da Estrutura Profunda em alguma Estrutura Superficial.

O modelo transformacional envolve índices referenciais de forma importante para nossos objetivos. As Transformações por Eliminação são sensíveis aos índices referenciais. Como mencionado previamente, as palavras ou locuções nominais podem não ser eliminadas, legitimamente, por uma transformação por eliminação livre se elas comportam um índice referencial que as ligue a alguma pessoa ou coisa. Isso surge como uma modificação no sentido, se essa condição não for satisfeita e a transformação for aplicada. Observe-se a diferença entre:

(35) a. *Kathleen laughed at someone.*
b. *Kathleen laughed.*
(36) a. *Kathleen laughed at her sister.*
b. *Kathleen laughed.* *

Entende-se a versão (b) da (35) como significando, aproximadamente, a mesma coisa que a versão (a), mas a versão (b) da (36) transmite menos informação e significa algo diferente. Esse exemplo mostra a condição geral que uma transformação por eliminação livre precisa satisfazer para ser aplicada legitimamente — que o elemento a eliminar pode não ter um índice referencial que o ligue a alguma parte específica da experiência do falante. Com efeito, isso significa que, cada vez que se aplica uma transformação por eliminação livre, o elemento eliminado não tem, necessariamente, índice referencial na representação de Estrutura Profunda — isto é, era um elemento que não estava ligado a nada na experiência do falante.

---

* (35) a. Kathleen riu de alguém.
    b. Kathleen riu.
  (36) a. Kathleen riu de sua irmã.
    b. Kathleen riu. (N.T.)

Além da maneira pela qual os índices referenciais interagem com o conjunto de transformações por Eliminação, nós, como falantes nativos, temos intuições completas sobre seu uso geral. Especificamente, cada um de nós, como falante nativo, pode distinguir coerentemente palavras e locuções tais como *this page, the Eiffel Tower, the Vietnam War, I, the Brooklyn Bridge...* que têm um índice referencial de palavras e locuções tais como *someone, something, everyplace that there is trouble, all the people who didn't know me, it, ...** que não têm Índice referencial. O primeiro conjunto de palavras e locuções identifica porções específicas do modelo da experiência do falante, ao passo que o segundo grupo não. Esse segundo grupo de palavras ou locuções sem índice referencial é um dos modos principais pelos quais se realiza o processo modelador de Generalização, nos sistemas das línguas naturais.

Em recente trabalho no campo da linguística, os transformacionalistas começaram a explorar como trabalham as pressuposições na língua natural. Certas frases implicam que certas outras são verdadeiras, a fim de que façam sentido. Por exemplo, se escuto dizer:

(37) *Há um gato sobre a mesa.*

posso escolher entre acreditar ou não que há um gato sobre a mesa e, das duas possibilidades, posso encontrar sentido naquilo que se está dizendo. Entretanto, se escuto dizer:

(38) *Sam percebeu que há um gato sobre a mesa.*

tenho de supor que há, de fato, um gato sobre a mesa, a fim de encontrar sentido naquilo que se está dizendo. Essa diferença mostra-se claramente se introduzirmos o elemento negativo *não* na frase.

(39) *Sam não percebe que há um gato sobre a mesa.*

Isso demonstra que, quando alguém diz uma frase que significa o oposto — aquela que nega o que a primeira afirma ser verdadeiro —, deve-se ainda supor que há um gato sobre a mesa, a fim de encontrar sentido na frase. Uma frase que necessite ser verdadeira a fim de que uma outra faça sentido chama-se pressuposição da segunda frase.

---

*... esta página, a Torre Eiffel, a guerra do Vietnã, eu, a Ponte do Brooklyn...
... alguém, alguma coisa, todo lugar em que houver problemas, todas as pessoas que não me conhecem, ela... (N.T.)

UMA VISÃO GERAL

As partes do modelo transformacional aplicáveis aos nossos propósitos foram apresentadas. Vistas em conjunto, constituem uma representação do processo que os humanos desempenham ao representar sua experiência e comunicar essa representação. Quando os humanos desejam comunicar sua representação, sua experiência do mundo, formam uma representação linguística completa de sua experiência; isso se chama a Estrutura Profunda. Assim que começam a falar, fazem uma série de escolhas (transformações) a respeito da forma pela qual comunicarão sua experiência. Essas escolhas, geralmente, não são conscientes.

> A estrutura de uma frase pode ser vista como o resultado de uma série de escolhas sintáticas feitas no processo de geração da mesma. O falante codifica o sentido por escolher construir a frase com certas características sintáticas, escolhidas de um conjunto limitado.
>
> (T. Winograd, *Understanding Natural Language*, p. 16, em *Cognitive Psychology*, vol. 3, n.º 1, jan., 1972)

Nosso comportamento ao fazer essas escolhas é, entretanto, regular e determinado por regras. O processo de fazer essa série de escolhas (uma derivação) resulta de uma Estrutura Superficial — uma frase ou sequência de palavras que reconhecemos como um grupo bem-estruturado de palavras em nosso idioma. Essa Estrutura Superficial em si pode ser vista como uma representação da representação linguística completa — a Estrutura Profunda. As transformações modificam a estrutura da Estrutura Profunda — seja eliminando ou modificando a ordem das palavras —, mas não modificam o significado semântico. Graficamente, o processo inteiro pode ser visto como:

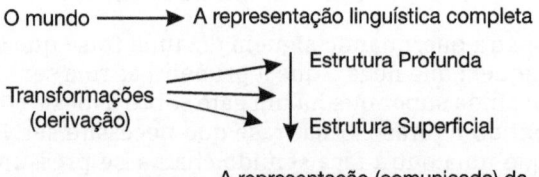

O mundo ⟶ A representação linguística completa

Transformações (derivação) → Estrutura Profunda / Estrutura Superficial

A representação (comunicada) da representação completa

O modelo desse processo é um modelo do que fazemos quando representamos e comunicamos nosso modelo — um modelo de um modelo — um metamodelo. Esse metamodelo representa nossas intuições a respeito de nossa experiência. Por exemplo, nossa intuição de sinonímia — o caso em que duas ou mais Estruturas Superficiais têm o mesmo significado semântico, isto é, a mesma Estrutura Profunda — representa-se como:

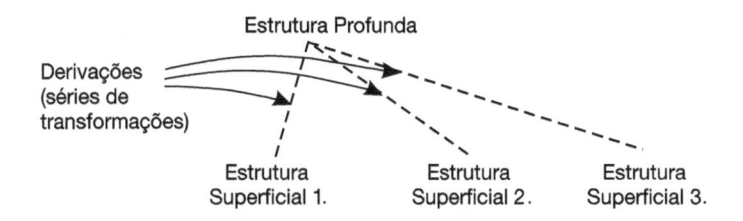

Em termos de um exemplo específico, então:

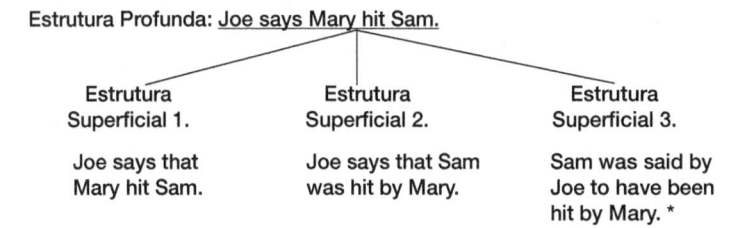

Sinonímia no metamodelo significa que a mesma Estrutura Profunda está ligada a mais de uma Estrutura Superficial.

Ambiguidade é o caso oposto. Ambiguidade é a intuição que os falantes nativos utilizam quando a mesma Estrutura Superficial tem mais de um significado semântico distinto e representa-se como:

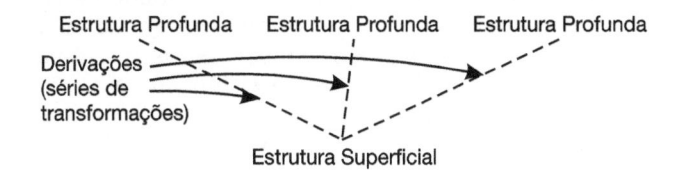

---

* E.P. — Joe diz Mary golpeou Sam.
  E.S. 1 — Joe diz que Mary golpeou Sam.
  E.S. 2 — Joe diz que Sam foi golpeado por Mary.
  E.S. 3 — Em português não existe essa estrutura do exemplo. (N.T.)

Como um exemplo específico:

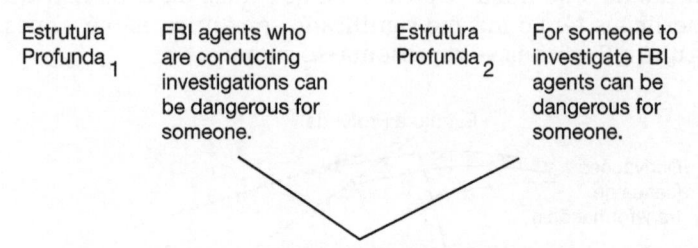

| Estrutura Profunda$_1$ | FBI agents who are conducting investigations can be dangerous for someone. | Estrutura Profunda$_2$ | For someone to investigate FBI agents can be dangerous for someone. |

Estrutura Superficial: Investigating FBI agents can be dangerous.*

Ambiguidade no metamodelo é o caso em que mais de uma Estrutura Profunda está ligada por transformações à mesma Estrutura Superficial.

A intuição de boa-estruturação está representada no metamodelo na forma de que qualquer sequência de palavras seja bem estruturada apenas para o caso de que haja uma série de transformações (uma derivação) que leve alguma Estrutura Profunda àquela sequência de palavras — uma Estrutura Superficial. Assim, o metamodelo é uma representação explícita de nosso comportamento inconsciente governado por regras.

RESUMO

A linguagem humana é uma forma do ato de representação do mundo. A Gramática Transformacional é um modelo explícito do processo de representar e comunicar essa representação do mundo. Os mecanismos dentro da Gramática Transformacional e o modo pelo qual representamos nossa experiência são universais a todos os seres humanos. O significado semântico que esses processos representam é existencial, infinitamente rico e variado. O modo pelo qual esses significados existenciais são representados e comunicados é governado por regras. A Gramática Transformacional não modela o sentido existencial, mas o modo pelo qual se forma esse conjunto infinito — as próprias regras de representações.

---

* E. P. 1 — Agentes do FBI que estão conduzindo investigações podem ser perigosos para alguém.
  E. P. 2 — Para alguém, investigar agentes do FBI pode ser perigoso para alguém.
  E. S.   — Investigar agentes do FBI pode ser perigoso. (N.T.)

O sistema nervoso que é responsável pela produção do sistema representativo da linguagem é o mesmo sistema nervoso pelo qual os humanos produzem todos os outros modelos do mundo — do pensamento, visual, cinético etc. Os mesmos princípios de estrutura são operantes em cada um desses sistemas. Assim, os princípios formais que os linguistas identificaram como parte do sistema representativo, chamado linguagem, fornecem uma abordagem explícita para a compreensão de qualquer sistema humano de modelagem.

Capítulo 3

A ESTRUTURA DA MAGIA

Um dos mistérios no campo da terapia é que, embora as várias escolas de terapia tenham diferentes formas, todas alcançam sucesso até certo ponto. Esse quebra-cabeça será resolvido quando os métodos eficazes, partilhados pelas diferentes psicoterapias, puderem ser descritos em um único conjunto de termos, tornando, assim, explícitas as semelhanças e, por conseguinte, passíveis de serem aprendidas pelos terapeutas de qualquer escola.[14]

> ... esta linha de semelhanças [dentre as várias formas de psicoterapia — RB/JG] não é abrangente; pareceria ser indicação suficiente que um estudo mais completo de todas as formas de psicoterapia em termos de seus padrões formais semelhantes fosse compensador. Uma ciência mais rigorosa de psicoterapia será alcançada quando os procedimentos, nos vários métodos, puderam ser sintetizados até a estratégia mais eficaz possível, para induzir uma pessoa a comportar-se, espontaneamente, de maneira diferente.

> J. Haley, *Strategies of Psychotherapy*, 1967, p. 85.

A única característica que está presente em todas as formas de terapia, quando são bem-sucedidas, é que as pessoas sob terapia modificam-se de alguma forma. Dá-se a essa modificação nomes diferentes segundo as diferentes escolas de terapia, nomes tais como: 1) ajustamento, 2) cura, 3) crescimento, 4) esclarecimento, 5) modificação de comportamento etc. Qualquer que seja o nome dado ao fenômeno, de algum modo ele torna a experiên-

---

[14] Recomendamos calorosamente o excelente trabalho de Jay Haley, Gregory Bateson e seus associados, Paul Watlawick, Janet Beavin e Don Jackson. Seus estudos nos parecem ser, atualmente, os que mais se aproximaram, juntamente com o metamodelo, da consecução desse objetivo.

cia da pessoa melhor e mais rica. Não é de surpreender que toda forma de terapia reivindique ajudar as pessoas a atuar no mundo com mais êxito. Quando as pessoas mudam, modificam-se suas experiências e seus modelos de mundo. Não importam quais são suas técnicas; as diferentes formas de terapia tornam possível às pessoas modificar seu modelo do mundo, e algumas delas refazem parte desse modelo.

O que oferecemos aqui não é uma nova escola de terapia, mas antes um conjunto específico de instrumentos/técnicas que são uma representação explícita do que já está presente, em certa escala, em cada forma de terapia. Os aspectos singulares do metamodelo que estamos apresentando são: primeiro, ser baseado nas intuições já disponíveis a todo falante nativo e, segundo, um modelo explícito na medida em que se pode aprendê-lo.

O METAMODELO

O metamodelo que estamos apresentando é, em grande parte, inspirado pelo modelo formal desenvolvido na linguística transformacional. Já que o modelo transformacional foi criado para responder a questões que não estão imediatamente ligadas ao modo pelo qual os humanos se modificam, nem todas as porções dele são igualmente úteis na criação de um metamodelo para terapia. Assim, adaptamos o modelo, selecionando apenas as partes relevantes para nossas finalidades e ordenando-as em um sistema adequado aos nossos objetivos em terapia.

Neste capítulo, apresentamos nosso metamodelo para terapia. Aqui, nossa intenção é dar uma visão geral do que está disponível no metamodelo e como funciona. Nos dois capítulos seguintes, tornamo-nos específicos, mostrando, passo a passo, como aplicar as técnicas do metamodelo. Para este capítulo, insistimos em que se leia a discussão e se tente obter a imagem completa que apresentamos. Iremos tornar essa imagem mais nítida e detalhada nos capítulos seguintes.

Eliminações: As Partes Ausentes do Modelo

Na maioria das formas de terapia (com a possível exclusão de algumas terapias físicas), uma das coisas que acontece é uma série de transações verbais entre o "paciente" e o "terapeuta". Uma das características comuns do encontro terapêutico é que o terapeuta tenta descobrir para que o paciente veio à terapia; o que o paciente quer modificar. Em nossos termos, o terapeuta está tentando descobrir que modelo do mundo tem o paciente. Quando os pacientes comunicam seus modelos, o fazem em Estruturas Superficiais. Essas Estruturas Superficiais irão conter eliminações tais como as descritas no último capítulo. A maneira pela qual o paciente utiliza a linguagem para comunicar seu modelo/representação está sujeita aos processos universais da modelagem humana, tal como eliminação. A própria Estrutura Superficial é uma representação da representação linguística completa da qual derivou — a Estrutura Profunda. No caso em que o processo linguístico de eliminação ocorreu, a descrição verbal resultante — a Estrutura Superficial — está necessariamente ausente para o terapeuta. Esse pedaço também pode estar ausente do modelo consciente que o paciente tem do mundo. Se faltam pedaços no modelo da experiência do paciente, este está empobrecido. Os modelos empobrecidos, como afirmamos antes, implicam opções limitadas para o comportamento. À proporção que as partes ausentes são recuperadas, inicia-se o processo de modificação dessa pessoa.

O primeiro passo para o terapeuta é ser capaz de determinar se a Estrutura Superficial do paciente é uma representação completa da representação linguística plena, da qual derivou — a Estrutura Profunda. Nesse ponto, ou os terapeutas têm um sentido altamente desenvolvido de situações baseadas em suas experiências, ou podem utilizar o metamodelo explícito para recuperar as partes ausentes. No metamodelo, as intuições, que todo falante nativo da língua tem, entram em jogo. O paciente diz:

*I'm scared.**

O terapeuta verifica agora as intuições do paciente, para determinar se suas Estruturas Superficiais estão completas. Um modo de fazer isso (apresentamos esse processo, detalhadamente, nos capítulos seguintes) é perguntar a si mesmo se você pode pensar em uma outra frase, bem-estruturada em inglês, que tenha a mesma palavra-processo *scare* e mais argumentos nominais do que a Estrutura Superficial do paciente com aquele mesmo verbo *scare*. Se você pode pensar em uma tal Estrutura Superficial, então a Estrutura Superficial do paciente está incompleta.

Os terapeutas estão agora em face de três opções bem amplas.[15] Podem aceitar o modelo empobrecido, podem indagar pela

---

* Estou com medo. (N.T.)

[15] Estamos conscientes de que as três opções aqui discutidas não exaurem todas as possibilidades lógicas ou, na verdade, práticas. O terapeuta poderia, por exemplo, ignorar completamente a Estrutura Superficial que o paciente apresenta. As três categorias de resposta, da parte do terapeuta, que discutimos parecem-nos ser as mais frequentes.

parte ausente ou podem fazer suposições sobre ela. A primeira opção, aceitar o modelo empobrecido, apresenta a dificuldade de tornar o processo da terapia lento e tedioso, já que se coloca toda a responsabilidade de recuperar as partes ausentes do modelo sobre o paciente, que lá está, em primeiro lugar, para ser assistido nesse processo. Não estamos sugerindo que a modificação não seja possível nesse processo, mas que exigirá um período de tempo mais longo do que é necessário. A segunda escolha, para o terapeuta, é indagar pela parte que foi linguisticamente eliminada:

P: *I'm scared.*
T: *Of what?* *

Ou o paciente supre o material que foi linguisticamente eliminado de seu modelo e a compreensão do terapeuta torna-se mais completa, ou a parte ausente da expressão oral do paciente está também ausente de seu modelo. Os pacientes iniciam, então, o processo de autodescoberta e vão se modificando à proporção que comecem a trabalhar para completar os pedaços ausentes e se tornem ativamente envolvidos nesse processo de autodescoberta — expandindo a si mesmos pelo expandir de seu modelo do mundo.

Os terapeutas têm uma terceira escolha — podem, a partir de longa experiência, intuir com relação à parte ausente. Podem escolher interpretar ou fazer uma suposição sobre a parte ausente. Nada temos contra essa escolha. Há, no entanto, o perigo de que qualquer forma de interpretação ou suposição possa ser imprecisa. Em nosso metamodelo incluímos uma proteção para o paciente. O paciente tenta a interpretação ou suposição por parte do terapeuta para gerar uma frase que inclua esse material e verifica suas intuições para ver se ela se ajusta, faz sentido, e é uma representação nítida de seu modelo do mundo. Por exemplo, o terapeuta pode ter uma forte intuição de que o paciente tenha medo do pai. Essa intuição pode estar baseada em terapia anterior ou no reconhecimento de uma determinada postura do corpo ou movimento que tenha visto o paciente utilizar em outras ocasiões em que surgiu o assunto pai. Nesse caso, o diálogo pode ser:

---

* P: Estou com medo.
  T: De quê?

P: *I'm scared.*
T: *I want you to try saying this and see whether it fits for you: "My father scares me."**

O que ele aqui está pedindo que o paciente faça é proferir a Estrutura Superficial que conterá sua suposição ou interpretação e ver se ela se ajusta à representação completa do paciente, a Estrutura Profunda.[16] Se essa nova Estrutura Superficial, que contém a intuição do terapeuta a respeito da identidade da porção eliminada da Estrutura Superficial original do paciente, se ajustar ao modelo do paciente, ele experimentará, de modo característico, uma certa sensação de conformidade ou reconhecimento. Caso contrário, as técnicas do metamodelo estão disponíveis, como um guia, para recuperar o material ausente que realmente se ajuste ao modelo do paciente. A proteção para a integridade do paciente é que o terapeuta seja sensível às intuições do primeiro e experimente, por meio de fazer o paciente julgar, se a suposição do terapeuta é adequada para seu modelo, fazendo-o proferir a frase e vendo se ela se ajusta.

A necessidade de os terapeutas estarem conscientes da integridade de seus pacientes tem sido amplamente reconhecida. Polster e Polster (1973, p. 68) comentam:

> Não há uma medida precisa para identificar os limites de um poder individual para assimilar ou expressar sentimentos que tenham possibilidades explosivas, mas há uma proteção básica — não forçar ou seduzi-lo a comportamentos que ele próprio não tenha amplamente estabelecido.

Em geral, a eficácia de uma determinada forma de terapia está associada à capacidade de recuperar as partes "suprimidas" ou ausentes do modelo do paciente. Assim, o primeiro passo na aquisição desse instrumental é aprender a identificar as partes ausentes no modelo — especificamente, identificar o fato de ter ocorrido a eliminação linguística. As partes ausentes na Estrutura Superficial são o material que foi removido pelas transformações por eliminação. Recuperar o material ausente implica um movi-

---

* P: Estou com medo.
T: Quero que você tente dizer isto e veja se se ajusta a você:
"Meu pai me amedronta." (N.T.)
[16] No Capítulo 6 voltaremos a essa técnica sob o título geral *Técnica de Congruidade*. Aqui, simplesmente, o paciente, ao proferir a Estrutura Superficial, chama à tona a Estrutura Profunda. Se a Estrutura Superficial corresponde à Estrutura Profunda que se ajusta a seu modelo (está em conformidade com seu modelo), o paciente reconhecerá esse fato.

mento em direção a uma representação mais completa — a Estrutura Profunda.

Distorção: Processo ———> Evento

Uma das formas pelas quais as pessoas ficam imobilizadas é a transformação de um processo em andamento em um evento. Os eventos são coisas que ocorrem em um determinado momento e pronto. Uma vez ocorridos, seus resultados são fixos, e nada pode ser feito para mudá-los.[17] Esse modo de representar experiências é empobrecedor no sentido de que os pacientes perdem o controle dos processos em andamento, por representá-los como eventos. Os linguistas identificaram o mecanismo linguístico para transformar um processo em um acontecimento. Isso se chama nominalização e é discutido no último capítulo. A capacidade do terapeuta em desafiar as porções distorcidas do modelo do paciente, que envolvem a representação de processos como eventos, exige que o terapeuta seja capaz de reconhecer as nominalizações nas Estruturas Superficiais do paciente. Isso pode ser feito examinando-se a Estrutura Superficial do paciente — verifique cada um dos não verbos na frase, indagando a si mesmo se pode pensar em um verbo ou adjetivo que esteja estreitamente associado a ele em aparência/som e significado. (Novamente, um procedimento mais detalhado será fornecido no Capítulo 4.) Por exemplo, assim que o paciente comece a discutir algum processo em andamento em sua vida — o processo contínuo de sua decisão de evitar enfrentar alguém a respeito de alguma coisa — ele pode representar esse processo, em sua Estrutura Superficial, pela locução *my decision*.

*I really regret my decision.**

---

[17] No Capítulo 2, como também no restante do livro, adotamos a visão linguística filosófica padrão de que apenas os substantivos na Estrutura Superficial que correspondem aos verbos na Estrutura Profunda são o resultado de nominalizações: a modificação da representação de um processo em um evento. Uma visão mais radical é aquela em que mesmo os substantivos da Estrutura Superficial, que pela análise linguística padrão não correspondem a verbos na Estrutura Profunda, são a representação de um processo por um evento. Desse ponto de vista, o substantivo *cadeira* é a representação-evento do que nós realmente experimentamos no processo de percepção, manifestação... o qual tem coordenadas de tempo-espaço e duração. A direção, então, entre as partes de nossa experiência que estão representadas na Estrutura Profunda como verbos e aquelas que estão representadas como substantivos é, essencialmente, o volume de diferenças ou modificações que experimentamos no que é representado: *cadeiras* modificam-se lenta e tranquilamente, enquanto *encontros* modificam-se mais rapidamente.
* Eu realmente lamento minha decisão. (N.T.)

O terapeuta, buscando distorções, identifica o substantivo *decision* como semelhante, em aparência/som e significado, à palavra-processo *decide* — logo, uma nominalização.

A tarefa do terapeuta é auxiliar o paciente a ver que o que ele representou em seu modelo como um evento terminado e acabado é um processo em andamento, que pode ser influenciado por ele. Há inúmeras maneiras de se executar isso. Por exemplo, o terapeuta pode perguntar como o paciente se sente a respeito de sua decisão. Quando o paciente responde que está insatisfeito, o terapeuta pergunta o que foi que o impossibilitou de reconsiderar sua decisão. O paciente responde, e o terapeuta continua a aplicar as técnicas do metamodelo. Aqui, o terapeuta está trabalhando para religar o evento ao processo corrente.

Outro desafio que o terapeuta pode utilizar:

*You have made your decision and there is nothing which you can imagine that would change your decision?**

Novamente, o paciente responde com uma Estrutura Superficial que o terapeuta pode utilizar, juntamente com o metamodelo, como guia para seu próximo passo em induzir a modificação no paciente. O efeito da aplicação sistemática dessas duas técnicas:

(a) Recuperação de partes removidas pelas transformações por eliminação a partir da Estrutura Profunda.

(b) Transformação de nominalizações novamente em palavras-processo originais de onde se originaram — a Estrutura Profunda.

produz uma representação mais completa do modelo do paciente — a Estrutura Profunda linguística da qual as expressões orais iniciais do paciente, ou Estruturas Superficiais, foram derivadas. Esse processo envolve, ativamente, o paciente no preenchimento das partes ausentes e na transformação das coisas representadas como eventos novamente em processos originais, começando assim o processo de modificação.

As Estruturas Profundas são as mais completas representações linguísticas da experiência do paciente. Podem diferir da experiência dessa pessoa de diversas maneiras que já são familiares a você. Estas são as três características comuns a todos os processos humanos de modelagem: Eliminação, Distorção e Generalização.

---

* Você tomou sua decisão e não haveria alguma coisa que você possa imaginar que a modifique? (N.T.)

Esses são os processos universais de modelagem humana — a maneira pela qual as pessoas criam qualquer representação de sua experiência. As intuições que são representadas no modelo transformacional de linguagem são casos especiais desses três princípios; por exemplo, frases ou Estruturas Superficiais que não têm sujeito expresso são exemplos do processo de eliminação. Para desenvolver uma imagem do modelo que o paciente possui, tem-se que repor essa parte ausente; a expressão tem que ser religada à origem — sua representação mais completa. No caso de uma Estrutura Superficial, sua origem e representação mais completa são a Estrutura Profunda. No caso da Estrutura Profunda, as experiências do paciente são a fonte para a representação. Embora a Estrutura Profunda seja a representação linguística mais completa, deriva-se ela de uma fonte ainda mais rica e mais completa — a soma total das experiências dos pacientes.[18] Não é de surpreender, os mesmos processos universais humanos de modelagem que nos dão uma forma sistemática de auxiliar o paciente em partir de uma Estrutura Superficial empobrecida para uma representação linguística completa — a Estrutura Profunda — fornecem uma forma sistemática de ligar a representação linguística, para essa pessoa, ao conjunto de experiências completas das quais se deriva a representação linguística completa.

Estrutura Profunda e Mais Além

Como assinalamos repetidamente, os indivíduos que se encontram sob terapia e desejam auxílio em modificar-se aí estão, tipicamente, porque sentem que não têm escolhas suficientes, que são incapazes de se comportar de forma diferente do que fazem. Ademais, por mais estranho que nos possa parecer, seu comportamento faz sentido em seu modelo do mundo.

O terapeuta teve êxito em envolver o paciente na recuperação da Estrutura Profunda — a representação linguística completa. O próximo passo é desafiar essa Estrutura Profunda de tal forma que a enriqueça. O terapeuta tem diversas escolhas nesse momento. O princípio básico, aqui, é que as pessoas acabam sofrendo, não porque o mundo não seja rico bastante para permitir-lhes a satisfação de necessidades, mas porque sua representação do mundo está empobrecida. Igualmente, então, a estratégia que

---

[18] Voltaremos a considerar sistematicamente esse assunto no Capítulo 6, sob o título *Estruturas de Referência* — a soma total da experiência do paciente — a origem da qual a representação linguística completa se deriva.

adotamos, no papel de terapeuta, é colocar o paciente em contato com o mundo, de algum modo que lhe ofereça um conjunto de escolhas mais rico. Em outras palavras, já que o paciente vivencia o sofrimento por ter criado uma representação empobrecida do mundo e por ter esquecido que a representação não é o mundo, o terapeuta o auxiliará na modificação apenas para o caso em que venha a se comportar de algum modo incoerente com seu modelo e, com esse auxílio, enriquece-lhe o modelo. Há inúmeras maneiras de se executar isso, muitas das quais já descritas em detalhe. A importância de canais sensoriais desimpedidos, a descoberta de padrões para se enfrentar o estresse aprendidos no sistema familiar, os traumas da infância, a imposição de vínculos terapêuticos duplos — são todos exemplos de ênfases que as várias formas de psicoterapia selecionaram como sua maneira de desafiar o modelo empobrecido do paciente. Qualquer que seja a escola de terapia, e quaisquer que sejam sua ênfase e forma de tratamento típica, quando obtém êxito, envolve duas características:

(1) Um grande volume de comunicação na forma de linguagem.[19]
(2) Uma modificação no modelo/representação do mundo do paciente.

O que oferecemos no nosso metamodelo relaciona-se diretamente a essas duas características de terapia bem-sucedida. A língua é tanto um sistema representativo como também o meio ou processo de comunicar nossa representação do mundo. Os processos pelos quais passamos para comunicar nossa experiência são os mesmos processos por que passamos ao criar nossa experiência. Vista desse modo, a recuperação da Estrutura Profunda completa a partir da Estrutura Superficial corresponde à revelação do modelo linguístico completo do mundo do paciente; o desafio à Estrutura Profunda do paciente é, diretamente, um desafio à representação linguística completa do paciente. As mesmas técnicas/instrumentos aplicam-se a ambas.

Os processos pelos quais as pessoas empobrecem sua representação do mundo são os mesmos processos pelos quais empobrecem sua expressão de sua representação do mundo. O modo com que essas pessoas criam sofrimento para si mesmas envol-

---

[19] O caso limite são as terapias físicas (p. ex., Rolfing, Biogenética, Shiatsu...) que enfatizam o trabalho no sistema representativo físico — isto é, os seres humanos representam suas experiências nas posturas corporais, movimentos, contrações musculares características, tônus... Voltaremos a esse tópico no Capítulo 6. Mesmo nesse caso limite, o terapeuta e o paciente, tipicamente, falam um com o outro.

ve esses processos. Através deles criam um modelo empobrecido. Nosso metamodelo oferece uma forma específica de se desafiar esses mesmos processos para enriquecer seu modelo. Primeiro, o metamodelo especifica o processo de se deslocar da Estrutura Superficial para a Estrutura Profunda. O processo do deslocamento a partir da Estrutura Superficial, com uma eliminação, para a Estrutura Profunda completa não apenas fornece ao terapeuta uma imagem precisa do modelo do paciente, mas durante o processo o paciente pode, de fato, expandir o modelo ao tentar recuperar a eliminação pela qual o terapeuta está indagando. Segundo, ele provê um formato para desafiar a Estrutura Profunda e religá-la à experiência da pessoa, tornando assim possível a modificação.

Tendo recuperado o modelo linguístico do mundo do paciente, o terapeuta pode agora selecionar qualquer uma, ou mais de uma, das inúmeras técnicas de tratamento que achar útil no contexto. O terapeuta pode, por exemplo, optar pela imposição de um vínculo terapêutico duplo (Haley, 1973), ou utilizar uma técnica de encenação (Perls, 1973), para auxiliar o processo de modificação, ou prosseguir desafiando o modelo do paciente através de puro trabalho verbal. Em cada um desses casos, a linguagem está envolvida. A eficiência e o poder de um terapeuta estão intimamente ligados à riqueza de seu metamodelo – o número de escolhas que possui e sua habilidade em combinar essas opções. Nosso foco neste trabalho incidirá nas técnicas verbais/digitais e não nas não verbais/analógicas, por duas razões:

(1) Transações verbais são uma forma significativa de comunicação, em todos os estilos de terapia.
(2) Desenvolvemos um modelo para a língua natural que é explícito.

Mais tarde mostraremos, em detalhe, que o metamodelo que criamos, a partir do modelo da Gramática Transformacional, para um metamodelo terapêutico pode também ser generalizado a sistemas não verbais de comunicação.[20]

Desafiando a Estrutura Profunda

Para o terapeuta, desafiar a Estrutura Profunda equivale a exigir que o paciente mobilize seus recursos para religar seu modelo linguístico ao seu mundo de experiência. Em outras palavras,

---

[20] Este é o assunto central do Capítulo 6 e de *Estrutura da Magia,* volume II.

o terapeuta aqui está desafiando as suposições do paciente de que seu modelo linguístico é a realidade.

Desafiando as Generalizações

Um elemento que o modelo do paciente terá, que tipicamente empobrece sua experiência, é aquele da generalização. Correspondentemente, a Estrutura Profunda, que representa a porção empobrecida do modelo, conterá palavras e locuções que não têm índice referencial e verbos incompletamente especificados.

Claridade no Meio do Caos — os Substantivos/Argumentos

Assim que as partes ausentes da Estrutura Profunda do paciente são recuperadas, o modelo da experiência do mesmo pode tornar-se mais completo, embora ainda possa estar obscuro e indefinido.[21] O paciente diz:

> P: *I'm scared.*
> T: *Of what?*
> P: *Of people.**

Nesse ponto, ou o terapeuta tem um conjunto bem desenvolvido de intuições a respeito do que fazer a seguir ou pode utilizar nosso metamodelo explícito como guia. Uma forma explícita de determinar quais porções da expressão oral (e o modelo que representa) estão indefinidas é procurar argumentos nominais que não tenham índice referencial. O terapeuta tem novamente três escolhas básicas: aceitar o modelo indefinido, fazer uma pergunta que exija definição do modelo ou adivinhar o que possa ser o modelo definido. A escolha aqui feita pelo terapeuta tem as mesmas consequências que sua tentativa de recuperar as partes ausentes no modelo. Se o terapeuta escolhe perguntar pelo índice referencial ausente, dirá simplesmente:

> *Who, specifically (scares you)?***

Se, por outro lado, o terapeuta tem uma intuição sobre a identidade da locução nominal que não tem índice referencial, pode

---

[21] De fato, da discussão dos tipos de transformações por eliminação que constam no Capítulo 2, segue-se que cada caso de Eliminação Livre é a eliminação de um argumento nominal de Estrutura Profunda que não tem índice referencial.
* P: Estou com medo.
  T: De quê?
  P: De gente. (N.T.)
** Quem, especificamente (o amedronta)? (N.T.)

decidir-se a fazer suposições. Nesse caso, a mesma forma de proteção da integridade do paciente está à disposição se o terapeuta prefere fazer suposições:

> P: *I'm scared.*
> T: *Of what?*
> P: *Of people.*

O terapeuta decide fazer suposições a respeito de quem é que *especificamente* amedronta (*scares*) o paciente. Utilizando-se da proteção que recomendamos, o terapeuta pede ao paciente para dizer a Estrutura Superficial que incorpora a suposição do terapeuta:

> T: *I want you to try saying this and see whether you feel it fits for you: "My father scares me."**

O paciente agora emite a Estrutura Superficial que incorpora a suposição ou interpretação e decide se ela se encaixa em seu modelo. Em ambos os casos, o terapeuta está respondendo — desafiando a generalização do paciente por exigir que o mesmo ligue essa generalização à sua experiência específica — por exigir um índice referencial. Este, o passo seguinte no processo da compreensão, por parte do terapeuta, do modelo do paciente, é o desafio aos argumentos nominais que não têm índice referencial.

A palavra *people* (gente) não seleciona um indivíduo específico ou grupo de indivíduos do modelo do paciente. Este pode suprir o índice referencial ausente na expressão oral, e a disposição em seu modelo e a compreensão, por parte do terapeuta, de seu modelo estarão assim mais definidas, ou o índice referencial pode estar ausente no modelo do paciente. Se essa porção do modelo do paciente está também indefinida, a pergunta feita pelo terapeuta permite ao paciente trabalhar no esclarecimento de seu modelo e tornar-se mais envolvido no processo.

Observa-se que o paciente pode produzir inúmeras respostas tais como "gente que me odeia", "todas as pessoas que sempre pensei fossem minhas amigas", "todo mundo que eu conheço", "alguns da minha família", nenhuma das quais tem índices referenciais — são descrições intencionais, não extensionais, da experiência da pessoa.[22] Representam generalizações que ainda

---

* Quero que você tente dizer isso e veja se isso se aplica a você: "Meu pai me amedronta." (N.T.)

[22] A distinção intencional-extensional é tomada de empréstimo à lógica. Uma definição extensional de um conjunto é aquela que especifica quais são membros do conjunto, pela simples listagem (isto é, enumeração) dos mesmos; uma definição intencional de um conjunto é aquela que especifica

não estão ligadas à experiência do paciente. O terapeuta continua a desafiar essas formulações perguntando:

Who, specifically?

até que obtenha do paciente expressão oral que tenha um índice referencial. Finalmente, o paciente responde:

*My father scares me.**

A exigência feita pelo terapeuta, relativa a representações de Estrutura Profunda completa que incluam apenas palavras e locuções que tenham índices referenciais, é uma exigência de que o paciente religue suas generalizações à experiência da qual provêm. A seguir, o terapeuta indaga a si mesmo se a imagem que tem do modelo do paciente é clara e definida.

Claridade no Meio do Caos — Verbo/Palavras-Processo

Ambos os substantivos na expressão oral:

My father scares me.

têm índices referenciais (*my, father* e *me*). A palavra-processo ou verbo na expressão, contudo, não nos dá uma imagem clara de como precisamente ocorreu a experiência. Sabemos que o paciente está amedrontado (*scared*) e que seu pai o amedronta, mas como, exatamente, o pai o amedronta está representado incompletamente — o que, especificamente, *faz* ele, que o amedronta. O terapeuta pede ao paciente para definir sua imagem pela pergunta:

*How does your father scares you?***

Isso é novamente um pedido do terapeuta para que o paciente ligue sua generalização à experiência da qual se derivou. A res-

---

quais são os membros do conjunto pelo estabelecimento de uma regra ou procedimento, que classifica o mundo em membros e não membros do mesmo. Por exemplo, o conjunto de todos os humanos de mais de um metro e oitenta que vivem em Ozona, Texas, pode ser estabelecido, extensionalmente, pela lista das pessoas que, de fato, vivem em Ozona, Texas, e têm mais de um metro e oitenta de altura, ou, intencionalmente, por um procedimento, digamos, por exemplo:
(a) ir ao cartório de registro dos residentes de Ozona, Texas.
(b) procurar cada pessoa constante da lista e determinar se ela tem mais de um metro e oitenta de altura.
Korzybski (1933, cap. 1) tem uma discussão interessante dessa distinção. Observe-se que, em geral, listagens ou um conjunto extensionalmente especificado têm índices referenciais, ao passo que conjuntos específicos, intencionalmente estabelecidos, não têm índice referencial.
* Tenho medo de meu pai. (N.T.)
** De que forma seu pai o amedronta? (N.T.)

posta dada a essa pergunta pelo paciente é uma nova Estrutura Superficial, que então o terapeuta examina em relação a integralidade e clareza, indagando a si mesmo se todas as porções da representação da Estrutura Profunda completa estão refletidas nessa Estrutura Superficial. O terapeuta continua a examinar as Estruturas Superficiais geradas pelo paciente, recuperando a Estrutura Profunda e desafiando-a quanto a generalizações que tornam o modelo indefinido e incompletamente especificado, até que a imagem que o terapeuta tenha do modelo do paciente esteja clara.

Desafiando Eliminações

Quando os seres humanos criam seus modelos linguísticos do mundo, necessariamente, selecionam e representam certas porções do mundo e deixam de selecionar e representar outras.[23] Assim, uma forma pela qual a representação linguística completa — a Estrutura Profunda — diferirá da experiência que representa é por ser uma versão reduzida da experiência do mundo completa do paciente. Essa redução pode, como dissemos antes, ser uma redução proveitosa, ou pode empobrecer o modelo de tal forma que crie sofrimento para essa pessoa. São muitas as técnicas disponíveis ao terapeuta para auxiliar o paciente a recuperar porções de sua experiência, que ele não representou em seu modelo. Na área de técnicas verbais/não verbais combinadas, por exemplo, poder-se-ia pedir ao paciente que representasse a situação específica a partir da qual generalizou e descrevesse totalmente sua experiência enquanto a revivesse — apresentando assim a porção de sua experiência à qual previamente deixou de dar uma representação linguística. Isso religa o paciente à sua experiência e, simultaneamente, supre o terapeuta com conteúdo valioso, bem como uma compreensão de como a pessoa representa, tipicamente, suas experiências. Novamente, nossa intenção neste estudo é enfocar as técnicas linguísticas.

A tarefa do terapeuta é desafiar as eliminações que não são úteis; aquelas que causam sofrimento são as que estão associadas a áreas de impossibilidade, áreas em que o paciente, literalmente, não pode ver nenhuma escolha, a não ser aquelas que são insatisfatórias – as que são penosas. Tipicamente, uma área em que

---

[23] Dizemos *necessariamente* por serem os modelos, por definição, reduzidos com respeito ao que representam. Essa redução é ao mesmo tempo seu valor e seu risco, conforme discutimos no Capítulo 1.

ocorreu uma eliminação empobrecedora é aquela em que a percepção do paciente de seu potencial é limitada — ele parece estar bloqueado, entalado, condenado...

A técnica de recuperação da representação linguística completa funciona e é passível de ser aprendida, na medida em que exista uma representação explícita — a Estrutura Profunda — com a qual a Estrutura Superficial possa ser comparada. Isso é essencialmente o processo de comparar uma representação (Estrutura Superficial) com o modelo completo do qual se derivou — a Estrutura Profunda. As próprias Estruturas Profundas derivam-se da gama completa de experiências disponíveis aos seres humanos. A Estrutura Profunda está à disposição de qualquer falante nativo através da intuição. O mundo de experiência está à disposição de qualquer um que deseje experimentá-lo. No papel de terapeutas, identificamos como uma eliminação do modelo do paciente qualquer opção que, em situação idêntica, possamos imaginar que tivéssemos, ou qualquer pessoa que, segundo sabemos, poderia ter essa opção.

Neste ponto, a eliminação da experiência do modelo do mundo do paciente será frequentemente tão óbvia aos terapeutas que eles podem começar a oferecer sugestões/conselhos sobre alternativas de lidar com o problema. É provável que possamos concordar com muitas das sugestões feitas pelo terapeuta, na medida em que nossa experiência incluísse essas alternativas, mas, segundo nossa experiência, sugestões ou conselhos que caiam nas lacunas criadas pela eliminação em um modelo do paciente são relativamente ineficazes. Essas eliminações empobrecem o modelo do paciente, e são precisamente essas porções da experiência possível do paciente que o terapeuta está recomendando, aquelas que não estão representadas no modelo. Aqui, tipicamente, o paciente ou "resistirá" ou não ouvirá as opções, já que as eliminou de seu modelo. Assim, sugerimos que o terapeuta guarde estas sugestões até que o modelo do paciente se tenha enriquecido bastante para enquadrá-las.

Uma vantagem adicional ao fato de o terapeuta reter as sugestões e envolver o paciente no desafio de seu próprio modelo, e a criar suas próprias soluções, é a de que o terapeuta evita: atolar-se no conteúdo e, ao invés disso, é capaz de centralizar-se no processo de dirigir o esforço do paciente. Isto é, o terapeuta utiliza seu metamodelo para operar diretamente no modelo empobrecido do paciente.

Identificamos inúmeras perguntas que são úteis no auxílio ao paciente na expansão de seu modelo. Quando os pacientes aproximam-se dos limites de seus modelos, dizem frequentemente coisas tais como:

Não posso confiar nas pessoas.
Para mim é impossível confiar nas pessoas.

Agora, já que como terapeutas sabemos que ou nós mesmos somos capazes de confiar nos outros ou conhecemos alguém que teve êxito ao confiar em outra pessoa, estamos conscientes de que o mundo é bastante rico para permitir que o paciente venha a confiar nas pessoas — é o modelo daquela pessoa que o impede. O problema para nós então torna-se: como é que algumas pessoas são capazes de confiar em outras, mas nosso paciente não é? Obtemos essa resposta, diretamente, ao pedir ao paciente para explicar a diferença em seu modelo que torna isso impossível. Isto é, perguntamos:

O que o impede de confiar nas pessoas?
ou
O que aconteceria se você confiasse nas pessoas?

Uma resposta completa a essa pergunta, por parte do paciente, restituirá parte do material eliminado. O paciente, evidentemente, responderá com alguma Estrutura Superficial. O terapeuta tem os instrumentos à disposição para avaliar essas respostas orais — os processos de restauração da Estrutura Profunda, de tornar nítidas porções da imagem, que estão obscuras. Esses mesmos instrumentos servem ao terapeuta na assistência ao paciente em sua modificação, pela religação do mesmo à sua experiência. O terapeuta tem um objetivo ao utilizar as técnicas do metamodelo, que é o de obter uma imagem totalmente nítida e clara do modelo do paciente, metamodelo este que possui um conjunto rico de escolhas para o paciente, nas áreas em que este experimenta sofrimentos. A utilização da pergunta:

O que o impede de...?

é crucial na religação do paciente à sua experiência, de forma a dar-lhe acesso ao material que fora anteriormente eliminado e, portanto, não representado em seu modelo.

Distorção

Por distorção, referimo-nos a coisas representadas no modelo do paciente, mas que estão, de alguma forma, torcidas, o que limita sua capacidade de agir, e aumenta seu potencial para o sofrimento. Há inúmeras maneiras pelas quais a Estrutura Profunda pode ser distorcida, em relação ao mundo, de forma a criar sofrimento.

Boa-Estruturação Semântica

Um modo pelo qual as pessoas distorcem seu modelo e causam sofrimento a si mesmas é por colocarem fora de seu controle responsabilidades que estão dentro de seu controle. Os linguistas identificaram certas expressões semanticamente mal-estruturadas. Por exemplo:

George forçou Mary a pesar 52 quilos.

Sua generalização é que não se pode, legitimamente, dizer às pessoas que sejam capazes de fazer com que outras pessoas façam coisas que não estejam dentro de seu controle voluntário. Generalizamos a noção de má estruturação semântica para incluir frases como:

Meu marido me deixa louca.

O terapeuta pode identificar essa frase como possuindo a forma:

Alguém faz com que alguém tenha uma emoção.

Quando a primeira pessoa, aquela que faz a ação, é diferente da pessoa que experimenta a raiva, diz-se que a frase está mal-estruturada semanticamente e inaceitável. A má estruturação semântica de frases desse tipo surge porque, literalmente, não é possível a um ser humano criar emoção em outro ser humano — assim, rejeitamos frases com essa forma. Frases desse tipo, de fato, identificam situações em que uma pessoa faz alguma ação e uma segunda *responde* ao sentir de um certo modo. A questão aqui é que, embora os dois eventos ocorram um após o outro, não há nenhuma ligação necessária entre a ação de uma pessoa e a resposta da outra. Portanto, frases desse tipo identificam um modelo no qual o paciente atribui a responsabilidade de suas emoções a pessoas ou forças que estão fora de seu controle. A ação em si não causa emoção; antes, a emoção é uma resposta gerada de um modelo no qual o paciente não assume responsabilidade por experiências que *poderia* controlar.

A tarefa do terapeuta, neste ponto, é desafiar o modelo de alguma forma que auxilie os pacientes a tornarem-se responsáveis por suas respostas. Isso pode ser executado de diversas maneiras. O terapeuta pode perguntar se aquela mulher fica zangada toda vez que seu marido faz o que faz. O terapeuta tem inúmeras escolhas nesse momento. Por exemplo, se a paciente sustenta que fica sempre zangada quando seu marido faz isso, o terapeuta pode desafiar isso perguntando como, especificamente, ele a faz ficar irritada. Se, por outro lado, a paciente admite que algumas vezes seu marido faz o que faz e ela não fica zangada, o terapeuta pode pedir-lhe que identifique o que há de diferente nas ocasiões em que esse ato do marido deixa de ter seu efeito "automático". Apresentamos essas técnicas nos dois próximos capítulos.

Mais uma vez, essas técnicas permitirão ao terapeuta religar o paciente à sua experiência e retificar as distorções limitadoras.

Pressuposições

O que, de início, pode parecer a nós, terapeutas, um comportamento bizarro ou afirmações estranhas, da parte dos pacientes, fará sentido, para nós, em seus modelos. Ter uma imagem clara do modelo do paciente é compreender como esse comportamento ou afirmações fazem sentido. Isso é equivalente a identificar as suposições que o paciente está fazendo em um modelo do mundo. As suposições em um modelo mostram-se linguisticamente como pressuposições das frases do paciente. As pressuposições são o que é necessariamente verdadeiro para as afirmações que o paciente faz para fazer sentido (não para ser verdadeiro, mas apenas para ter sentido). Um método mais rápido para os terapeutas identificarem as porções do modelo do paciente que estão empobrecidas é ser capaz de reconhecer as pressuposições das frases do mesmo. A paciente afirma:

Percebi que meu marido não me ama.

O terapeuta pode responder pela identificação da pressuposição e, pelo desafio direto a ela, fazendo com que essa pressuposição da Estrutura Superficial seja aberta para exame e desafio. A fim de compreender a frase, é necessário que o terapeuta aceite as pressuposições:

O marido dela não a ama.

Há um teste explícito para as pressuposições que uma frase contém, se é que contém alguma. O terapeuta toma a Estrutura Superficial e forma uma nova frase, que é a mesma que a antiga, exceto pelo fato de ter uma palavra negativa ligada ao primeiro verbo — nesse caso a frase:

Não percebo que meu marido não me ama.

Então, o terapeuta simplesmente indaga a si mesmo se a mesma frase teria de ser verdadeira a fim de que essa nova faça sentido.

Qualquer frase que tenha de ser verdadeira tanto para a afirmação do paciente como para a nova afirmação e que tenha sido formada pela afirmação antiga mais a palavra negativa para fazer sentido é, necessariamente, uma pressuposição. As pressuposições são particularmente insidiosas, já que não são apresentadas abertamente para consideração. Elas identificam, no modelo, alguns dos princípios organizadores básicos que limitam a experiência do paciente.

Uma vez que o terapeuta tenha identificado as pressuposições das afirmações do paciente, poderá desafiá-las diretamente pelas técnicas que já identificamos na seção Eliminação.

RESUMO

Quando a terapia, qualquer que seja a forma, tem êxito, envolve uma modificação nos modelos do paciente, de algum modo que lhe permita mais escolhas em seu comportamento. Os métodos que apresentamos no metamodelo são efetivos em enriquecer um modelo do paciente — o que acarreta que algum aspecto de seu modelo seja novo. É importante que essa nova porção de seu modelo esteja solidamente ligada à sua experiência. Para assegurar isso, os pacientes têm que realmente exercitar, praticar, se tornar familiarizados e vivenciar suas novas escolhas. A maioria das terapias desenvolve técnicas específicas para se executar isso: p. ex., psicodrama, trabalho de casa, tarefas etc. O propósito dessas técnicas é integrar o novo aspecto de seu modelo à experiência do paciente.

VISÃO GERAL

A terapia bem-sucedida envolve modificações. O metamodelo, adaptado do modelo transformacional de linguagem, fornece um método explícito para compreensão e modificação dos modelos empobrecidos dos pacientes. Uma maneira de compreender o efeito global desse metamodelo é em termos de boa-estruturação, Como falantes nativos, podemos distinguir coerentemente entre grupos de palavras que são bem-estruturadas — isto é, frases — e grupos de palavras que não são bem-estruturadas. Isto é, intuitivamente podemos fazer a distinção entre o que é bem-estruturado em inglês e o que não é. O que aqui estamos propondo é que haja um subconjunto de frases bem-estruturadas do inglês que possamos reconhecer como bem-estruturadas em terapia. Esse conjunto, o conjunto das frases que são bem-estruturadas em terapia e aceitáveis por nós, terapeutas, são frases que:

(1) são bem-estruturadas em inglês e
(2) não contêm eliminações transformacionais ou eliminações inexploradas na porção do modelo na qual o paciente não experimenta escolha.
(3) Não contêm nominalizações (processo→evento).
(4) Não contêm palavras ou locuções sem índices referenciais.
(5) Não contêm verbos incompletamente especificados.
(6) Não contêm pressuposições inexploradas na porção do modelo na qual o paciente não experimenta escolha.
(7) Não contêm frases que violem as condições semânticas de boa-estruturação.

Ao aplicar essas condições de boa-estruturação às Estruturas Superficiais do paciente, o terapeuta tem uma estratégia explícita para induzir modificação no modelo do paciente.[24] Ao utilizar essas condições gramaticais adequadas para terapia, os terapeutas enriquecem-lhes o modelo, independentemente da forma particular de terapia que exerçam. Na medida em que esse instrumental amplia enormemente a potência de qualquer forma de terapia, estamos conscientes de que muitas coisas estão acontecendo no encontro terapêutico, as quais não são apenas digitais (verbais). Estamos, antes, dizendo que o sistema digital é importante e estamos oferecendo um metamodelo explícito. O sistema nervoso que produz comunicação digital (isto é, linguagem) é o mesmo sistema nervoso que gera outras formas de comportamento humano que ocorre no encontro terapêutico — sistemas de comunicação analógica, sonhos etc. O restante deste livro é projetado para cumprir duas finalidades: primeira, familiarizá-lo com o uso do metamodelo que apresentamos e, segunda, mostrar-lhe como os processos gerais do metamodelo para o comportamento digital podem ser generalizados para essas outras formas de comportamento humano.

---

[24] Ao se ouvir e avaliar as respostas da Estrutura Superficial que os pacientes apresentam a essas perguntas, todas as técnicas do metamodelo se aplicam. Além disso, achamos eficaz pedir que os pacientes deem respostas de *como* (isto é, processo), em vez de respostas de *por que* (isto é, justificativas) a essas perguntas.

Capítulo 4

ENCANTAMENTOS PARA CRESCIMENTO E POTENCIAL

No último capítulo, apresentamos o metamodelo para terapia. Esse metamodelo baseia-se nas intuições de que você já dispõe como falante nativo de sua língua. A terminologia, entretanto, que adaptamos da linguística pode lhe ser nova. Este capítulo é destinado a apresentar o material que lhe permite familiarizar-se com o modo de aplicar, especificamente, o metamodelo. Reconhecemos que, assim como ocorre com qualquer instrumental novo, desenvolver a nossa habilidade no uso daquele requer de início uma certa centralização de atenção. Este capítulo fornece a cada terapeuta que queira incorporar esse metamodelo a suas técnicas e ao modo de proceder no encontro terapêutico uma oportunidade de operar com os princípios e o material do metamodelo. Por assim proceder, você será capaz de desenvolver sua sensibilidade, será capaz de ouvir a estrutura das comunicações verbais no encontro terapêutico e, por conseguinte, aguçar suas intuições.

Os diversos fenômenos linguísticos específicos que apresentaremos e que você virá a reconhecer e utilizar convenientemente são os modos específicos em que os três universais de modelagem humana são realizados nos sistemas de línguas humanas. Ao introduzirmos cada fenômeno linguístico específico, identificaremos qual desses processos — Generalização, Eliminação ou Distorção — está envolvido. A questão é você chegar a reconhecer e obter do paciente uma comunicação que consista integralmente em frases que sejam bem-estruturadas em termos de terapia. Você, como um falante nativo, é capaz de determinar quais são as frases bem-estruturadas em inglês; os exemplos seguintes são destinados a aprimorar sua habilidade em detectar o que é bem-estruturado em termos de terapia — um subconjunto de frases que são bem-estruturadas em inglês. Apresentaremos o material em duas etapas: reconhecimento do que é bem-estruturado em termos de terapia e o que fazer quando se identificou na terapia uma frase que não é bem-estruturada.

EXERCÍCIO A

Uma das mais úteis habilidades que se pode exercitar como terapeuta é a de distinguir o que os pacientes representam com suas Estruturas Superficiais daquilo que se pode depreender esteja implícito em sua superfície. Não é nova a questão de os terapeutas se projetarem em seus pacientes. Também, mesmo que um terapeuta possa, a partir de sua experiência, compreender mais a respeito do que o paciente está dizendo do que o próprio paciente possa perceber, a habilidade para distinguir é vital. Se o paciente deixa de representar alguma coisa que o terapeuta depreende estar lá, é precisamente essa parte da informação que o paciente pode ter deixado de fora de sua representação, ou é justamente aquela parte da informação que pode fornecer indícios ao terapeuta para utilizar alguma técnica de intervenção. De qualquer forma, a capacidade de distinguir o que é representado do que você mesmo supre é vital.

A diferença entre o que você, como terapeuta, pode depreender esteja implícito na Estrutura Superficial do paciente e o que esta literalmente representa vem de você. Aqueles elementos que você mesmo supre podem ajustar-se, ou não, ao modelo do paciente. Há diversas maneiras de determinar se o que você supre se ajusta ao paciente. Sua habilidade como terapeuta aumentará à medida que aumenta sua habilidade em fazer essa distinção. O que gostaríamos que você fizesse agora é ler a frase seguinte e então fechar os olhos e formar uma imagem visual daquilo que a frase representa.

O paciente: *Tenho medo!*

Examinemos agora sua imagem. Ela incluirá alguma representação visual do paciente e alguma representação dele sentindo medo. Qualquer detalhe além dessas duas imagens foi suprido por você. Por exemplo, se você supriu qualquer representação daquilo que o paciente teme, ela veio de você e pode, ou não, ser exata. Tente isso uma vez e leia esta segunda Estrutura Superficial; feche os olhos e forme uma imagem visual.

O paciente: *Mary me feriu.*

Examinemos agora sua imagem. Ela incluirá uma representação visual de alguém (Mary) e uma representação visual do paciente. Agora examinemos de perto o modo como você representou o processo de ferir. O verbo ferir é uma palavra muito vaga e inespecífica. Se você representou o processo de ferir, estude sua imagem cuidadosamente. Talvez você tenha obtido uma imagem de Mary ferindo fisicamente o paciente, ou talvez uma imagem de Mary dizendo algo desagradável ao paciente. Possivelmente terá formado uma imagem de Mary atravessando a sala em que o paciente estaria sentado sem falar com ele. Todas essas são representações possíveis da Estrutura Superficial do paciente. A cada uma delas você acrescentou algo à representação do verbo para formar uma imagem para si mesmo. Você tem meios de determinar qual, se houve alguma, dessas representações se ajusta ao paciente — pode pedir-lhe para especificar de forma mais completa o verbo *ferir*, pedir-lhe para encenar uma situação específica na qual Mary o tenha ferido etc. A peça importante é sua habilidade em distinguir entre o que você supre e o que o paciente está representando com sua Estrutura Superficial.

ELIMINAÇÃO

O propósito de reconhecer eliminações é auxiliar o paciente a restaurar uma representação de suas experiências. A eliminação é um processo que remove porções de experiência original (o mundo) ou da representação linguística completa (Estrutura Profunda). O processo linguístico de eliminação é um processo transformacional — o resultado de transformações por eliminação — e é um caso especial do fenômeno de modelagem geral de Eliminação em que o modelo que criamos é reduzido em relação à coisa modelada. A Estrutura Profunda é a representação linguística completa. A representação dessa representação é a Estrutura Superficial — a frase real que o paciente diz para comunicar seu modelo linguístico completo ou Estrutura Profunda. Como falantes nativos de inglês, os terapeutas têm intuições que lhes permitem determinar se a Estrutura Superficial representa a Estrutura Profunda completa, ou não. Assim, pela comparação da Estrutura Superficial com a Estrutura Profunda, o terapeuta pode determinar o que está faltando. Exemplo:

(1) *Estou confuso.*

A palavra-processo básica é o verbo *confundir*. Este pode ocorrer em frases com dois argumentos ou locuções nominais, como:

(2) *I'm confused by people.**

---

* (2) *As pessoas me confundem.* (N.T.)

Já que o verbo *confuse* (confundir) ocorre na frase (2) com dois argumentos nominais (*I* e *people*), o terapeuta pode concluir que a Estrutura Superficial (1) não é uma representação completa da Estrutura Profunda da qual se derivou. Passo a passo, o procedimento pode ser delineado como se segue:

> Fase 1: *ouça* a Estrutura Superficial que o paciente apresenta;
> Fase 2: identifique os verbos nessa Estrutura Profunda;
> Fase 3: determine se os verbos podem ocorrer em uma frase mais completa — isto é, que contenha mais argumentos ou locuções nominais do que a original.

Se a segunda frase tem mais argumentos nominais do que a Estrutura Superficial original apresentada pelo paciente, esta está incompleta — uma porção da Estrutura Profunda foi eliminada. O primeiro passo para aprender a reconhecer eliminações é identificar frases em que ocorreram eliminações. Assim, por exemplo, a frase (3) é essencialmente uma representação completa de sua Estrutura Profunda:

(3) *George quebrou a cadeira.*

Por outro lado, a frase (4) é uma representação incompleta de sua Estrutura Profunda:

(4) *A cadeira foi quebrada.*

O conjunto seguinte de frases contém algumas Estruturas Superficiais que estão completas — sem eliminações — e algumas que estão incompletas — ocorreram eliminações. Sua tarefa é identificar quais das Estruturas Superficiais do grupo seguinte estão completas e quais contêm eliminações. Lembre-se de que você é quem decide se ocorreram eliminações — algumas das frases podem estar mal-estruturadas em termos de terapia por outras razões que não a eliminação. Exercícios adicionais fornecer-lhe-ão prática em corrigir as outras coisas, em relação a essas frases, que as tornam mal-estruturadas em termos de terapia.

(5) *Sinto-me feliz.*	incompleta
(6) *Estou interessado em continuar isto.*	completa
(7) *Meu pai estava zangado.*	incompleta
(8) *Este exercício é chato.*	incompleta
(9) *Estou irritado com isto.*	completa

O grupo de frases a seguir consiste integralmente em Estruturas Superficiais incompletas. Para cada uma, você deve procurar outra frase que tenha a mesma palavra-processo ou verbo e que seja mais completa — isto é, que tenha argumentos ou locuções nominais. Junto de cada uma das frases incompletas, fornecemos um exemplo de uma versão mais completa utilizando o mesmo verbo. Sugerimos que você cubra a versão mais completa, que fornecemos, com um papel e escreva sua versão mais completa antes de ver aquela que apresentamos. Por exemplo, com a Estrutura Superficial:

(10) *Tenho medo.*

Uma versão mais completa poderia ser:

(11) *Tenho medo de pessoas.*

Ou uma outra poderia ser a Estrutura Profunda:

(12) *Tenho medo de aranhas.*

A questão, evidentemente, não é tentar adivinhar que versão mais completa viríamos a apresentar, mas lhe dar a oportunidade de encontrar versões mais completas de Estruturas Superficiais incompletas.

(13) *Tenho um problema.*	Tenho problema com pessoas.
(14) *Você está emocionado.*	Você está emocionado por estar aqui.
(15) *Estou triste.*	Estou triste com minha mãe.
(16) *Estou cheio.*	Estou cheio de você.
(17) *Você está perturbando.*	Você está me perturbando.

O próximo grupo de frases consiste em Estruturas Superficiais que têm mais de um verbo e podem ter nenhuma, uma ou duas eliminações. Sua tarefa é determinar se ocorreram eliminações e, caso afirmativo, quantas. Lembre-se de verificar cada verbo separadamente, já que cada um pode estar independentemente associado a eliminações.

Por exemplo, a Estrutura Superficial

(18) *Não sei o que dizer.*

tem uma eliminação associada ao verbo *dizer* (dizer a quem).

A Estrutura Superficial

(19) *Eu disse que iria tentar.*

tem duas eliminações, uma associada ao verbo *dizer* (disse a quem) e outra ao verbo *tentar* (tentar o quê).

(20) *Falei com o homem que estava aborrecido.*	2 eliminações: 1 com *falei*, 1 com aborrecido.
(21) *Esperava encontrar meus pais.*	sem eliminação
(22) *Quero ouvir.*	1 eliminação: com *ouvir*
(23) *Meu marido alegou que estava amedrontado.*	2 eliminações: 1 com *alegou*, 1 com *amedrontado*.
(24) *Eu ri e então saí de casa.*	1 eliminação: com *ri*.

Em cada uma das Estruturas Superficiais seguintes, há pelo menos uma eliminação. Encontre uma versão mais completa para cada uma delas.

(25) *Você sempre fala como se estivesse com raiva.*	Você sempre fala *comigo* como se estivesse com raiva *de alguém.*
(26) *Meu irmão jura que meus pais não aguentam.*	Meu irmão jura *a mim* que meus pais não aguentam *a ele.*
(27) *Todo o mundo sabe que você não pode conquistar.*	Todo o mundo sabe que você não pode conquistar *aquilo de que você precisa.*
(28) *A comunicação é difícil para mim.*	*Minha* comunicação *com você quanto às minhas esperanças* é difícil para mim.
(29) *A fuga não adianta.*	*Minha* fuga *de casa* de nada *me adianta.*

Uma das maneiras pelas quais as palavras-processo de Estrutura Profunda podem ocorrer na Estrutura Superficial é sob a forma de um adjetivo que modifica um substantivo. Para que isso aconteça, devem ocorrer eliminações. Por exemplo, a Estrutura Superficial

(30) *Não gosto de gente confusa.*

contém o adjetivo *confusa*. Outra Estrutura Superficial que está intimamente associada a essa última frase é[25]

(31) *Não gosto de gente que é confusa.*

Nessas duas Estruturas Superficiais, houve eliminações associadas à palavra *confusa* (*confusa para quem, a respeito de quê*). Assim, uma versão mais completa é:

(32) *Não gosto de gente que é confusa para comigo a respeito do que elas querem.*

No próximo grupo de Estruturas Superficiais, identifique as eliminações e apresente uma versão mais completa de cada uma delas.

(33) *Eu ri do homem irritante.*

Eu ri do homem que *me* irritava.

(34) *Você sempre apresenta exemplos estúpidos.*

Você sempre *me* apresenta exemplos que *para mim* são estúpidos.

(35) *Pessoas moralistas me "torram" a paciência.*

Pessoas que são moralistas *a respeito de drogas* me "torram" a paciência.

(36) *A carta infeliz me surpreendeu.*

A carta que *me* fez infeliz surpreendeu-me.

---

[25] O conjunto geral de transformações que distingue a derivação da Estrutura Superficial (30), no texto, a partir da (31) chama-se Redução de Oração Relativa, na literatura linguística. Tanto a (30) como a (31) derivam-se da mesma Estrutura Profunda.

(37) *O preço opressivo dos*   O preço dos
    alimentos me   alimentos que *me*
    perturba.   deixa oprimido me
                perturba.

A vantagem de praticar o reconhecimento de eliminações nas Estruturas Superficiais é torná-lo consciente das intuições que você já tem como falante nativo e aguçá-las ainda mais. A vantagem é ter consciência de que ocorreram eliminações. A próxima seção é projetada para permitir que você pratique assistência ao paciente na recuperação do material eliminado.

QUE FAZER

Uma vez que o terapeuta reconheça que a Estrutura Superficial apresentada pelo paciente é incompleta, a tarefa seguinte é auxiliá-lo a recuperar o material eliminado. A abordagem mais direta de que estamos cientes é perguntar, especificamente, pelo que está faltando. Por exemplo, o paciente diz:

(38) *Estou aborrecido.*

O terapeuta reconhece que a Estrutura Superficial é uma representação incompleta da Estrutura Profunda de onde se originou. Especificamente, é uma versão reduzida de uma Estrutura Profunda que tem uma representação de Estrutura Superficial mais completa da forma:

(39) *Estou aborrecido com alguém/alguma coisa.*

Assim, para recuperar o material ausente, o terapeuta pergunta:

(40) *Com quem/que você está aborrecido?*

Ou, de forma mais simples,

(41) *Com quem/quê?*

No grupo seguinte de Estruturas Superficiais, sua tarefa é formular a pergunta ou perguntas que indagam mais diretamente pelo material eliminado. Fornecemos exemplos dos tipos de perguntas que elucidarão o material eliminado. Novamente, sugerimos que você cubra as perguntas que fornecemos e elabore suas próprias perguntas apropriadas a cada uma das Estruturas Superficiais incompletas.

(42) *Sinto-me feliz.*	feliz com quem/quê?
(43) *Meu pai estava zangado.*	zangado com quem/quê?
(44) *Este exercício é chato.*	chato para quem?
(45) *Estou, com medo.*	medo de quem/quê?
(46) *Tenho um problema.*	problema com quem/quê?
(47) *Não sei o que fazer.*	o que fazer com respeito a quem/quê?
(48) *Eu disse que iria tentar.*	disse a quem? tentar o quê?
(49) *Falei com um homem que estava aborrecido.*	falou sobre o quê? aborrecido com quem/quê?
(50) *Eu quero ouvir.*	quer ouvir quem/o quê?
(51) *Meu marido alegou que estava amedrontado.*	alegou a quem? amedrontado com quem/quê?
(52) *Você sempre fala como se estivesse com raiva.*	fala com quem? com raiva de quem/quê?
(53) *Meu irmão jura que meus pais não aguentam.*	jura a quem? não aguentam quem/o quê?
(54) *A comunicação é difícil para mim.*	comunicação de quê? com quem?
(55) *A fuga não adianta.*	fuga de quem? fugir de quem/quê?
(56) *Não gosto de gente confusa.*	confusa a respeito de quê? confusa para quem?

(57) *Ri do homem irritante.*	o homem que era irritante para quem?
(58) *Você sempre apresenta exemplos estúpidos.*	apresenta exemplos a quem? quem acha que os exemplos são estúpidos?
(59) *Pessoas farisaicas me enfurecem.*	farisaicas a respeito de quê?
(60) *A carta infeliz me surpreendeu.*	a quem a carta tornou infeliz?
(61) *O preço opressivo dos alimentos me perturba.*	quem fica oprimido?

ALGUNS CASOS ESPECIAIS DE ELIMINAÇÃO

Identificamos três classes especiais de Eliminação. Estas são especiais no sentido de que as encontramos frequentemente em terapia, e as formas de Estruturas Superficiais que elas têm podem ser identificadas diretamente.

Classe I: Real Comparado a Quê?

A primeira classe especial de eliminação que queremos identificar envolve comparativos e superlativos. Especificamente, a porção da Estrutura Profunda eliminada é um dos termos de uma construção comparativa ou superlativa. Comparativos e superlativos têm duas formas em inglês:

(A) adjetivo + a terminação *er*
    como em: fast*er* = (mais rápido)
        bett*er* = (melhor)
        smart*er* = (mais esperto)
    e adjetivo + a terminação *est*
    como em: fast*est* = (o mais rápido)
        best = (o melhor)
        smart*est* = (o mais esperto)
        ou

(B) *more/less* + adjetivo
    como em: *more* interesting = (mais interessante)
        more important = (mais importante)
        less intelligent = (menos inteligente)

e *most/least* + *adjetivo*
como em: *most* interesting = (o mais interessante)
most important = (o mais importante)
least intelligent = (o menos inteligente)

Comparativos, como o nome sugere, envolvem uma comparação de (pelo menos) duas coisas distintas. Por exemplo, a Estrutura Superficial:

(62) *Ela é melhor para mim do que minha mãe.*

inclui ambas as coisas comparadas (*ela* e *minha mãe*). A classe de Estruturas que caracterizamos como a que envolve a eliminação de um termo da construção comparativa inclui, por exemplo:

(63) *Ela é melhor para mim.*

em que um termo da comparação foi eliminado. Esse tipo de eliminação também está presente em Estruturas Superficiais como:

(64) *Ela é uma mulher melhor para mim.*

em que o adjetivo comparativo aparece à frente do substantivo ao qual se aplica.*

Os comparativos formados com *mais* (= *more*) aparecem nos dois exemplos:

(65) *Para mim ela é mais interessante.*
(66) *Para mim ela é uma mulher mais interessante.*

Novamente, um dos termos da comparação foi eliminado. No caso de superlativos, um membro de algum conjunto é selecionado e identificado como o mais característico ou o de mais alto valor no conjunto. Por exemplo, na Estrutura Superficial:

(67) *Ela é a melhor.*
(68) *Ela é a mais interessante.*

o conjunto de onde *ela* foi selecionado não é mencionado.

O conjunto seguinte de Estruturas Superficiais é composto de exemplos de eliminação de um termo de uma comparação ou da eliminação do conjunto de referência ou um superlativo. Esses exemplos são apresentados para permitir-lhe desenvolver sua habilidade em identificar eliminações dessa classe.

(69) *Ela é mais difícil.*
(70) *Ele escolheu o melhor.*

---

* Regra específica da língua inglesa. (N.T.)

(71) *Aquilo é o menos difícil.*
(72) *Ela sempre deixa o trabalho mais difícil para mim.*
(73) *Tenho inveja de gente feliz.*
(74) *Homens mais agressivos conseguem o que querem.*
(75) *A melhor resposta é sempre a mais difícil de achar.*
(76) *Nunca vi um homem mais engraçado.*

Ao enfrentar essa classe de eliminações, o terapeuta será capaz de recuperar o material eliminado, utilizando duas perguntas simples:

Para comparativos:
o adjetivo comparativo, + comparado a quê? p. ex., mais agressivo comparado a quê? ou, mais engraçado do que o quê?

Para superlativos:
o superlativo, + em relação a quê? p. ex., a melhor resposta em relação a quê? a mais difícil em relação a quê?

Passo a passo, o procedimento é:

Fase 1: *ouça* o paciente, buscando em sua Estrutura Superficial os marcadores gramaticais da construção comparativa e da superlativa; isto é, Adjetivo + *er; more/ less,* Adjetivo + *est, most/least* + Adjetivo.

Fase 2: no caso da ocorrência de comparativos na Estrutura Superficial do paciente, determine se ambos os termos que estão sendo comparados estão presentes; no caso de superlativos, determine se o conjunto de referência está presente.

Fase 3: para cada porção eliminada, recupere o material ausente pelo uso das perguntas sugeridas anteriormente.

Classe II: Clara e Obviamente

A segunda classe de eliminações especiais pode ser identificada pela ocorrência do sufixo formador de advérbios *-ly* (= -mente), nas Estruturas Superficiais que o paciente apresenta, Por exemplo, o paciente diz:

(77) *Obviamente, meus pais não gostam de mim.*
ou
(78) *Meus pais obviamente não gostam de mim.*

Observe-se que essas Estruturas Superficiais podem ser parafraseadas por

(79) *É óbvio que meus pais não gostam de mim.*

Uma vez que essa forma esteja à disposição, o terapeuta pode identificar, mais facilmente, que porção da Estrutura Profunda foi eliminada. Especificamente, no exemplo, o terapeuta pergunta

(80) *Para quem está óbvio?*

Advérbios de Estrutura Superficial que terminam em -*mente* (= -*ly*) são, com frequência, o resultado de eliminações dos argumentos de uma palavra-processo ou verbo de Estrutura Profunda. O teste de paráfrase pode ser utilizado pelo terapeuta para desenvolver suas intuições no reconhecimento desses advérbios. O teste que oferecemos é, quando se encontra um advérbio terminado em -*mente* (= -*ly*), tentar a paráfrase por meio de:

(a) eliminação do -*ly* (= -mente) do advérbio e colocação do mesmo à frente da nova Estrutura Superficial que se está criando;
(b) acréscimo da locução *it is* (*é*) à frente do advérbio;
(c) indagar se essa nova Estrutura Superficial significa a mesma coisa que a Estrutura Superficial original do paciente.

Se a nova frase é sinônima daquela original do paciente, então o advérbio deriva-se de um verbo de Estrutura Profunda e houve eliminação. Agora, pela aplicação a essa nova Estrutura Superficial dos princípios utilizados na recuperação de material ausente, a representação de Estrutura Profunda completa pode ser recuperada.

No conjunto seguinte de Estruturas Superficiais, determinar quais delas incluem um advérbio que se derivou do verbo da Estrutura Profunda.

(81) *Unfortunately, you*   =   It is unfortunate
forgot to call me on   that you forgot to
my birthday.   call me on my
                                   birthday.

(82) *I quickly left the*   ≠   It is quick that I left
argument.   the argument.

(83) *Surprisingly, my father lied about his drinking.*	=	It is surprising for my father to lie about his drinking.
(84) *She slowly started to cry.*	≠	It is slow that she started to cry.
(85) *They painfully avoided my questions.*	=	It is painful that they avoided my questions.*

Uma vez que tenha identificado os advérbios que se derivaram dos verbos da Estrutura Profunda pela paráfrase da Estrutura Superficial original do paciente, o terapeuta pode aplicar à paráfrase de Estrutura Superficial os métodos para recuperação de material eliminado. Em um procedimento passo a passo, os terapeutas podem manejar essa classe especial de eliminação, por meio de:

Fase 1: *ouvir* a Estrutura Superficial do paciente em busca de advérbios -*ly* (= -mente);
Fase 2: aplicar o teste de paráfrase a cada advérbio -*ly;*
Fase 3: se o teste de paráfrase funcionar, examinar a nova Estrutura Superficial;
Fase 4: aplicar os métodos normais para recuperação de material eliminado.

Classe III: Operadores Modais

A terceira classe de eliminações especiais é particularmente importante na recuperação de material que foi eliminado a par-

---

* (81) *Infelizmente, você se esqueceu de me telefonar no meu aniversário.* = *É infeliz que você se esqueceu de me telefonar no meu aniversário.

(82) *Rapidamente abandonei a discussão.* ≠ *É rápido que abandonei a discussão.

(83) *Surpreendentemente, meu pai mentiu quanto ao fato de ele beber.* = *É surpreendente para meu pai mentir quanto ao fato de ele beber.

(84) *Ela lentamente começou a chorar.* ≠ *É lento que ela começou a chorar.

(85) *Eles penosamente evitaram minhas perguntas.* = *É penoso que eles evitaram minhas perguntas. (N.T.)

tir da experiência do paciente até sua representação linguística completa — Estrutura Profunda. Essas Estruturas Superficiais, frequentemente, envolvem regras ou generalizações que os pacientes desenvolveram em seus modelos. Por exemplo, o paciente diz:

(86) *Tenho que levar em consideração os sentimentos de outras pessoas.*

ou

(87) *Tem-se que levar em consideração os sentimentos de outras pessoas.*

ou

(88) *É necessário levar-se em consideração os sentimentos de outras pessoas.*

Você será capaz de identificar inúmeras eliminações em cada uma dessas Estruturas Superficiais, com base nos princípios e exercícios que já apresentamos (p. ex., sentimentos em relação a quem/quê?). A eliminação sobre a qual queremos aqui chamar sua atenção, entretanto, é uma eliminação de escala maior. Essas Estruturas Superficiais fazem a reivindicação de que algo tem que ocorrer — sugerem-nos, imediatamente, a pergunta, "Ou o quê?". Em outras palavras, para nós, terapeutas, chegarmos a compreender claramente o modelo do paciente, temos que conhecer as consequências de deixar de fazer aquilo que sua Estrutura Superficial alega ser necessário. Compreendemos as Estruturas Superficiais dessa classe como da forma lógica:

É necessário que O^1 ou O^2 (O — oração)

em que O^1 é aquilo que a Estrutura Superficial do paciente alega ser necessário e O^2 é aquilo que acontecerá se O^1 não for realizada — a consequência ou resultado de deixar de fazer O^1 — então O^1 e O^2 são o material eliminado. Assim, o terapeuta pode perguntar:

(89) *Ou o que acontecerá*

ou, em uma forma mais extensa

(90) O que aconteceria se você deixasse de _____?

em que você preenche a lacuna com a parte adequada da Estrutura Superficial original do paciente. Especificamente, utilizando-se o exemplo anterior, o paciente diz

(91) *Tem-se que levar em consideração os sentimentos de outras pessoas.*

O terapeuta pode responder,

(92) *Ou o que acontecerá?*

ou, de forma mais completa,[26]

(93) *O que aconteceria se você deixasse de levar em consideração os sentimentos de outras pessoas?*

Essas Estruturas Superficiais podem ser identificadas pela presença daquilo que os lógicos chamam operadores modais de necessidade. Estes têm, em inglês, as formas Superficiais:

have to	como em	*I/You have to ...* one has to.
necessary	como em	*It is necessary...* *Necessarily,*
should	como em	*One/you/I should...*
must	como em	*I/you/one must...* *

---

[26] Observe-se que a pergunta

O que aconteceria se você deixasse de levar em consideração os sentimentos de outras pessoas?

difere de uma maneira importante da Estrutura Superficial do paciente, da qual se derivou

Tem-se que levar em consideração os sentimentos de outras pessoas.

Na Estrutura Superficial do paciente, a palavra *se* ocorre como a variável independente de sujeito-substantivo do verbo *ter que levar...* A palavra *se* não tem índice referencial. Ao formar a pergunta, o terapeuta substitui a variável independente de sujeito-substantivo da Estrutura Superficial do paciente por uma variável independente nominal que tenha um índice referencial — especificamente, o paciente — isto é, a palavra *você*. Esse tipo de permuta de índice referencial será tratado com mais detalhes na seção *Generalização.*

* *ter que*	como em	*Eu/Você temos que...* *tem-se que*
necessário	como em	*É necessário...* *Necessariamente*
dever	como em	*Alguém/você/eu devo...*
ter que	como em	*Eu/você/alguém tem que...* (N.T.)

O terapeuta pode utilizá-las como palavras-chave para reconhecer essa classe especial de Estruturas Superficiais. No conjunto seguinte, forme uma pergunta que indague pela consequência ou resultado de se deixar de fazer aquilo que a Estrutura Superficial alega ser necessário. Utilizamos no exercício seguinte as duas formas de perguntas que sugerimos anteriormente. Observe-se que essas não são as duas únicas formas de pergunta possíveis, mas, na realidade, qualquer pergunta que recupere o material eliminado é adequada.

(94) *It is necessary to behave properly in public.*

What would happen if you failed to behave properly in public?

(95) *One should always take people seriously.*

What would happen if you failed to take people seriously?

(96) *I must not get involved too deeply.*

What would happen if you got involved too deeply?

(97) *People have to learn to avoid conflict.*

What would happen if you failed to learn to avoid conflict?*

---

* (94) *É necessário comportar-se adequadamente em público.*

O que aconteceria se você deixasse de se comportar adequadamente em público?

(95) *Deve-se sempre considerar as pessoas seriamente.*

O que aconteceria se você deixasse de considerar as pessoas seriamente?

(96) *Eu não tenho que me envolver tão profundamente.*

O que aconteceria se você deixasse de se envolver tão profundamente?

(97) *As pessoas têm que aprender a evitar conflitos.*

O que aconteceria se você deixasse de aprender a evitar conflitos? (N.T.)

Há um segundo conjunto de palavras-chave que os lógicos identificaram como operadores modais de possibilidade. Mais uma vez, esses operadores, tipicamente, identificam regras ou generalizações a partir do modelo do paciente. Por exemplo, ele diz:[27]

(98) *It's not possible to love more than one person at a time.*

ou,

(99) *No one can love more than one person at a time.*

ou,

(100) *One can't love more than one person at a time.*

ou,

(101) *One may not love more than one person at a time.*

ou,

(102) *No one is able to love more than one person at a time.* *

Novamente, baseado em sua experiência de identificar eliminações, você pode encontrar, nestas Estruturas Superficiais, eliminações da representação da Estrutura Profunda. Entretanto, queremos identificar, nestes exemplos, uma identificação que ocorre a partir da experiência do paciente até a representação da Estrutura Profunda. Especificamente, ao ouvirmos Estruturas Superficiais dessa classe, queremos indagar o que é que torna impossível o que quer que a Estrutura Superficial alega ser impossível. Em outras palavras, compreendemos essas Estruturas Superficiais como sendo da forma lógica geral:

O^1 impede O^2 de ser possível

---

[27] Apresentamos essas duas classes de operadores modais como classes separadas. Elas são, entretanto, intimamente ligadas nos sistemas lógicos dos quais tomamos emprestada a terminologia. Por exemplo, a equivalência seguinte é verdadeira tanto lógica como psicologicamente:

não possível não (X) = necessário (X)

Em inglês, a equivalência lógica das duas Estruturas Superficiais distintas:

Não é possível não ter medo = É necessário ter medo.

* (98) *Não é possível amar mais de uma pessoa a um só tempo.*

ou,

(99) *Ninguém consegue amar mais de uma pessoa a um só tempo.*

ou,

(100) *Não se consegue amar mais de uma pessoa a um só tempo.*

ou,

(101) *Não se pode amar mais de uma pessoa a um só tempo.*

ou,

(102) *Ninguém é capaz de amar mais de uma pessoa a um só tempo.*

em que O^2 é aquilo que a Estrutura Superficial do paciente alega ser impossível, e O^1 é o material ausente. Assim, o terapeuta pode perguntar:

> (103) *O que torna _____ impossível?*
> ou,
> (104) *O que lhe dificulta _____ ?*
> ou,
> (105) *O que o bloqueia a _____ ?*
> ou,
> (106) *O que o impede de _____ ?*

em que a lacuna contém aquilo que a Estrutura Superficial do paciente alega ser impossível.

Especificamente, utilizando o exemplo anterior, o terapeuta pode indagar,

> (107) *What makes your loving more than one person impossible?*
> ou,
> (108) *What prevents you from loving more than one persons at a time?*
> ou,
> (109) *What blocks you from loving more than one person at a time?*
> ou,
> (110) *What stops you from loving more than one person at a time?**

Estruturas Superficiais dessa classe podem ser facilmente identificadas pelas palavras e locuções-chave seguintes:

not possible	como em	*it's not possible*
can	como em	*no one can*
		nobody can

---

* (107) *O que torna impossível o seu amor por mais de uma pessoa?*
ou,
(108) *O que lhe dificulta amar mais de uma pessoa a um só tempo?*
ou,
(109) *O que o bloqueia a amar mais de uma pessoa a um só tempo?*
ou,
(110) *O que o impede de amar mais de uma pessoa a um só tempo?*

may	como em	*no one may* *nobody may*
can't	como em	*I/you/one/people can't*
able	como em	*no one is able* *nobody is able*
impossible	como em	*it's impossible*
unable	como em	*I/you/one/people are unable.**

A ocorrência dessas palavras-chave nas Estruturas Superficiais do paciente identifica regras ou generalizações que correspondem a limites do modelo do mundo do mesmo. Tais limites são frequentemente associados à experiência do paciente de escolha limitada ou de um conjunto limitado e insatisfatório de opções. No conjunto seguinte de Estruturas Superficiais, forme uma pergunta para cada uma, que (quando respondida) recuperaria o material eliminado.

(111) *It's impossible to find someone who's really sensitive.*

What prevents you from finding someone who's really sensitive?

(112) *I can't understand my wife.*

What prevents you from understanding your wife?

---

* *não possível*	como em	*não é possível*
poder	como em	*ninguém é capaz*
idem		*idem*
não poder	como em	*eu/você/alguém/as pessoas não podem*
capaz	como em	*ninguém é capaz* *idem*
impossível	como em	*é impossível*
incapaz	como em	*eu/você/alguém/as pessoas são incapazes*

(113) *I am unable to*
express myself

What prevents you
from expressing
yourself?

(114) *No one is able to*
understand me.

What prevents
them from
understanding
you?*

O valor de identificar e recuperar eliminações desse alcance dificilmente pode ser superestimado, pois envolve, diretamente, porções do modelo do paciente, em que ele experimenta opções ou escolhas limitadas. Em uma descrição passo a passo:

Fase 1: *Ouça* o paciente; examine sua Estrutura Superficial em busca de palavras e locuções-chave identificadas nesta seção;

Fase 2: (a) se estão presentes operadores modais de necessidade, utilize uma forma de pergunta que indague pela consequência ou resultados eliminados de se deixar de fazer aquilo que a Estrutura Superficial do paciente alega ser necessário, e (b) se estão presentes operadores modais de possibilidade, utilize uma forma de pergunta que indague pelo material eliminado que torna impossível aquilo que a Estrutura Superficial do paciente alega ser impossível.

DISTORÇÃO — NOMINALIZAÇÕES

O processo linguístico de nominalização é uma forma pela qual o processo geral de modelagem de Distorção ocorre nos sistemas

---

* (111) *É impossível encontrar-se*
alguém que seja realmente
sensível.

O que o impede de encontrar
alguém que seja realmente
sensível?

(112) *Não consigo compreender*
minha mulher.

O que o impede de
compreender sua mulher?

(113) *Sou incapaz de me expres-*
sar.

O que o impede de expressar
a si mesmo?

(114) *Ninguém é capaz de me en-*
tender.

O que os impede de entender
você? (N.T.)

das línguas naturais. O propósito de reconhecer nominalizações é auxiliar o paciente a religar seu modelo linguístico aos processos dinâmicos, em andamento, da vida. Especificamente, reverter as nominalizações auxilia o paciente a chegar a ver aquilo que ele considerou um evento, acabado e além de seu controle; é um processo em andamento que pode ser modificado. O processo linguístico de nominalização é um processo transformacional complexo pelo qual uma palavra-processo ou verbo na Estrutura Profunda aparece como uma palavra-evento ou substantivo. O primeiro passo na reversão de nominalizações é reconhecê-las. Os terapeutas, como falantes nativos que são, podem utilizar suas intuições para identificar quais elementos da Estrutura Superficial são, de fato, nominalizações. Por exemplo, na Estrutura Superficial:

(115) *Lamento minha decisão de voltar para casa.*

a palavra-evento ou substantivo *decisão* é uma nominalização. Isso significa que na Estrutura Profunda apareceu uma palavra-processo ou verbo, neste caso o verbo *decidir.*

(116) *Lamento estar decidindo voltar para casa.*

Substantivos concretos não se ajustarão à lacuna um _____ *em andamento,* de uma maneira bem-estruturada. Por exemplo, os substantivos concretos *cadeira, pipa, samambaia, lâmpada* etc. não se ajustam de uma maneira bem-estruturada — *uma cadeira em andamento, uma pipa em andamento* etc. Entretanto, substantivos como *decisão, casamento, fracasso,* derivados dos verbos de Estrutura Profunda, se ajustam — *uma decisão em andamento, um casamento em andamento* etc. Assim os terapeutas podem treinar suas intuições utilizando este teste simples. Passo a passo, o terapeuta pode reconhecer nominalizações através de:

Fase 1: *Ouvir* a Estrutura Superficial apresentada pelo paciente.

Fase 2: Para cada um dos elementos da Estrutura Superficial que não sejam uma palavra-processo ou verbo, indagar-se de si mesmo se ela descreve algum evento que seja na realidade um processo em andamento no mundo, ou se há algum verbo que se assemelhe sonora/visualmente a essa palavra-processo, com significado aproximado.

Fase 3: Teste para ver se a palavra-evento se ajusta à lacuna na estrutura sintática, *um* _____ *em andamento.*

Ocorreu uma nominalização para cada não verbo que ocorre na Estrutura Superficial do paciente, a qual ou descreve um evento que se pode associar a um processo, ou para a qual se pode encontrar um verbo que dele se aproxime em som/aparência e significado. Por exemplo, há nominalizações na frase:

(117) *Their failure to see their own children received no recognition.* *

Ambas as palavras-evento *failure* e *recognition* derivam-se dos verbos da Estrutura Profunda (*um fracasso* [= *failure*] *em andamento, um reconhecimento* [= *recognition*] *em andamento*). A Estrutura Superficial

(118) *Atravessei como um relâmpago na frente do carro.*

por outro lado, não contém nominalizações.

No conjunto seguinte de Estruturas Superficiais, você simplesmente deverá decidir que frases contêm nominalizações. Novamente, sugerimos que você julgue cada Estrutura Superficial por si mesmo antes de olhar os comentários que fornecemos.

(119) *Meu divórcio é doloroso.* 1 nominalização (*divórcio*)

(120) *Nosso terror nos bloqueia.* 1 " (*terror*)

(121) *O riso de minha mulher provoca minha ira.* 2 nominalizações (*riso, ira*)

(122) *Sua recusa de sair daqui força minha partida.* 2 " (recusa, partida)

(123) *Sua percepção (das coisas) está seriamente danificada.* 1 nominalização (*percepção*)

---

* (117) *O fracasso em ver seus próprios filhos não recebeu reconhecimento.* (N.T.)

(124)	*Sua projeção me causa prejuízo.*	2 nominalizações	(*projeção, prejuízo*)
(125)	*Minha confusão tem uma tendência a não me dar alívio.*	1 "	(*confusão, tendência, alívio*)
(126)	*Eu me ressinto com sua pergunta.*	1 nominalização	(*pergunta*)
(127)	*Tenho medo tanto de sua irritação quanto de seu auxílio.*	2 nominalizações	(*irritação, auxílio*)
(128)	*Suas intuições são notáveis.*	1 nominalização	(*intuições*)

No próximo conjunto de Estruturas Superficiais, reverta cada nominalização pela criação de uma Estrutura Superficial intimamente associada que retransforme a nominalização ao processo em andamento. Por exemplo, a partir da frase

(129)	*Estou surpreso ante sua resistência a mim.*	⟶	Estou surpreso com o fato de ela estar resistindo a mim.

A questão aqui não é se você pode criar uma nova frase que se equipare com a que sugerimos, mas que você aguce sua habilidade de retransformar um processo nominalizado em um processo em andamento. As frases que oferecemos são apenas exemplos. Lembre-se de que nem a Estrutura Superficial original nem aquelas com as nominalizacões corrigidas serão bem-estruturadas em termos de terapia até que elas preencham todas as outras condições de boa-estruturação.

Meu divórcio é doloroso.	Minha mulher e eu nos divorciando é doloroso.
Nosso terror nos bloqueia.	O estarmos aterrorizados nos está bloqueando.

O riso de minha mulher provoca minha ira.	Minha mulher rir faz com que eu me sinta irado.
Sua recusa de sair daqui força minha partida.	O seu recusar sair daqui faz com que eu parta.
Sua percepção está seriamente danificada.	A maneira pela qual/ aquilo que você está percebendo está seriamente danificada.
Sua projeção me causa prejuízo.	O modo pelo qual/ aquilo que você está projetando me prejudica.
Minha confusão tem uma tendência a não me dar alívio.	Meu estar confuso tende a impedir-me de me sentir aliviado.
Eu me ressinto com sua pergunta.	Eu me ressinto daquilo que/o modo pelo qual você está me perguntando.
Tenho medo tanto de sua irritação quanto de seu auxílio.	Tenho medo tanto da maneira como você se irrita comigo como da maneira como me auxilia.
Suas intuições são notáveis.	O modo pelo qual ele intui coisas/aquilo que ele intui é notável.

Estamos conscientes de que temos inúmeras escolhas quando encontramos nominalizações. Podemos preferir questioná-las diretamente. Por exemplo, dada a Estrutura Superficial:

(130)   *A decisão de voltar para casa me aborrece.*

podemos desafiar, diretamente, a ideia de que *a decisão* é um evento irrevogável, fixo e acabado, do qual o paciente se dissociou, pela pergunta:

> (131) *Há algum modo pelo qual você possa imaginar modificar sua decisão?*

ou, novamente,

> (132) *O que o impede de modificar sua decisão?*

ou, ainda,

> (133) *O que aconteceria se você reconsiderasse e decidisse não voltar para casa?*

Em cada um desses casos, as perguntas do terapeuta requerem uma resposta por parte do paciente que envolve sua tomada de alguma responsabilidade pelo processo de decidir. Em qualquer dos casos, o questionamento do terapeuta auxilia o paciente a religar seu modelo linguístico do mundo aos processos em andamento que ali estão presentes.

As nominalizações são complexas tanto psicológica quanto linguisticamente. Nossa experiência é que elas raramente ocorrem por si mesmas; antes, encontramo-las mais frequentemente em uma forma que envolve violações de uma, ou mais, das outras condições de boa-estruturação em terapia. Posto que já apresentamos os exercícios sobre eliminação, iremos agora dar-lhes um conjunto de Estruturas Superficiais que contêm tanto nominalizações como eliminações. Pedimos que você identifique ambas e formule uma pergunta ou série de perguntas que tanto retransforme a nominalização em uma forma de processo quanto indague pelo material que foi eliminado. Por exemplo, dada a Estrutura Profunda

> *A decisão de voltar para casa me aborrece.*

uma pergunta que tanto retransforme a nominalização em uma forma de processo quanto simultaneamente indague pelo material eliminado é:

> (134) *Quem está decidindo retornar a casa?*

Novamente, sugerimos que você tente formular sua(s) própria(s) pergunta(s) antes de tomar conhecimento dos exemplos que oferecemos. As perguntas-exemplos que apresentamos são em bloco — sugerimos que, na prática, seja utilizada uma série de perguntas, que você questione uma parte de cada vez.

(135)	*Minha dor é opressiva.*	Seu sentir dor a respeito de quem/que está oprimindo a quem?
(136)	*É o meu medo que atrapalha.*	Seu sentir medo de quem/que o atrapalha em quê?
(137)	*Tenho esperanças.*	Pelo que você está esperando?
(138)	*As crenças de meu filho me preocupam.*	Em que seu filho acredita que o preocupa?
(139)	*Suas suspeitas preconceituosas me irritam.*	Preconceituoso em relação a quem/quê? o que é que você está *suspeitando?* (*sic*)

EXERCÍCIO B

Já que, durante os seminários de treinamento em metamodelo, descobrimos serem as nominalizações os fenômenos mais difíceis de as pessoas aprenderem a reconhecer, imaginamos o exercício seguinte:

> Forme uma imagem visual a partir das frases seguintes. Em cada um dos casos, veja se consegue imaginar a colocação de cada uma das palavras não processo ou não verbo em um carrinho de mão.
>
> *I want to make a* chair.
> *I want to make a* decision.*
>
> Observe que todas as palavras não verbo da primeira frase (*I* e *chair*) podem ser colocadas em seu carrinho de mão mental. Este não é o caso da segunda frase (*I, decision*).

---

* *Eu quero fazer uma* cadeira.
Eu quero tomar uma decisão. (N.T.)

O *I* pode ser colocado em um carrinho de mão; mas uma *decisão* não. Nos conjuntos seguintes de frases, utilize este mesmo teste visual para seu treinamento no reconhecimento de nominalizações.

I have a lot of *frustration.*
I have a lot of *green marbles.*

I expect a *letter.*
I expect *help.*

My *fear* is just too big.
My *coat* is just too big.

I lost my *book.*
I lost my *temper.*

I need *water.*
I need *love.*

Horses frighten *me.*
Failure frightens *me.*

The *tension* bothers *me.*
The *dragon* bothers *me.* *

Pelo menos ocorre uma nominalização em cada um dos pares precedentes. Você pode verificar a precisão de seu teste visual pela aplicação, agora, do teste puramente linguístico, a nominalização

---

* *Eu* tenho uma porção de *frustração.*
Eu tenho uma porção de *bolas de gude.*

Eu espero uma *carta.*
Eu espero *ajuda.*

Meu *medo* é muito grande.
Meu *casaco* é muito grande.

Eu perdi meu *livro.*
Eu perdi minha *calma.*

Eu preciso de *água.*
Eu preciso de *amor.*

Cavalos me amedrontam.
O *fracasso me* amedronta.

A *tensão me* aborrece.
O *dragão me* aborrece. (N.T.)

na lacuna, *um* _____ *em andamento.* A mesma palavra que se ajusta à estrutura linguística *um* _____ *em andamento* — não irá se ajustar ao seu carrinho de mão mental.

GENERALIZAÇÃO

Como Obter uma Imagem Clara do Modelo do Paciente

Um dos processos universais que ocorre quando os humanos criam modelos de suas experiências é o de Generalização. Esta pode empobrecer o modelo do paciente por ocasionar perda dos detalhes e riqueza de suas experiências originais. Assim, a generalização impossibilita-os de fazer distinções que lhes dariam um conjunto mais completo de escolhas para enfrentar qualquer situação especial. Ao mesmo tempo, a generalização amplia a experiência dolorosa específica até o nível de o indivíduo se sentir perseguido pelo universo (um obstáculo intransponível a enfrentar). Por exemplo, a experiência dolorosa específica "Lois não gosta de mim" generaliza-se em "As mulheres não gostam de mim". O propósito de desafiar as generalizações do paciente é o de:

(1) religar o modelo do paciente a sua experiência;
(2) reduzir obstáculos intransponíveis, que resultem de generalizações, a algo definido que se possa começar a enfrentar;
(3) assegurar-se de que detalhes e riqueza estejam presentes no modelo do paciente, criando assim escolhas baseadas em distinções que não estavam previamente disponíveis.

Linguisticamente, estamos conscientes de dois importantes modos que utilizamos para identificar as generalizações do modelo do paciente. Ao mesmo tempo, estes nos fornecem um veículo para o desafio dessas generalizações. Esses são os processos de:

(1) verificar a existência de índices referenciais para substantivos e palavras-evento;
(2) verificar a existência de verbos e palavras-processo completamente especificados.

Índices Referenciais

A habilidade do terapeuta em determinar se as Estruturas Superficiais apresentadas pelo paciente estão ligadas a sua experiência é essencial para o bom êxito da terapia. Uma forma explícita de determinar isso é, para o terapeuta, identificar palavras e locuções na Estrutura Superficial do paciente que não tenham índice referencial. Por exemplo, na Estrutura Superficial

(140) *As pessoas fazem de mim o que querem.*

o substantivo *pessoas* não tem índice referencial e, portanto, falha em identificar alguma coisa específica na experiência do paciente. Por outro lado, a frase

(141) *Meu pai faz de mim o que quer.*

contém duas funções nominais (*Meu pai* e *mim*) ambas com índice referencial que identifica alguma coisa específica no modelo do paciente.

Novamente, um procedimento passo a passo está à disposição.

Fase 1: *Ouça* a Estrutura Superficial do paciente, identificando cada palavra-processo;

Fase 2: Para cada uma delas, indague-se se ela seleciona uma pessoa ou coisa específicas no mundo.

Se a palavra ou locução falha em selecionar uma pessoa ou coisa específicas, o terapeuta identifica então uma generalização no modelo do paciente. No conjunto seguinte de Estruturas Superficiais, decida para cada um dos substantivos ou locuções se há, ou não, um índice referencial que as torne bem-estruturadas em terapia,

(142) *Nobody pays any attention to what I say.*	*Nobody* e *what* não têm índice referencial.
(143) *I always avoid situations I feel unconfortable in.*	*Situations I feel unconfortable in* — sem índice.
(144) *I like dogs that are friendly.*	*Dogs that are friendly* — sem índice.
(145) *I saw my mother-in-law yesterday.*	Todas as funções têm índices.

(146) *One should respect other's feelings.*	*One* e *other's* — sem índices.
(147) *It's painful for us to see her this way, you know.*	*It, us, you* e *this way* — sem índices.
(148) *Let's not get bogged down in details.*	*Us* e *details* — sem índices.
(149) *There's a certain feeling in this room.*	*A certain feeling* — sem índices.
(150) *Everybody feels that way some times.*	*Everybody, that way, sometimes* — sem índices.*

Uma vez que o terapeuta tenha identificado as palavras e locuções sem índice referencial, é bem fácil indagar por estes. Apenas duas perguntas são necessárias:

(151) *Quem, especificamente?*

(152) *Que, especificamente?*

Ao exigir que o paciente supra os índices referenciais através das respostas a essas perguntas, ele religa as generalizações em seu

---

* (142) *Ninguém presta atenção ao que eu digo.*   *Ninguém* e *que*

(143) *Eu sempre evito as situações em que não me sinto à vontade.*   *Situações em que não me sinto à vontade*

(144) *Gosto de cães que são amistosos.*   *Cães que são amistosos*

(145) *Vi minha sogra ontem.*

(146) *Devem-se respeitar os sentimentos alheios.*   *Se* e *alheios*

(147) *É-nos doloroso vê-la neste estado, sabe.*   *É, nos, você* e *neste estado*

(148) *Não vamos nos perder nos detalhes.*   *Nos* e *detalhes*

(149) *Há uma certa sensação nesta sala.*   *Uma certa sensação*

(150) *Todo o mundo se sente assim algumas vezes.*   *Todo o mundo, assim, algumas vezes*

modelo a suas experiências. No próximo conjunto de Estruturas Superficiais, formule a pergunta adequada para a obtenção do índice referencial ausente.

Nobody pays any attention to what I say.

Who, specifically? What, specifically, do you say?

I always avoid situations I feel unconfortable in.

What situations, specifically?

I like dogs that are friendly.

What dog, specifically?

It's painful for us to see her this way, you know.

Who, specifically, is full of pain? Who, specifically, is *us?* What way, specifically? Who, specifically, is *you?*

Everybody feels that way sometimes.

Who, specifically? What way, specifically? What time, specifically?*

Há um caso especial, que gostaríamos de enfatizar, de certas palavras que não têm índice referencial. Este é, especificamente, o conjunto de palavras que contêm quantificadores universais tais como *all, each, every, any.*** O quantificador universal tem uma forma diferente quando combinado a outros elementos linguísticos, como o elemento negativo − *never, nowhere, none, no one, nothing, nobody.**** Quantificadores universais e palavras e locuções que os contenham não têm índice referencial. Utilizamos

---

* _____ Quem, especificamente? O que, especificamente, você diz?
_____ Que situações, especificamente?
_____ Que cão, especificamente?
_____ Quem, especificamente, tem dor? Quem, especificamente, é *nós?* Que estado, especificamente? Quem, especificamente, sabe?
_____ Quem, especificamente? Assim como, especificamente? Quando, especificamente?
**todo, cada, cada, qualquer.
***nunca, em lugar nenhum, nenhum, nem um, nada, ninguém.

uma forma especial de desafio para o quantificador universal e palavras e locuções que o contenham. Por exemplo, a Estrutura Superficial apresentada anteriormente:

Ninguém presta atenção ao que eu digo.

pode ser desafiada como sugerimos antes ou, com o desafio:

(153) *Você está querendo dizer que NINGUÉM JAMAIS presta atenção a você?*

O que neste ponto estamos fazendo é enfatizar a generalização descrita pelo quantificador universal do paciente pelo exagero tanto da qualidade de voz como pela inserção de quantificadores universais adicionais na Estrutura Superficial original do mesmo. Este desafio identifica e enfatiza uma generalização no modelo do paciente. Ao mesmo tempo, esta forma de desafio pergunta ao paciente se há quaisquer exceções a suas generalizações. Uma única exceção à generalização inicia o paciente no processo de atribuir índices referenciais e garante ao seu modelo detalhes e riqueza necessários para se ter uma diversidade de opções para fazer frente aos problemas.

P: *Ninguém presta atenção ao que eu digo.*
T: *Você está querendo dizer que NINGUÉM JAMAIS presta atenção a você?*
P: *Bem, não exatamente.*
T: *OK, então; quem, especificamente, não lhe presta atenção?*

Uma vez que o terapeuta tenha identificado uma generalização, esta pode ser desafiada de diversas maneiras.

(a) Como foi mencionado na seção sobre quantificadores universais, generalizações podem ser desafiadas pela enfatização da natureza universal da alegação feita pela Estrutura Superficial, por meio da inserção de quantificadores universais nessa Estrutura Superficial. O terapeuta agora pede ao paciente para verificar a nova generalização explícita nessa Estrutura Superficial em comparação a sua experiência. Por exemplo, o paciente diz:

P: *É impossível confiar em alguém.*
T: *É sempre impossível alguém confiar em alguém?*

O propósito do desafio, por parte do terapeuta, à generalização é religar a generalização do paciente à experiência deste. O terapeuta tem outras opções, pois pode desafiar as generalizações do paciente.

(b) Dado que o propósito de desafiar a generalização do paciente é religar a representação deste a sua experiência, um desafio muito direto é, literalmente, perguntar ao paciente se ele teve uma experiência que contradiga sua própria generalização. Por exemplo:

P: *É impossível confiar em alguém.*
T: *Você já teve a experiência de confiar em alguém?*
ou
Você já confiou em alguém?

Observe-se que, linguisticamente, o terapeuta está fazendo diversas coisas: relacionando a generalização à experiência do paciente, ao modificar o índice referencial de sem-índice (o objeto indireto ausente do predicado *impossível* [isto é, *impossível para quem?*] e o sujeito ausente do verbo *confiar*) para as formas linguísticas portadoras do índice referencial do paciente (isto é, *você*).

(c) Um terceiro modo de desafiar generalizações dessa forma é perguntar ao paciente se ele pode imaginar uma experiência que contradiga a generalização. O paciente diz:

P: *É impossível confiar em alguém.*
T: *Você pode imaginar alguma circunstância em que você pudesse confiar em alguém?*
ou
Você pode fantasiar uma situação em que você pudesse confiar em alguém?

Uma vez que o paciente tenha êxito em imaginar ou fantasiar uma situação que contradiga a generalização, o terapeuta pode assisti-lo na abertura desta parte do seu modelo, por meio de perguntar qual é a diferença entre a experiência e a fantasia dele, ou o que o impede de realizar a fantasia. Observe-se que, neste ponto, uma das mais poderosas técnicas é ligar o paciente à experiência que ele está tendo, isto é, relacionar diretamente a generalização ao processo da terapia em andamento. O terapeuta pode responder:

Você confia em mim agora nesta situação?

Se o paciente responde positivamente, sua generalização foi contraditória. Se responde negativamente, todas as outras técnicas estão à disposição, ou seja, perguntar o que, especificamente, o está impedindo de confiar no terapeuta nessa situação.

(d) Caso o paciente seja incapaz de fantasiar uma experiência que contradiga sua generalização, o terapeuta pode escolher pesquisar seus próprios modelos para encontrar um caso no qual tenha tido uma experiência que contradiga a generalização do paciente. Se o terapeuta puder encontrar alguma de suas próprias experiências que seja bastante comum para que o paciente também a possa ter tido, ele pode perguntar se essa experiência contradiz a generalização dele.

P: *É impossível confiar em alguém.*
T: *Você alguma vez já foi ao médico (ou dentista, andou de ônibus ou táxi ou avião, ou ...)?*

Uma vez que o paciente admita que teve uma experiência que contradiz sua generalização, ele religou sua representação a sua experiência e o terapeuta é capaz de explorar, juntamente com ele, as diferenças.

(e) Outra abordagem para desafiar a generalização do paciente é determinar o que torna a generalização possível ou impossível. Essa técnica é descrita na seção sobre operadores modais de necessidade (neste capítulo, p. 97).

P: *É possível confiar em alguém.*
T: *O que o impede de confiar em alguém?*
   ou
   O que aconteceria se você confiasse em alguém?

(f) Com frequência, o paciente oferecerá generalizações, provenientes de seu modelo, na forma de generalizações a respeito de outra pessoa. Por exemplo:

P: *Meu marido está sempre discutindo comigo.*
   ou
   Meu marido nunca sorri para mim.

Observe-se que os predicados *discutir com* e *sorrir para* descrevem processos que estão ocorrendo entre duas pessoas. A forma das duas frases é: o sujeito (o agente ativo), o verbo (o nome do processo) e o objeto (a pessoa não ativa envolvida no processo). Em ambos os exemplos anteriores, a paciente representa a si mesma como o membro passivo do processo — o objeto do predicado —, evitando assim qualquer responsabilidade quanto ao processo ou relacionamento. As generalizações relatadas pelo paciente, nessas duas Estruturas Superficiais, envolveram um tipo especial de eliminação — a Estrutura Profunda é adequadamente representada por essas Estruturas Superficiais, mas uma eliminação no processo de representar a experiência da paciente por meio dessas Estruturas Profundas. Em outras palavras, a paciente eliminou uma porção de sua experiência no momento em que a representou com a Estrutura Profunda a partir da qual essas Estruturas Superficiais se derivaram. A imagem dos processos ou relacionamento de *discutir com* e *sorrir para* é incompleta, pois apenas uma pessoa, no relacionamento, está sendo descrita como tendo um papel ativo. Quando tiver que enfrentar Estruturas Superficiais desse tipo, o terapeuta tem a escolha de perguntar pela forma com que a pessoa caracterizada como passiva está envolvida no processo. Uma maneira bem específica e, frequentemente, poderosa de indagar por essa informação é permutar os índices referenciais contidos na generalização do paciente. Nos exemplos dados a permuta seria[28]

$$\downarrow \begin{array}{l} \textit{Meu marido} \\ \textit{mim (a paciente)} \end{array} \quad e \quad \downarrow \begin{array}{l} \textit{mim} \\ \textit{Meu marido} \end{array}$$

Ao fazer essas permutas nos índices referenciais, o terapeuta cria uma nova Estrutura Superficial baseada na Estrutura Superficial original da paciente. Especificamente:

$$\downarrow \begin{array}{l} \textit{Meu marido sempre discute comigo.} \\ \textit{Eu sempre discuto com meu marido.} \end{array}$$

e

$$\downarrow \begin{array}{l} \textit{Meu marido nunca sorri para mim.} \\ \textit{Eu nunca sorrio para meu marido.} \end{array}$$

Uma vez que os índices referenciais são permutados, o terapeuta pode então pedir à paciente para verificar essas novas Estruturas Superficiais com a pergunta:

Você sempre discute com seu marido?

e

Você nunca sorri para seu marido?

Aqui está, à disposição, uma distinção linguística adicional, que pode ser útil ao terapeuta: predicados que descrevem processos ou relacionamentos entre duas pessoas são de dois tipos lógicos diferentes:

(a) Predicados Simétricos: predicados que, se exatos, implicam necessariamente que seus opostos são também exatos. O predicado *discutir com* é desse tipo lógico. Se a Estrutura Superficial:

Meu marido sempre discute comigo.

---

[28] Leitores familiarizados com sistemas lógicos elementares reconhecerão isso como um caso de regra de substituição, por exemplo, no cálculo proposicional. A única restrição é que, quando um termo *mim* é substituído por um outro termo *meu marido*, então todos os exemplos do termo *meu marido* têm que ser substituídos pelo termo *mim*. A mesma restrição funciona bem no contexto de terapia.

é exata, então necessariamente a Estrutura Superficial:

Eu sempre discuto com meu marido.

é também exata. Essa propriedade de predicados simétricos é representada linguisticamente pela forma geral:

> Se uma Estrutura Superficial da forma X *Predicado* Y é verdadeira e Predicado é um predicado simétrico, então necessariamente a Estrutura Superficial da forma Y *Predicado* X também é verdadeira.

Se você está discutindo comigo, então, necessariamente, eu estou discutindo com você. Essa afirmação é feita pela expressão "quando um não quer dois não brigam". No caso de aplicação da técnica de permuta de índice referencial na Estrutura Superficial, o terapeuta sabe que o resultado será uma generalização que está necessariamente implícita no original. Essa técnica auxilia o paciente na religação de sua representação a sua experiência.

(b) Predicados Não Simétricos: predicados que descrevem um relacionamento cujo inverso não é necessariamente verdadeiro. O predicado *sorrir para* é desse tipo lógico. Se a Estrutura Superficial:

Meu marido nunca sorri para mim.

é exata, então pode ser, ou não, verdade que a Estrutura Superficial inversa (com os índices referenciais permutados) também seja exata:

Eu nunca sorrio para meu marido.

Dado que não há nenhuma necessidade lógica de que o inverso da Estrutura Superficial com um predicado não simétrico seja exata, nossa experiência é a de que o inverso é, com frequência, psicologicamente exato. Quer dizer, frequentemente, quando o paciente estabelece uma generalização a respeito de outra pessoa (principalmente se o relacionamento entre o paciente e a pessoa que está sendo caracterizada é um relacionamento importante para aquele), o inverso é verdadeiro. Tradicionalmente, esse fenômeno é denominado projeção, em algumas formas de psicoterapia. Se o inverso da Estrutura Superficial do paciente vem a ser exato, ao pedir-lhe para verificar isso, o terapeuta começa a recuperar o material ausente e a auxiliá-lo na religação de sua representação à sua experiência.

(c) Os pacientes algumas vezes apresentam generalizações provenientes de seu modelo sob a forma:

X ou Y

Por exemplo, um paciente diz:

P: *Tenho que cuidar das outras pessoas.*

a que o terapeuta pode replicar (como foi descrito na seção sobre operadores modais) :

T: Ou *o que acontecerá?*
P: *Ou elas não gostarão de mim.*

Assim, a generalização completa é:

> *Tenho que cuidar das outras pessoas ou elas não gostarão de mim.*

Essa generalização envolve uma alegação de que há um relacionamento causal necessário entre o fato de o paciente cuidar (ou não) de outras pessoas e o fato de outras pessoas gostarem dele. A mesma alegação está envolvida na Estrutura Superficial:

> *Se não cuido das pessoas, elas não irão gostar de mim.*

De fato, dentro dos sistemas formais, a equivalência lógica se mantém.[29]

X ou $Y \equiv$ não $X \rightarrow Y$

Se os pacientes apresentam, espontaneamente, suas generalizações na forma X ou Y, ou suprem, sob questionamento, a segunda

---

[29] O leitor familiarizado com o mais elementar dos sistemas lógicos pode verificar essa equivalência formal utilizando as tabelas-verdade:

X	Y	X $\vee$ Y		$\sim$ X $\rightarrow$ Y
V	V	V		V
V	F	V		V
F	V	V		V
F	F	F		F

Assim, a equivalência lógica de
X $\vee$ Y e $\sim$ X $\longrightarrow$ Y.

em que $\sim$ = o símbolo de negação
e $\longrightarrow$ = o símbolo de implicação

Na nossa experiência também têm eles uma equivalência psicológica.

porção — o resultado ou consequência —, suas generalizações podem ser reformuladas pelo terapeuta na forma *Se... então...* equivalente. Uma vez que o terapeuta tenha feito o paciente verificar a forma *Se... então...* de sua generalização, pode desafiá-la pela introdução de negativas em ambos os membros da generalização e apresentar ao paciente a Estrutura Superficial resultante:

> *Se você cuidar das outras pessoas, elas irão gostar de você?*

O terapeuta pode utilizar essa técnica reversiva em combinação com outras técnicas; por exemplo, algumas das discutidas sob operadores modais ou quantificadores universais, obtendo o desafio à Estrutura Superficial:

> *Se você cuidar das outras pessoas,* $\left\{\begin{array}{l}\text{necessariamente}\\\text{sempre}\end{array}\right\}$
> *elas irão gostar de você?*

Generalização Complexa — Equivalência

Queremos assinalar uma forma adicional, que ocorre com frequência, de generalização que é algo mais complexa do que aquelas que até então consideramos nesta seção. Essas generalizações complexas envolvem Estruturas Superficiais que são equivalentes no modelo do paciente. Tipicamente, ele diz uma dessas Estruturas Superficiais, faz uma pausa e, a seguir, diz a segunda. As duas Estruturas Superficiais têm como característica a mesma forma sintática. Por exemplo:

> *Meu marido nunca me aprecia... Meu marido nunca sorri para mim.*

As duas Estruturas Superficiais são sintaticamente paralelas:

Substantivo 1 — Quantificador Universal — Verbo — Substantivo 2

em que   Substantivo 1 = meu marido
Substantivo 2 = me (a paciente)

Observe-se que uma dessas Estruturas Superficiais (a primeira) envolve uma violação de uma das condições de boa-estruturação em terapia; especificamente, a paciente está alegando conhecimento de um dos estados interiores (*aprecia*) de seu marido, sem estabelecer como teve conhecimento disso — um caso de leitura de mente. Na segunda Estrutura Superficial, é descrito o processo de uma pessoa sorrir, ou não, para outra — uma experiência verificável, que não requer conhecimento do estado interior dessa outra pessoa. Essas duas amostras de Estruturas Superficiais são generalizações que podem ser desafiadas (utilizando-se a técnica descrita na seção sobre quantificadores universais). Neste momento, entretanto, desejamos oferecer uma técnica rápida, que produz, com frequência, resultados dramáticos. O terapeuta primeiro verifica se as duas Estruturas Superficiais são, de fato, equivalentes no modelo da paciente. Isso é feito com facilidade ao se indagar diretamente se as duas Estruturas Superficiais são equivalentes:

P: *Meu marido nunca me aprecia... Meu marido nunca sorri para mim.*

T: *O fato de seu marido jamais sorrir para você significa que ele não a aprecia?*

A paciente aí então está diante de uma escolha — negará a equivalência, e o terapeuta poderá indagar como ela realmente sabe que o marido não a aprecia, ou constatará a equivalência. Nesse último caso, o terapeuta aplica a técnica de permuta de índice referencial:

$$\downarrow \begin{array}{l} \textit{Meu marido} \\ \textit{me (a paciente)} \end{array} \qquad e \qquad \downarrow \begin{array}{l} \textit{me (a paciente)} \\ \textit{Meu marido} \end{array}$$

Isso resulta na transformação ela Estrutura Superficial a partir de:

O fato de seu marido jamais sorrir para você significa que ele não a aprecia?

para a Estrutura Superficial:

O fato de você jamais sorrir para seu marido significa que você não o aprecia?

Vamos rever o que aconteceu até o momento:

1. A paciente diz duas Estruturas Superficiais que estão separadas por uma pausa e têm a mesma forma sintática — uma envolvendo leitura de mente e outra não.

2. O terapeuta verifica se as duas Estruturas Superficiais são equivalentes.

3. A paciente constata a equivalência.

Assim, temos a situação:

$(X$ não sorri para $Y) = (X$ não aprecia $Y)$
em que X é o marido da paciente e Y é a própria.

4. O terapeuta permuta os índices referenciais e pede à paciente para verificar a nova generalização. A nova Estrutura Superficial tem a mesma forma lógica:

(X não sorri para Y) = (X não aprecia Y)
em que X é a paciente e Y é o marido da paciente.

5. Tipicamente, a paciente nega a equivalência quando ela é o sujeito agente ativo do processo.

(X não sorri para Y) = (X não aprecia Y)
em que X é a paciente e Y é o marido da paciente.

Se a paciente aceita a nova generalização, o terapeuta tem todas as opções usuais para desafiar a generalização. Nossa experiência é a de que a paciente raramente aceitará a nova generalização.

6. O terapeuta agora pode começar a explorar a diferença entre as duas situações: aquela em que a equivalência se mantém e aquela em que ela não o faz. A paciente, mais uma vez, religou sua generalização a sua experiência. O intercâmbio global assemelha-se a:

P: *Meu marido nunca me aprecia... Meu marido nunca sorri para mim.*

T: *O fato de seu marido jamais sorrir para você significa que ele não a aprecia?*

P: *Sim, é isso!*

T: *O fato de você jamais sorrir para seu marido significa que você não o aprecia!*

P: *Não, isso não é a mesma coisa.*

T: *Qual é a diferença?*

Verbos Não Completamente Especificados

A segunda forma de generalização que ocorre nos sistemas de línguas naturais é aquela de verbos que não estão completamente especificados. Por exemplo, nas Estruturas Superficiais

(154) *Minha mãe me feriu.*

(155) *Minha irmã me chutou.*

(156) *Minha amiga tocou-me a face com os lábios.*

a imagem apresentada é progressivamente mais específica e clara. Assim, na primeira, a mãe mencionada pode ter causado algum ferimento físico ou o ferimento pode ter sido "psicológico"; ela pode tê-lo feito com uma faca ou uma palavra ou um gesto... tudo isso fica sem especificação completa. Na frase seguinte, a irmã mencionada pode ter chutado o falante com o pé esquerdo ou com o direito, mas está especificado que foi com o pé; onde o falante foi chutado fica sem especificação. No terceiro exemplo, a imagem apresentada é ainda mais especificada — a maneira pela qual a amiga mencionada fez o contato é especificada (*tocou com os lábios*) e o local no corpo do falante, onde o contato foi feito, também é especificado (*a face*). Observa-se, entretanto, que a duração do contato, a brutalidade ou delicadeza foram deixadas sem especificação.[30]

Todo verbo de que temos conhecimento é, até certo ponto, não completamente especificado. A clareza da imagem apresentada pelo verbo é determinada por dois fatores:

(1) O próprio significado do verbo. Por exemplo, simplesmente pelo seu significado o verbo *beijar* é mais específico do que o verbo *tocar* — *beijar* é equivalente a uma forma específica de tocar; a saber, *tocar com os lábios.*

(2) A carga de informação apresentada pelo resto da frase em que o verbo ocorreu. Por exemplo, a locução *feriu pela rejeição* é mais especificada do que simplesmente o verbo *ferir.*

Dado que todo verbo é até certo ponto não completamente especificado, sugerimos o seguinte procedimento:

Fase 1: *Ouça* a Estrutura Superficial do paciente, identificando as palavras-processo ou verbos;

Fase 2: Pergunte-se se a imagem apresentada pelo verbo, na frase, está bastante clara para você visualizar a sequência real dos eventos que estão sendo descritos.

Se o terapeuta acha que a imagem que obteve do verbo e das palavras e locuções que o acompanham na Estrutura Superficial do

---

[30] Aqui, na análise de verbos que são diferentemente especificados, suspeitamos que algumas das pesquisas que estão sendo conduzidas atualmente no campo da Semântica Gerativa (vide McCawley, Lakoff, Grinder e Postal na bibliografia) serão particularmente proveitosas na expansão posterior do metamodelo.

paciente não está clara o bastante para que visualize a sequência real dos eventos que estão sendo descritos, então deve pedir um verbo mais completamente especificado. A pergunta disponível ao terapeuta para esclarecer a imagem pobremente definida é:

Como, especificamente, X (verbo) Y?
em que X = o sujeito do verbo não completamente especificado e Y = o verbo não completamente especificado + o restante da Estrutura Superficial do paciente.

Por exemplo, dada a Estrutura Superficial

(157) *Susan feriu-me.*

o terapeuta pede uma imagem mais completamente especificada, por meio da pergunta

(158) *Como, especificamente, Susan feriu você?*

Para o conjunto seguinte de Estruturas Superficiais, formule uma pergunta que, quando respondida, esclareça sua imagem da ação que está sendo descrita.

(159) *Meus filhos me forçam a puni-los.*	Como, especificamente, seus filhos forçam você a puni-los? Também, como, especificamente, você pune seus filhos?
(160) *Sharon está sempre exigindo minha atenção.*	Como, especificamente, ela exige atenção de sua parte?
(161) *Eu sempre demonstro a Jane que a amo.*	Como, especificamente, você demonstra a Jane que a ama?
(162) *Meu marido sempre me ignora.*	Como, especificamente, seu marido a ignora?
(163) *Minha família está tentando me botar louco.*	Como, especificamente, sua família está tentando botar você louco?

Toda Estrutura Superficial que é bem-estruturada em inglês contém uma palavra-processo ou verbo. Nenhum dos verbos que encontramos estava completamente especificado. Portanto, todo verbo das Estruturas Superficiais do paciente oferece ocasião para o terapeuta verificar se a imagem apresentada é clara.

PRESSUPOSIÇÕES

Pressuposições são um reflexo linguístico do processo de Distorção. O propósito do terapeuta ao reconhecer pressuposições é assistir o paciente na identificação dessas suposições básicas que empobrecem seu modelo e limitam suas opções para enfrentar a situação. Linguisticamente, essas suposições básicas mostram-se como pressuposições nas Estruturas Superficiais do paciente. Por exemplo, para se obter sentido da Estrutura Superficial

(164) *Tenho medo de que meu filho esteja ficando tão preguiçoso quanto meu marido.*

o terapeuta tem que aceitar como verdadeira a situação expressa pela frase pressuposta por essa frase. Especificamente,

(165) *Meu marido é preguiçoso.*

Observe-se que essa última Estrutura Superficial, a pressuposição da anterior, não aparece tão direta e claramente em nenhuma parte da frase que a pressupõe. Os linguistas desenvolveram um teste para determinar quais são as pressuposições de qualquer frase dada. São elas, quando adotadas para o metamodelo:

Fase 1: *Ouça* a Estrutura Superficial dopaciente em busca da palavra-processo ou verbo principal — chamemos a esta frase A;

Fase 2: Crie uma nova Estrutura Superficial pela introdução da palavra negativa junto ao verbo principal na Estrutura Superficial do paciente — chamemos a esta frase B;

Fase 3: Pergunte-se o que tem que ser verdade tanto para A como para B fazerem sentido.

Todas as coisas (expressas na forma de outras frases) que têm que ser verdadeiras tanto para A como para B fazerem sentido são as pressuposições da frase original do paciente. Especificamente, no caso da frase,

Tenho medo de que meu filho esteja ficando tão preguiçoso quanto meu marido.

ao introduzir a negativa junto ao verbo principal (*ter medo*), o terapeuta cria uma segunda frase,

(166) *Não tenho medo de que meu filho esteja ficando tão preguiçoso quanto meu marido.*

A questão aqui é que, para o terapeuta obter sentido dessa nova Estrutura Superficial, tem que ser verdadeiro o fato de que

(165) *Meu marido é preguiçoso.*

Já que tanto a Estrutura Superficial da paciente como a nova Estrutura Superficial formada a partir desta pela introdução do elemento negativo exigem que essa última frase (165) seja verdadeira, essa última Estrutura Superficial é a pressuposição da frase original da paciente.

No conjunto de Estruturas Superficiais que se segue, identifique as pressuposições de cada uma das frases.

(167) *Se você for tão desarrazoada quanto da última vez que discutimos isto, então vamos deixar isto de lado.*
— Nós discutimos sobre algo. — Você foi desarrazoada da última vez que discutimos algo.

(168) *Se Judy tem que ser tão possessiva, então prefiro não me envolver com ela.*
Judy é possessiva.

(169) *Se o Fred tivesse gostado da minha companhia, não teria ido embora tão cedo.*
Fred não gostou da minha companhia.

(170) *Se você soubesse o quanto sofro, não agiria desta maneira.*
— Sofro. — Você age desta maneira. — Você não sabe...

(171) *Já que meu problema* — Meu problema
é banal, prefiro não é banal.
tomar o precioso
tempo do grupo.

Os linguistas identificaram um grande número de formas específicas ou ambientes sintáticos na linguagem em que ocorrem, necessariamente, pressuposições. Por exemplo, qualquer porção de uma Estrutura Superficial que ocorra após os verbos principais *perceber, estar consciente, ignorar* etc. é uma pressuposição ou suposição necessária dessa Estrutura Superficial. Observe-se que essas formas específicas ou ambientes sintáticos são independentes do conteúdo ou significado das palavras e locuções utilizadas. Incluímos um apêndice (Apêndice B) que identifica esses ambientes sintáticos para auxiliar aqueles que desejam exercitar-se melhor no reconhecimento das formas de linguagem que apresentam pressuposições.

Identificadas as pressuposições das Estruturas Superficiais do paciente, o terapeuta pode agora desafiá-las. Devido à complexidade das pressuposições, ele tem inúmeras escolhas.

1. O terapeuta pode apresentar ao paciente a pressuposição diretamente implícita em sua Estrutura Superficial original. Ao fazer isso, ele pode pedir ao paciente para explorar essa pressuposição, utilizando as outras condições de boa-estruturação em terapia.

Por exemplo, a paciente diz

(172) *Tenho medo de que meu filho esteja ficando tão preguiçoso quanto meu marido.*

O terapeuta identifica a pressuposição

(173) *Meu marido é preguiçoso.*

e a apresenta à paciente, perguntando-lhe como, especificamente, seu marido é preguiçoso. A paciente responde com outra Estrutura Superficial que o terapeuta avalia quanto à boa-estruturação em terapia.

2. O terapeuta pode decidir aceitar a pressuposição e aplicar a condição de bem-estruturada em terapia à Estrutura Superficial original do paciente, pedindo para especificar o verbo, recuperar o material eliminado etc.

Apresentaremos um conjunto de Estruturas Superficiais que têm pressuposições e daremos algumas formas possíveis de desafiá-las. Lembre-se de que as perguntas que oferecemos são exemplos e não exaurem todas as possibilidades.

(174) *Se minha mulher vai ser tão desarrazoada quanto foi da última vez que tentei conversar com ela sobre isso, então, certamente, não vou tentar mais.*

O que, especificamente, lhe parece desarrazoado em relação a sua mulher? Como, especificamente. sua mulher lhe parece ser desarrazoada?

(175) *Se Judy tem que ser tão possessiva, então prefiro não me envolver com ela.*

Como, especificamente, Judy lhe parece ser possessiva?

BOA-ESTRUTURAÇÃO SEMÂNTICA

O propósito do reconhecimento de frases que sejam semanticamente mal-estruturadas é assistir o paciente na identificação de porções de seu modelo que estão, de alguma forma, distorcidas e que empobrecem as experiências que lhe são disponíveis. Tipicamente, essas distorções empobrecedoras se apresentam como limitação às opções do paciente, forma essa que reduz a capacidade de ação do paciente. Identificamos algumas classes de má-estruturação semântica, que ocorrem com frequência, as quais tipicamente encontramos em terapia. Apresentamos a seguir a caracterização linguística para cada classe. As escolhas que o terapeuta tem para lidar com as primeiras duas classes de Estruturas Superficiais semanticamente mal-estruturadas são essencialmente as mesmas. Portanto, apresentaremos essas escolhas em uma seção, após termos apresentado essas duas classes.

Causa e Efeito

Essa classe de Estruturas Superficiais semanticamente mal-estruturadas envolve a crença, por parte do falante, de que uma pessoa (ou conjunto de circunstâncias) pode desempenhar algum ato que necessariamente faça com que outra pessoa experimente alguma emoção ou estado interior. Tipicamente, a pessoa que experimenta essa emoção ou estado interior é retratada como não tendo escolha para responder da maneira por que o faz. Por exemplo, o paciente diz:

(176) *My wife makes me feel angry.* *

Observe-se que essa Estrutura Superficial apresenta uma imagem vaga em que um ser humano (identificado como *minha mulher*) desempenha algum ato (inespecificado) que necessariamente faz com que outra pessoa (identificada como *me*) experimente alguma emoção (*irritação*). Estruturas Superficiais mal-estruturadas, que sejam membros dessa classe, podem ser identificadas por uma de duas fórmulas gerais:

(A) X Verbo Y Verbo Adjetivo
       (causar) (sentir (alguma emoção
               experimentar) ou algum estado interior)

em que X e Y são substantivos que têm índices referenciais diferentes, isto é, referem-se a pessoas diferentes.

A Estrutura Superficial apresentada anteriormente enquadra-se nessa forma, a saber:

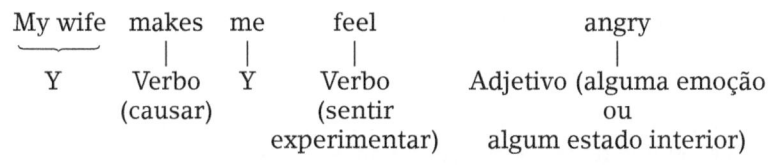

My wife makes me feel angry

Y Verbo Y Verbo Adjetivo (alguma emoção
   (causar)   (sentir ou
            experimentar) algum estado interior)

A outra forma geral que encontramos com frequência é a de Estruturas Superficiais subjacentes como:

(177) *Your laughing distracts me.* **

A forma geral é:

(B) X Verbo Verbo Y
               (causar)

em que X e Y são substantivos que têm índices referenciais, isto é, referem-se a pessoas diferentes.

Ao aplicar a forma geral ao exemplo, temos:

Your laughing distracts me

X Verbo Verbo Y
           (causar)

Apresentaremos agora um conjunto de Estruturas Superficiais, todas semanticamente mal-estruturadas. Isso virá auxiliá-lo no treinamento de suas intuições em reconhecer exemplos desse tipo de má-estruturação semântica.

(178) *She compels me to be jealous.*
(179) *You always make me feel happy.*
(180) *He forced me to feel bad.*
(181) *She causes me a lot of pain.*
(182) *Your writing on the wall bothers me.*
(183) *Their crying irritates me.**

Além das Estruturas Superficiais que são dessas duas formas gerais, há outras que têm uma forma diferente, porém as mesmas relações de sentido. Por exemplo, a Estrutura Superficial

(184) *She depresses me.*

tem a mesma relação de sentido que a Estrutura Superficial

(185) *She makes me feel depressed.***

De fato, este teste de paráfrase pode ser utilizado para auxiliar os terapeutas no treinamento de suas intuições para reconhecer Estruturas Superficiais desse tipo, mal-estruturadas semanticamente. Especificamente, se a Estrutura Superficial que o paciente apresenta puder ser traduzida a partir de

X   Verbo   Y,

em que X e Y são substantivos com índices referenciais diferentes, para a forma (a)

X Verbo Y (causar)	Verbo (sentir experimentar)	Adjetivo (emoção ou estado interior)

em que o adjetivo é uma forma relacionada ao verbo na Estrutura Superficial original do paciente e a nova Estrutura Superficial sig-

---

*   (178) Ela me compele a ser ciumento.
     (179) Você sempre me faz sentir feliz.
     (180) Ele forçou-me a sentir mal.
     (181) Ela me causa muito sofrimento.
     (182) O fato de você escrever na parede me incomoda.
     (183) O choro deles me irrita. (N.T.)
**   (184) Você me deprime.
     (185) Você me faz sentir deprimido. (N.T.)

nifica o mesmo que a Estrutura Superficial original do paciente, então a Estrutura Superficial é semanticamente mal-estruturada. Como mais um exemplo, o paciente diz

(186) *You bore me.**

Para aplicar o teste de paráfrase, desloque o verbo dessa Estrutura Superficial para o fim da nova Estrutura Superficial, coloque o verbo *cause* ou *make* (causar ou fazer) na posição original do primeiro e insira o verbo *feel* ou *experience* (sentir ou experimentar), produzindo

(187) *You make me feel bored.***

A questão agora é se essa nova Estrutura Superficial e a original do paciente significam a mesma coisa. Neste caso, sim, e a Estrutura Superficial original do paciente é identificada como semanticamente mal-estruturada. Para assisti-lo no treinamento de suas intuições na identificação dessa classe de Estruturas Superficiais mal-estruturadas semanticamente, apresentamos o conjunto seguinte de frases. Determine quais das Estruturas Superficiais são mal-estruturadas pela utilização do teste de paráfrase com a forma (A).

(188) *Music pleases me.* = Music makes me feel pleased.

(189) *My husband likes me.* ≠ My husband makes me feel liked.

(190) *Your ideas annoy me.* = Your ideas make me feel annoyed.

(191) *His plan insults me.* = His plan makes me feel insulted.

(192) *Policemen follow me.* ≠ Policemen make me feel followed.***

---

* (186) Você me aborrece. (N.T.)
** (187) Você me faz sentir aborrecido. (N.T.)
*** (188) A música me reconforta.
(189) Meu marido gosta de mim.
(190) Suas ideias me aborrecem.
(191) O plano dele me insulta.
(192) Os policiais me seguem. (N.T.)

Outra forma de Estruturas Superficiais desta classe que ocorre com frequência é

(193) *I'm sad that you forgot our anniversary.*

ou,

(194) *I'm sad since you forgot our anniversary.*

ou,

(195) *I'm sad because you forgot our anniversary.**

Novamente, essas três Estruturas Superficiais podem ser parafraseadas pela Estrutura Superficial:

(196) *Your forgetting our anniversary makes me feel sad.***

Observe-se que essa última Estrutura Superficial é da forma geral (B). Assim, um teste de paráfrase está novamente à disposição para auxiliá-lo no treinamento de suas intuições. Especificamente, se a Estrutura Superficial do paciente pode ser parafraseada por uma frase de forma geral (B), ela é semanticamente mal-estruturada.

Apresentamos mais um conjunto de Estruturas Superficiais.

Determine quais delas são semanticamente mal-estruturadas, pela utilização do teste de paráfrase de forma (B).

(197) *I'm down since you* = Your not helping me
won't help me. makes me feel down.

(198) *I'm lonely because* = Your not being here
you're not here. makes me feel lonely.

(199) *I'm happy that I'm* = My going to Mexico
going to Mexico. makes me feel happy.***

---

*   (193) Estou triste pelo fato de você ter esquecido nosso aniversário de casamento.

(194) Estou triste já que você esqueceu nosso aniversário de casamento.

(195) Estou triste porque você esqueceu nosso aniversário de casamento. (N.T.)

**   (196) O seu esquecimento do nosso aniversário de casamento faz-me sentir triste. (N.T.)

*** (197) Estou deprimido posto que você não me ajudará.

(198) Estou só porque você não está aqui.

(199) Estou feliz por estar indo para o México.

(Observação: o teste de paráfrase funciona, mas a Estrutura Superficial não é mal-estruturada, dado que ambos os substantivos X e Y na forma geral (B) têm o mesmo índice referencial.)

(200) *She's hurt that you're*   Your not paying
      not paying any   any attention to her
      *attention to her.**   makes her feel hurt.

Mas,

Além das formas de Estruturas Superficiais que apresentamos, que envolviam modos pelos quais o paciente experimenta não ter escolhas, achamos útil auxiliar outros terapeutas a ouvir a palavra-chave *mas*. Essa conjunção, que se traduz logicamente, em muitos de seus usos, como *e não*, funciona para identificar aquilo que o paciente considera as razões ou condições que tornam impossível algo que ele quer, ou tornam necessário algo que ele não quer. Por exemplo, o paciente diz:

(201) *Eu quero sair de casa, mas meu pai está doente.*

Quando ouvimos Estruturas Superficiais dessa forma, entendemos estar o paciente identificando um relacionamento de causaefeito em seu modelo do mundo. Assim, chamamos as Estruturas Superficiais dessa forma geral de Causativas Implícitas.

(202) *X mas Y*

No exemplo específico anterior, o paciente está relatando o que é uma conexão causal necessária em seu modelo, a saber, que o fato de o pai estar doente o impede de sair de casa. A porção da Estrutura Superficial representada por X identifica algo que o paciente quer (isto é, *sair de casa*) e a porção representada por Y identifica a condição ou razão (isto é, *meu pai está doente*) porque o paciente está bloqueado para obter X. Identificamos outra forma comum que têm as Causativas Implícitas, tipicamente, nas Estruturas Superficiais. O paciente diz:

(203) *Não quero sair de casa, mas meu pai está doente.*

---

* (200) Ela está sentida porque você não lhe está dando nenhuma atenção. (N.T.)

Nessa forma de Causativa Implícita, o X representa algo que o paciente *não quer* (isto é, *sair de casa*), e Y representa a condição ou razão que o está forçando a experimentar algo que ele não quer (isto é, *meu pai está doente*). Em outras palavras, o fato de o pai estar doente o está forçando a sair de casa. Essas são as duas Causativas Implícitas que encontramos com maior frequência. Ambas as formas partilham a característica de que o paciente não experimenta escolha. No primeiro caso, ele quer algo (o X na forma geral *X mas Y*) e alguma condição o está impedindo de obtê-lo (o Y). No segundo caso, o paciente não quer algo (o X), mas alguma outra coisa (o Y) o está forçando a experimentá-lo. O conjunto seguinte de Estruturas Superficiais é composto de exemplos de Causativas Implícitas, para auxiliá-lo no reconhecimento do relacionamento semântico.

(204) *Eu modificaria, mas muitas pessoas dependem de mim.*

(205) *Não quero me zangar, mas ele está sempre me culpando.*

(206) *Eu gostaria de chegar até o fundo disto, mas estou tomando demasiado tempo do grupo.*

(207) *Não gosto de ser duro, mas meu trabalho o exige.*

Os terapeutas têm ao menos as três escolhas que se seguem para enfrentar as Causativas Implícitas.

(a) Aceitar a relação causa-efeito e indagar se é sempre assim. Por exemplo, o paciente diz:

(205) *Não quero me zangar, mas ela está sempre me culpando.*

O terapeuta pode responder:

(208) *Você sempre fica zangado quando ela o culpa?*

O paciente reconhecerá, frequentemente, as vezes em que ela o culpou e ele não ficou zangado. Isso abre a possibilidade de determinar qual é a diferença entre essas vezes e quando o fato de ela o culpar "faz automaticamente" o paciente se zangar.

(b) Aceitar a relação causa-efeito e pedir ao paciente para especificar de forma mais completa essa relação de Causativa Implícita. À Estrutura Superficial do paciente anterior, o terapeuta pode responder:

> (209) *Como, especificamente, o fato de ela o culpar o faz ficar zangado?*

O terapeuta continua a pedir por detalhes específicos, até que tenha uma imagem clara do processo de Causalidade Implícita como foi representado no modelo do paciente.

(c) Desafiar a relação causa-efeito. Uma forma direta de se fazer isso que pensamos ser proveitosa é realimentar uma Estrutura Superficial que inverta a relação. Por exemplo, o paciente diz:

> (205) *Não quero me zangar, mas ela está sempre me culpando.*

O terapeuta pode responder:[31]

> (210) *Então, se ela não o culpasse, você não ficaria zangado, não é verdade?*

ou o paciente diz:

> (201) *Eu quero sair de casa, mas meu pai está doente,*

O terapeuta pode responder:

> (211) *Então, se seu pai não estivesse doente, você sairia de casa, certo?*

---

[31] Leitores familiarizados com sistemas lógicos notarão uma semelhança entre partes da técnica de inversão para Causativas Implícitas e a regra formal de derivação chamada Contraposição. A transformação da Estrutura Superficial original em desafio pelo terapeuta pode ser representada pela sequência seguinte:

Linha 1: *X mas Y*
Linha 2: *X e não X porque Y*
Linha 3: *não X porque Y*
Linha 4: *não Y e não não X*

Especificamente, se o conectivo de língua natural *porque* tivesse de ser interpretado como o conectivo lógico *implica*, então a transformação entre as linhas 3 e 4 é a Contraposição da transformação formal.

Essa técnica importa em pedir ao paciente que inverta a condição, em seu modelo, que o está impedindo de conseguir aquilo que quer, ou pedir que inverta ou remova as condições, em seu modelo, que o estão forçando a fazer algo que não quer e, então, perguntar se essa inversão lhe dá o que ele quer. Examinemos esse processo cuidadosamente. Se alguém me diz:

Quero relaxar, mas minhas costas estão me matando.

entendo estar ele dizendo:

$$Quero \; relaxar, \; mas \left\{ \begin{array}{l} não \; posso \; relaxar \\ não \; estou \; relaxado \end{array} \right\} porque \; minhas$$

costas estão me matando.

Assim, Estruturas Superficiais da forma:

X mas Y

envolvem uma eliminação. A forma completa é:

X e não X porque Y

A utilizarmos o exemplo anterior, temos a Estrutura Superficial inicial:

Eu quero sair de casa, mas meu pai está doente.

a qual, utilizando-se a equivalência que sugerimos, tem uma representação completa:

$$Eu \; quero \; sair \; de \; casa \; e \left\{ \begin{array}{l} não \; posso \; sair \\ não \; saio \end{array} \right\} de \; casa \; porque$$

meu pai está doente.

Uma vez que a versão mais completa da Estrutura Superficial original esteja à disposição, o terapeuta pode aplicar a técnica de inversão para Causativas Implícitas. A partir de uma Estrutura Superficial da forma

X e não X porque Y

ele forma uma nova Estrutura Superficial invertida com apenas a segunda parte da versão mais completa:

não X porque Y

Essa nova Estrutura Superficial consiste em uma construção *Se...* *então...* com essa última porção da representação completa invertida, em que foram acrescentadas negativas tanto para a porção X como para a Y. Passo a passo:

(1) Coloque a última porção da representação completa em uma construção *Se... então...* em ordem inversa —

Se (meu pai está doente), então $\begin{Bmatrix} não\ saio \\ não\ posso\ sair \end{Bmatrix}$ *de casa).*

{ } *significa uma expressão* ou *a outra* nenhuma *das duas.*

(2) Introduza negativas nas duas partes, *Se* e *então* —

Se (meu pai não estivesse $\begin{Bmatrix} não\ posso\ não\ sair \\ não\ não\ saio \end{Bmatrix}$ *de casa).*
(doente), então

ou, transpondo as negativas duplas para inglês gramatical:

Se (meu pai não estivesse $\begin{Bmatrix} eu\ poderia\ sair \\ eu\ sairia \end{Bmatrix}$ *de casa).*
(doente), então

(3) Apresente a generalização invertida ao paciente para constatação ou negação.

Se seu pai não estivesse doente, você sairia de casa?

Essa técnica de inversão tem sido, em nossa experiência, muito eficaz no desafio da generalização envolvida de Causa-Efeito. O paciente, com frequência, tem êxito em assumir a responsabilidade por sua decisão de continuar a fazer, ou não, aquilo que ele originalmente alegava estar sob o controle de alguém ou de alguma coisa. A título de revisão, a técnica de inversão, para as Causativas Implícitas da forma *X mas Y*, envolve os passos seguintes:

(1) Amplie a Estrutura Superficial original do paciente até sua versão mais completa (com a eliminação restaurada), utilizando a equivalência:

$$(X \quad mas \quad Y) \longrightarrow (X \quad e \quad não \quad X \quad porque \quad Y)$$

$$\left(\begin{array}{c}quero\ sair\\ de\ casa\end{array}\right) mas \left(\begin{array}{c}meu\ pai\\ está\ doente\end{array}\right) \to \left(\begin{array}{c}quero\ sair\\ de\ casa\end{array}\right) e \left(\left\{\begin{array}{c}não\ posso\\ não\ devo\end{array}\right\}\begin{array}{c}sair\ de\\ casa\end{array}\right) porque \left(\begin{array}{c}meu\ pai\\ está\ doente\end{array}\right)$$

(2) Coloque a segunda porção da Estrutura Superficial restaurada – a porção após o *e* – em uma construção *Se... então...* na ordem invertida: (Ver nota da p. 125)

(3) Introduza negativas na nova Estrutura Superficial, nas porções *Se* e *então*: (Ver nota da p. 125)

(2)
$$(não \quad X \quad porque \quad Y) \longrightarrow (Se \quad Y, \quad então\ não \quad X)$$

$$\left(\left\{\begin{array}{c}não\ posso\\ não\ devo\end{array}\right\}\begin{array}{c}sair\ de\\ casa\end{array}\right) porque \left(\begin{array}{c}meu\ pai\\ está\ doente\end{array}\right) \to Se \left(\begin{array}{c}meu\ pai\\ está\ doente\end{array}\right) então \left(\left\{\begin{array}{c}não\ posso\\ não\ devo\end{array}\right\}\begin{array}{c}sair\ de\\ casa\end{array}\right)$$

(3)
$$(Se \quad Y \quad então \quad não \quad X) \longrightarrow (Se \quad não \quad Y \quad então \quad não \quad X)$$

$$\left(\begin{array}{c}Se\ meu\ pai\\ está\ doente\end{array}\right) então \left(\left\{\begin{array}{c}não\ posso\\ não\ devo\end{array}\right\}\begin{array}{c}sair\ de\\ casa\end{array}\right) \to \left(\begin{array}{c}Se\ meu\ pai\ não\\ estivesse\ doente\end{array}\right) então \left(\left\{\begin{array}{c}não\ posso\\ não\ devo\end{array}\right\}\begin{array}{c}sair\ de\\ casa\end{array}\right)$$

(4) Apresente a forma final da nova Estrutura Superficial como um desafio à generalização original do paciente.[32]

Bem, então, se seu pai não estivesse doente, você sairia de casa?

(d) Uma técnica adicional que consideramos proveitosa é fortalecer as generalizações do paciente a respeito da Causativa Implícita pela inserção do operador modal de necessidade na Estrutura Superficial do mesmo quando a realimentamos, pedindo-lhe para constatá-la ou desafiá-la. Por exemplo, o paciente diz:

(201) *Eu quero sair de casa, mas meu pai está doente.*

O terapeuta pode responder:

(212) *Você está dizendo que o fato de seu pai estar doente necessariamente o impede de sair de casa?*

O paciente obstará, com frequência, essa Estrutura Superficial, já que ela alega ostensivamente que os dois eventos, X e Y, estão necessariamente ligados. Se o paciente protesta aqui, o caminho está aberto para ele e o terapeuta explorarem como isso não é necessariamente assim. Se o paciente aceita a versão fortalecida (com *necessariamente*), o caminho está aberto para explorar como essa conexão causal necessária funciona na realidade, indagando por mais detalhes específicos sobre essa conexão. Esta técnica funciona particularmente bem em conjunção com as opções (a) e (b) descritas anteriormente.

Leitura de Mente

Esta classe de Estruturas Superficiais semanticamente mal-estruturadas envolve a crença, por parte do falante, de que uma pessoa pode saber o que outra está pensando e sentindo sem uma comunicação direta por parte da segunda pessoa. Por exemplo, o paciente diz:

(213) *Todo mundo no grupo acha que estou tomando muito tempo do grupo.*

Observe-se que o falante está alegando conhecer o conteúdo da mente de todas as pessoas no grupo. No conjunto seguinte de Estruturas Superficiais, identifique aquelas que contêm a alegação de que uma pessoa conhece os pensamentos ou sentimentos de uma outra.

(214) *Henry está zangado comigo.*   sim
(215) *Marta tocou-me o ombro.*   não

(216)	*Estou certo de que ela gostou de seu presente.*	sim
(217)	*John me contou que estava irritado.*	não
(218)	*Eu sei o que o faz feliz.*	sim
(219)	*Eu sei o que é melhor para você.*	sim
(220)	*Você sabe o que estou tentando dizer.*	sim
(221)	*Você pode ver como me sinto.*	sim

Outro exemplo menos óbvio dessa mesma classe é o de Estruturas Superficiais que pressupõem que alguma pessoa seja capaz de ler a mente de outra. Por exemplo,

(222) *Se ela me amasse, faria sempre aquilo que eu gostaria que ela fizesse.*

(223) *Estou decepcionado que você não tenha levado meus sentimentos em consideração.*

Esses dois casos de má estruturação semântica — Causa e Efeito e Leitura de Mente — podem ser tratados essencialmente da mesma forma pelo terapeuta. Ambos envolvem Estruturas Superficiais que apresentam uma imagem de algum processo que é demasiadamente vago para permitir ao terapeuta formar um retrato claro do que é o modelo do paciente. No primeiro caso, descreve-se um processo que alega que alguém está executando alguma ação que faz com que uma outra pessoa experimente alguma emoção. No segundo caso, descreve-se um processo que alega que uma pessoa chega a saber o que uma outra está pensando e sentindo. Em nenhum dos casos é dado, especificamente, como esses processos são realizados. Assim, o terapeuta responde por meio da pergunta de como, especificamente, esses processos ocorrem. Segundo nossa experiência, Estruturas Superficiais que incluem Causa e Efeito e Leitura de Mente identificam porções do modelo do paciente em que ocorreram distorções empobrecedoras. Em Estruturas Superficiais de Causa e Efeito, os pacientes sentem que, literalmente, não têm escolha, que suas emoções são determinadas por forças exteriores a si mesmos. Em Estruturas Superficiais de Leitura de Mente, os pacientes têm pouca escolha na medida em que já decidiram o que outras pessoas envolvidas pensam e sentem. Portanto, eles respondem ao nível de suas suposições a respeito do que essas outras pessoas pensam e sentem, quando, na realidade, suas suposições a respeito dos pensamentos de outros podem não ser válidas. Inversamente, na Causa e

Efeito, o paciente pode chegar a sentir-se culpado ou, pelo menos, responsável por "causar" alguma resposta emocional em outrem. Em Leitura de Mente, os pacientes podem, sistematicamente, deixar de expressar seus pensamentos e sentimentos ao fazerem a suposição de que outros sejam capazes de saber o que eles estão pensando e sentindo. Não estamos sugerindo que seja impossível para um ser humano chegar a saber o que um outro esteja pensando e sentindo, mas o que queremos saber é por meio de que processo isso ocorre. Já que é altamente improvável que um ser humano possa ler diretamente a mente de outro, queremos detalhes de como se transferiu essa informação. Consideramos isso muito importante, já que, segundo nossa experiência, a pretensa capacidade do paciente para ler a mente de outrem e suas suposições de que uma outra pessoa possa ler sua mente é origem da enorme quantidade de dificuldades interpessoais, má comunicação e seus sofrimentos que a acompanham. Ainda menos provável, com base em nossa experiência, é a capacidade de uma pessoa para causar direta e necessariamente uma emoção em outro ser humano. Portanto, rotulamos todas as Estruturas Superficiais dessas formas como semanticamente mal-estruturadas, até que o processo pelo qual elas alegam ser verdadeiras se torne explícito e as Estruturas Superficiais que representam esse processo sejam elas mesmas bem-estruturadas em terapia. O terapeuta indaga por uma explicitação do processo implicado pelas Estruturas Superficiais dessas duas classes, essencialmente, por meio da pergunta *como?* Da mesma forma que antes, na seção sobre verbos não completamente especificados, o terapeuta somente se satisfaz quando tem uma imagem claramente definida do processo em descrição. Esse processo poderia ser levado a efeito da seguinte maneira:

P: *Henry me faz ficar irritada.*
T: *Como, especificamente, Henry a faz ficar irritada?*
P: *Ele nunca leva em consideração os meus sentimentos.*

O terapeuta tem no mínimo as escolhas seguintes:

(a)   *Que sentimentos, especificamente?*
(b)   *Como você sabe que ele nunca leva seus sentimentos em consideração?*

O terapeuta escolhe fazer a pergunta (b) e o paciente responde:

P: Porque ele fica na rua até tarde todas as noites.

O terapeuta tem agora, no mínimo, as seguintes escolhas:

(a) *O fato de Henry ficar na rua até tarde todas as noites a faz ficar zangada?*

(b) *O fato de Henry ficar na rua até tarde todas as noites significa que ele jamais leva em consideração seus sentimento?*

As Estruturas Superficiais da paciente estão sujeitas às condições, estabelecidas pelo terapeuta, de boa-estruturação em terapia.

A Execução Perdida

Cada um de nós já observou que no encontro terapêutico os pacientes, caracteristicamente, fazem afirmações na forma de uma generalização a respeito do mundo em si, que incluem julgamentos que reconhecemos como verdadeiros segundo seu modelo do mundo. Por exemplo, o paciente diz

(224) *É errado ferir os sentimentos de alguém.*

Compreendemos ser essa frase uma afirmação a respeito do modelo do mundo do paciente, especificamente, uma regra para ele próprio. Observe-se que a forma da Estrutura Superficial que o paciente utiliza sugere uma generalização que é verdadeira a respeito do mundo; a Estrutura Superficial não é relacionada ao paciente. Nela não há indicação de que o paciente esteja consciente de que a afirmação feita é verdadeira para seu modelo particular; não há indicação de que o paciente reconheça que pode haver outras possibilidades. Transformamos, então, essa frase na Estrutura Superficial

(225) *Digo-lhe que, do meu ponto de vista, é errado ferir os sentimentos de alguém.*

Dentro do modelo transformacional, os linguistas apresentaram uma análise que mostra que toda Estrutura Superficial deriva-se de uma Estrutura Profunda que tem uma frase da forma (vide Ross, 1970)

(226) *Digo-lhe que O*

em que *O* é a Estrutura Superficial. Essa oração superordenadora é chamada performativa (ou de execução) e é, na maioria dos casos, eliminada por uma transformação chamada Eliminação de Execução em sua derivação até as Estruturas Superficiais. Observe-se que, segundo essa análise, a Estrutura Profunda identifica explicitamente o falante como a origem da generalização; em outras palavras, a frase que aparece em Estruturas Superficiais como uma generalização a respeito do mundo é representada na Estrutura Profunda como uma generalização proveniente do modelo de mundo do falante. O que importa aqui não é que o paciente apresente cada Estrutura Superficial precedida pela performativa, mas antes treinar a nós mesmos, como terapeutas, para reconhecer que as generalizações que o paciente apresenta a respeito do mundo são generalizações a respeito de seu modelo do mundo. Uma vez reconhecidas, o terapeuta pode desafiá-las de modo tal que o paciente chegue a ver essas generalizações como verdade segundo o que acreditava em um momento específico no tempo. Já que essas são generalizações a respeito do que acreditava, e não generalizações a respeito do mundo em si, o terapeuta pode trabalhar no sentido de auxiliar o paciente no desenvolvimento de outras opções possíveis dentro do modelo desse último. Isso é de particular importância nos casos em que a generalização reduz as escolhas experimentadas pelo paciente. Isso está associado, de maneira típica, a áreas do modelo do paciente em que ele experimenta sofrimento e tem opções limitadas que não considera satisfatórias. Há inúmeras palavras-chave que se revelam úteis na identificação de Estruturas Superficiais dessa classe. Elas incluem:

bom, mau, louco, doente, certo, errado, somente (como em: *Há somente uma forma...*) *verdadeiro, falso, ...*

Essas são apenas algumas das palavras-chave que você pode considerar úteis na identificação de Estruturas Superficiais dessa classe. A característica de identificação dessa classe é que as Estruturas Superficiais têm a forma de fazer generalizações a respeito do mundo; elas não são relacionadas ao falante. Linguisticamente, todo traço da performativa foi eliminado.

BEM-ESTRUTURADO EM TERAPIA

Apresentamos um conjunto ampliado de exemplos explícitos que os terapeutas podem utilizar para treinar suas intuições na identificação do fenômeno que chamamos "bem-estruturado em terapia". Isso constitui o metamodelo explícito para terapia. Na medida em que reconhecemos que nosso metamodelo cobre apenas uma parte da comunicação oral que é possível em terapia, apresentamos no próximo capítulo exemplos de terapia em que restringimos o terapeuta totalmente a nosso metamodelo. Isso é artificial no que o metamodelo é um instrumento projetado para ser utilizado em conjunção com as diferentes abordagens possíveis à terapia. Queremos que você imagine a eficácia potencialmente aumentada da terapia conduzida com o nosso metamodelo incorporado à sua abordagem específica da mesma. Queremos lembrar-lhe que, enquanto nosso metamodelo é projetado especificamente para comunicação verbal, ele é um caso especial da modelagem geral que nós, como humanos, fazemos. Iremos generalizar nosso metamodelo a outras formas de sistemas representativos humanos no capítulo seis.

EXERCÍCIO C

Cada uma das seções específicas apresentou passos detalhados para você seguir, a fim de aprimorar suas intuições com relação ao que seja bem-estruturado em termos de terapia. Tudo o que se exige é que você leia cuidadosamente e aplique os procedimentos passo a passo delineados, e que tenha acesso a algum conjunto de Estruturas Superficiais. Os procedimentos passo a passo são apresentados aqui; o conjunto de Estruturas Superficiais ao qual se podem aplicar essas técnicas está à disposição onde quer que pessoas estejam falando. Uma maneira específica de obter Estruturas Superficiais para utilizar na aplicação dessas técnicas é usar sua própria voz interna (diálogo interior) como fonte. Sugerimos que, inicialmente, você utilize um gravador e grave sua voz interna exteriorizando-a de forma audível. Utilize então a fita como fonte para aplicação das condições de boa-estruturação em terapia. Após se obter alguma prática, pode-se simplesmente tornar-se consciente do diálogo interior e aplicar as condições diretamente a essas frases dispensando o gravador. Essa técnica lhe fornecerá uma fonte ilimitada de frases que você pode utilizar para treinar-se a si mesmo.

Não podemos superenfatizar a necessidade de praticar e familiarizar a si mesmo com todo o material do capítulo quatro. O procedimento passo a passo torna esse material passível de ser aprendido; se você especificamente vai aprender, ou não, esse material dependerá de sua vontade de praticar. Enquanto o procedimento passo a passo pode, de início, parecer algo artificial, após alguma prática tornar-se-á desnecessário o proceder dessa maneira. Isto é, após treinar-se no uso desses métodos explícitos, você será capaz de operar de um modo governado por regras, ao aplicar as condições de boa-estruturação em terapia, sem nenhuma necessidade de estar consciente dos procedimentos passo a passo.

Capítulo 5

MERGULHANDO NO VÓRTEX

Neste capítulo apresentaremos uma série de (exemplos) transcritos com um comentário paralelo. Nossa ideia aqui é fornecer-lhe a oportunidade de ver o metamodelo em operação. A fim de apresentar a mais clara imagem de como este opera, restringimos o terapeuta, nestas sessões, apenas à utilização das técnicas do metamodelo. Essa restrição foi imposta ao terapeuta para fornecer material para este livro que fosse uma clara representação do metamodelo e não deve ser tomada como uma afirmação nossa de que a comunicação digital é tudo que o terapeuta precisa saber. Tampouco é uma representação do trabalho que fazemos, ou que recomendaríamos que o terapeuta fizesse. É esta, antes, uma oportunidade para se ver o metamodelo em ação e como cada resposta da parte dos pacientes, sob a forma de uma Estrutura Superficial, oferece uma oportunidade para o terapeuta proceder de diversas maneiras. Isso significa, como veremos, que a qualquer ponto na terapia você terá à disposição inúmeras técnicas relevantes. Gostaríamos que você imaginasse as técnicas do metamodelo utilizadas nas transcrições seguintes integradas à forma de terapia que você já utiliza e imaginasse como o metamodelo, em conjunção, poderia fornecer-lhe, como terapeuta, um conjunto rico de escolhas.

No comentário paralelo que fornecemos para a transcrição, não é nosso propósito apresentar a maneira como consideramos o terapeuta quando este vê, ouve, sente e pensa sobre o que está acontecendo no encontro terapêutico. Fornecemos o comentário para primeiro mostrar como o que o terapeuta está fazendo pode ser explicitamente descrito em termos do metamodelo. Não estamos alegando que os processos intermediários, que são estabelecidos em nosso comentário como ocorrendo no modelo, ocorram nos seres humanos a cujo comportamento se aplica o modelo.[33] Por exemplo, quando nosso comentário assinala que o terapeuta pode identificar uma eliminação na Estrutura Superficial do paciente, não estamos sugerindo que isso seja, de fato, o que o terapeuta esteja fazendo. Essa identificação da eliminação pode ser feita determinando-se, em primeiro lugar, se o paciente é capaz de criar uma outra Estrutura Superficial bem-estruturada, do ponto de vista da língua inglesa, em que a palavra-processo ou verbo proveniente da Estrutura Superficial original do paciente apareça com mais argumentos do que aqueles associados a ela na Estrutura Superficial original e, em seguida, indagando-se pela porção ausente da representação da Estrutura Profunda. E mais, não estamos recomendando que se sigam esses passos. Segundo, além de oferecer o comentário como um meio de mostrar-lhe como o comportamento verbal, em terapia, pode ser compreendido em termos do metamodelo. O comentário paralelo permitir-lhe-á treinar e aprimorar ainda mais suas intuições, de forma que o que está descrito no comentário em um processo passo a passo se tornará imediato para você. Nossa experiência no treinamento de terapeutas no metamodelo é a de que, tipicamente, experimentam uma fase em que se tornam conscientes de que estão seguindo um processo passo a passo. À proporção que aperfeiçoam essa técnica, ela se torna automática e desaparece da consciência. O comportamento dos terapeutas, no entanto, é ainda sistemático.

TRANSCRIÇÃO 1

Ralph tem 34 anos de idade e trabalha como gerente de uma divisão de uma grande firma eletrônica.

---

[33] Esta é a mesma consideração que fizemos antes. Os modelos, incluindo os metamodelos que aqui apresentamos, não são alegações sobre os eventos que realmente ocorrem no íntimo do indivíduo, das pessoas e dos processos a que se aplica o modelo, mas são antes de tudo representações explícitas do comportamento daquilo que permite ver-se a natureza governada por regras do indivíduo, das pessoas e dos processos em modelagem. Tais modelos representam as porções sistemáticas do processo. Por exemplo, no metamodelo, não há representação para a distância entre o paciente e a Torre de Londres a momentos diferentes durante a sessão — duvidamos que o comportamento do paciente seja sistemático desse modo. Alguns modelos podem ter como parte de seu propósito a representação dos eventos internos inferidos no indivíduo, pessoas e processos em modelagem — denominam-se modelos simulados.

Perguntou-se ao paciente o que esperava obter da entrevista. Sua resposta:

(1) Ralph: *Bem... não estou realmente certo...*

O paciente está experimentando dificuldade em dizer exatamente o que deseja. Lembre-se de que uma das primeiras tarefas do terapeuta é compreender o modelo do paciente (em especial aquelas porções que estão empobrecidas). O terapeuta aqui observa uma eliminação na primeira Estrutura Superficial que o paciente apresenta. Especificamente, identifica a palavra-processo ou relação *certo,* e que o paciente forneceu apenas um argumento ou substantivo (1) para o predicado *certo.* O terapeuta pode determinar se essa Estrutura Superficial é uma representação completa da Estrutura Profunda do paciente, ao indagar a si mesmo se pode criar uma outra Estrutura Superficial bem-estruturada do inglês com o predicado *certo* e que tenha mais de um argumento ou substantivo. Por exemplo, a Estrutura Superficial

( ) *Estou certo da resposta.*

Nessa Estrutura Superficial, há dois argumentos ou substantivos associados a *certo:* alguém que está certo de alguma coisa (neste caso, *eu*) e alguma coisa de que a pessoa está certa (neste caso, *a resposta*). Assim, o terapeuta, como falante nativo de inglês, sabe por suas intuições que a Estrutura Profunda do paciente continha uma porção que não apareceu em sua Estrutura Superficial — foi eliminada. O terapeuta escolhe tentar recuperar o material eliminado indagando por ele.

(2) Terapeuta: *Você não está certo de quê?*

(3) R: *Não estou certo de que isso vá ajudar.*

O terapeuta indaga pela porção ausente da Estrutura Profunda.

O paciente produziu uma nova Estrutura Superficial que contém a informação que fora eliminada de sua primeira Estrutura Superficial. O terapeuta ouve o paciente e examina sua nova frase, observando (a) um argumento ou substantivo (*isso*) associado ao verbo *vá ajudar* que não tem índice referencial; (b) que a representação da Estrutura Superficial está incompleta — este predicado *ajudar* ocorre em Estruturas Superficiais bem-estruturadas do inglês com mais de um argumento ou substantivo (p. ex.,

( ) *Você está sendo de ajuda para mim.*).

Dado que *ajudar* pode ocorrer com mais de um argumento nominal, como acontece na Estrutura Superficial do paciente, o terapeuta sabe que uma porção da Estrutura Profunda foi eliminada; (c) que o verbo *ajudar* não está completamente especificado; a Estrutura Superficial não apresenta ao terapeuta nenhuma imagem clara do tipo de ajuda que o paciente quer.

Ao reconhecer as formas específicas pelas quais a Estrutura Superficial do paciente deixa de ser bem-estruturada em terapia, o terapeuta pôs a sua própria disposição diversas opções, tais como: (1) pode indagar pelo índice referencial — *Especificamente sobre o que não está você certo quanto a esta ajuda?*, (2) pode indagar pelo material eliminado — *ajudar a quem/o quê?*, (3) pode perguntar ao paciente que tipo específico de ajuda ele esperava — *Ajudar de que forma?*

(4) T: *Você não está certo do que, especificamente, vá ajudar a quem?*

O terapeuta escolheu (1) e (2).

(5) R: *Bem, não estou bem certo de que esta experiência vá ajudar. Veja, quando primeiro fui ao Dr. G., ele me perguntou se eu estaria disposto a participar desta experiência, ... e bem, sinto que há algo em que realmente preciso de ajuda, mas isto é apenas uma experiência, ...*

O paciente está expressando preocupação de que as condições experimentais — restringir o terapeuta às técnicas do metamodelo — não lhe permitirão obter a ajuda que ele quer. O terapeuta está tentando compreender o modelo do paciente e observa o seguinte: (a) a primeira Estrutura Superficial do paciente contém a nominalização *experiência* derivada do verbo *experimentar*; tem dois argumentos nominais associados a ela que foram eliminados — a pessoa que faz a experiência e a pessoa ou coisa que sofre a experiência; (b) na primeira Estrutura Superficial, um dos argumentos do verbo *ajudar* foi eliminado (especificamente, *ajudar a quem*); (c) também, na primeira Estrutura Superficial, o verbo *ajudar* não está completamente especificado — não apresenta imagem clara: (d) na última parte da segunda Estrutura Superficial, ocorre o substantivo *algo* — esse substantivo não tem índice referencial; (e) o substantivo *ajuda* da Estrutura Superficial, uma nominalização do verbo *ajudar*, não está completamente especificado e tem duas eliminações: não apresenta imagem clara da pessoa ou coisa que ajuda e a pessoa ou coisa que é ajudada: (f) novamente, a nominalização *experiência* ocorre com ambas as eliminações citadas anteriormente em (a); (g) a última Estrutura Superficial do paciente, neste trecho, é da forma geral *X mas Y* — a Causativa Implícita. Especificamente, a implicação é que o paciente quer algo (*X = há algo em que realmente quero ajuda*) e há alguma coisa que o está impossibilitando de obtê-la (*Y = isto é apenas uma experiência*).

(6)	T: *De que maneira isto, sendo apenas uma experiência, o impossibilita de obter a ajuda de que necessita?*	O terapeuta decide desafiar a Causativa Implícita (g).
(7)	R: *Experiências servem para pesquisas, mas há algo em que realmente necessito de ajuda.*	O paciente responde com uma reafirmação da Causativa Implícita, *X mas Y*. Observe-se que ela ainda contém (a) a antiga nominalização *experiência* com duas eliminações; (b) a nova nominalização *pesquisa* com duas eliminações — a pessoa que faz a pesquisa e a pessoa ou coisa sendo pesquisada; (c) o substantivo *algo* que está sem um índice referencial; e (d) a antiga nominalização *ajuda* com suas duas eliminações.
(8)	T: *Em que, especificamente, você realmente necessita de ajuda?*	O terapeuta deixa a Causativa Implícita sem desafio e escolhe buscar o índice referencial (c).
(9)	R: *Não sei como causar uma boa impressão às pessoas.*	O paciente apresenta uma Estrutura Superficial que ele vê como fornecedora do índice referencial para substantivo *algo* em sua última Estrutura Superficial. Essa nova Estrutura Superficial viola as condições de boa-estruturação em terapia de (a) a nominalização *impressão* com uma eliminação — a pessoa ou coisa

causando a impressão; (b) o adjetivo *boa*, na locução *boa impressão*, deriva-se de um predicado de Estrutura Profunda *X é bom para Y*, o X nesta forma é a impressão, o Y foi eliminado — isto é, para quem a impressão é boa; (c) o substantivo *pessoa* não tem índice referencial; (d) a Estrutura Superficial do paciente é semanticamente mal-estruturada, na medida em que ele parece estar fazendo leitura de mente. Ele afirma que não sabe como causar uma boa impressão às pessoas, mas deixa de estabelecer como sabe que isso é verdade. O modo pelo qual ele sabe que não causa uma boa impressão não é explicado.

(10) T: *Deixe-me ver se o entendo – você está dizendo que isto, sendo apenas uma experiência, irá necessariamente impedi-lo de descobrir como causar uma boa impressão às pessoas. Isto é verdade?*

O terapeuta escolhe ignorar a má estruturação da nova Estrutura Superficial do paciente. Escolhe religar a resposta à pergunta sobre o índice referencial à Causativa Implícita que o paciente apresentara antes. Essa religação é feita pela substituição da resposta que recebeu a primeira pergunta feita. Está checando o paciente para certificar-se de que compreende o modelo do mesmo e também, ao fortalecer-lhe a generalização pela inserção de um operador modal de necessidade, pede-lhe para constatar ou desafiar a generalização.

(11) R: *Bem, ... não estou realmente certo...*

O desafio do terapeuta à generalização do paciente é bem-sucedido — o paciente começa a vacilar.

(12) R: *(interrompendo) Bem, você está querendo descobrir?*

O terapeuta reconhece que seu desafio foi bem-sucedido (e ouve a Estrutura Superficial do paciente — Bem, não estou realmente certo...) e age rapidamente, pedindo-lhe para religar sua generalização a sua experiência real, ao tentar obter a ajuda de que ele necessita sob essas condições.

(13) R: *Sim,* O.K.

O paciente concorda em tentar.

(14) T: *A quem, especificamente, você não sabe causar uma boa impressão?*

O terapeuta agora retorna à má estruturação da Estrutura Superficial anterior do paciente (9) e escolhe buscar o índice referencial ausente em *pessoas,* na locução *uma boa impressão às pessoas.*

(15) R: *Bem, ninguém.*

O paciente deixa de suprir o índice referencial requisitado pelo terapeuta. A palavra *ninguém* é da classe especial de substantivos e locuções que falham em fornecer referências, na medida em que contêm o quantificador universal (logicamente: ninguém = não todas as pessoas). O paciente está agora alegando que em seu modelo não há ninguém a quem possa causar uma boa impressão. Assim, o terapeuta pode escolher (a) desafiar a generalização ou (b) indagar, novamente, pelo índice referencial.

(16) T: *Ninguém? Você pode pensar em alguém a quem você já tenha causado uma boa impressão.*

O terapeuta menciona novamente a palavra com a falta de índice referencial e, então, pede-lhe para desafiar a generalização, ao indagar por uma exceção.

(17) R: *Ah, mmmmm, ... sim, bem, algumas pessoas, mas...*

Novamente o desafio funciona – o paciente reconhece algumas exceções. Sua resposta parcial, mais uma vez, (a) contém uma locução nominal que deixa de comportar um índice referencial e (b) inclui o início de uma locução *mas* desqualificante.

(18) T: *Então, a quem, especificamente, você não sabe como causar uma boa impressão?*

O terapeuta novamente foi bem-sucedido ao pedir ao paciente para desafiar sua própria generalização; porém, ainda não recebeu um índice referencial para a locução nominal — mais uma vez o pede.

(19) R: *... Acho que o que estou tentando dizer é que as mulheres não gostam de mim.*

O paciente responde por meio de alterar sua afirmação, de *Não sei como causar uma boa impressão às pessoas* para *as mulheres não gostam de mim.* Essas duas Estruturas Superficiais partilham duas violações de boa-estruturação: (a) cada uma delas contém um substantivo sem índice referencial (*pessoas* e *mulheres*) e (b) ambas alegam que o paciente é capaz de conhecer o estado emocional de outro ser humano, sem apresentar a descrição de como ele teve conhecimento dessas coisas. A Estrutura Superficial do paciente contém, também, uma eliminação associada ao verbo *dizer* — a pessoa a quem ele está dizendo o que está dizendo.

(20) T: *Que mulher, especificamente?*

O terapeuta mais uma vez escolhe requisitar o índice referencial.

(21) R: *A maioria das mulheres que encontro?*

O paciente responde com uma locução nominal que também deixa de apresentar índice referencial — observe-se o termo *maioria,* que identificamos como um termo do conjunto especial de palavras e locuções que contêm quantificadores, aos quais, portanto, falham em referência. A locução não fornece imagem clara.

(22) T: *Que mulher, especificamente?*

O terapeuta, novamente, requisita o índice referencial.

(23) R: *Bem, na realidade a maioria das mulheres ... mas,*

O paciente de início deixou de fornecer o índice referencial requisitado (isto é, *na realidade a maioria*

como você disse
isso, imediatamente
comecei a pensar em
uma determinada
mulher — Janet.

das mulheres) e, a seguir, fornece-o — o paciente identifica a mulher em questão e lhe dá um nome. Observe-se que o fato de o paciente dar nome a uma pessoa, quando o terapeuta pede um índice referencial, esclarece e define enormemente o modelo do paciente para ele mesmo, mas fornece muito menos ao terapeuta. Além disso, observe-se que há uma eliminação de um argumento nominal associado ao predicado pensar (isto é, X pensa em Y a respeito de Z) — especificamente, o que o paciente pensou a respeito de Janet.

(24) T: Quem é Janet?

O terapeuta tem o índice referencial, mas requisita informação a respeito do que essa pessoa é em relação ao paciente. Poderia, por exemplo, fazer diferença, para o terapeuta, se Janet fosse mãe, mulher, filha, esposa, amante, irmã, ... do paciente. O terapeuta ignora a eliminação na última Estrutura Superficial do paciente.

(25) R: Ela é a mulher que acabei de conhecer no trabalho.

O paciente supre alguma informação adicional.

(26) T: Agora, como você sabe que não causou uma boa impressão a Janet?

O terapeuta está tentando desenvolver, para si mesmo, um retrato completamente definido do modelo do mundo do paciente. Ele teve êxito na obtenção de um índice referencial para um argumento nominal que originariamente não tinha conexão com a experiência do paciente. O terapeuta agora integra esse material — o argumento nominal com índice referencial: Janet, a mulher que o paciente acabara de conhecer no trabalho — com a generalização original do paciente. Assim, esta generalização original *Não sei como causar uma boa impressão às pessoas* passa a ser *Não sei como causar uma boa impressão a Janet.* Observe-se que essa nova Estrutura Superficial está ligada a uma experiência específica que o paciente tivera — generalizações bloqueiam modificações; religando a generalização do paciente a (pelo menos) uma das experiências em que a generalização estava baseada. O terapeuta, tendo integrado esse material, começa a questionar o processo de como o paciente sabe que não causou uma boa impressão a Janet — isso é uma escolha que o terapeuta teve anteriormente — faz agora essa escolha e pede-lhe para descrever como sabe que não causou uma boa impressão a Janet — desafiando o que parece ser leitura de mente por parte do paciente.

(27)	R: *Bem, eu sei, e pronto...*	O paciente falha em especificar a palavra-processo, o verbo, mais completamente.
(28)	T: *Como, especificamente, você sabe?*	O terapeuta novamente pergunta ao paciente como ele sabe, especificamente, que não causou uma boa impressão a Janet.
(29)	R: *Ela simplesmente não gosta de mim.*	Novamente, o paciente apresenta uma Estrutura Superficial em que alega conhecimento da experiência interior de outra pessoa, sem especificar como obteve esse conhecimento — aparentemente, leitura de mente.
(30)	T: *Como, especificamente, você sabe que Janet não gosta de você?*	O terapeuta continua a desafiar os relatos de leitura de mente por parte do paciente.

(31) R: *Ela não estava*
interessada em mim.

(32) T: *Interessada de que*
maneira?

Mais uma vez, ele alega conhecimento do estado interior de outra pessoa.

Novamente, o terapeuta desafia a leitura de mente. Observe-se que há duas formas gerais que o terapeuta tem à disposição para empregar no desafio de Estruturas Superficiais semanticamente mal-estruturadas que envolvem leitura de mente. Ou a forma (a) *como você sabe X?* em que X é a Estrutura Superficial do paciente (p. ex., *ela não estava interessada em você*); ou, como o terapeuta utiliza nesse caso, a forma (b) Verbo de que forma/maneira?, em que Verbo é o verbo proveniente da Estrutura Superficial original do paciente (p. ex., *interessada*). Ambas as perguntas exigem que o paciente especifique como ocorreu o processo essencialmente, uma exigência para especificar, de forma mais completa, a palavra-processo ou verbo.

(33) R: *Ela não prestou*
atenção a mim.

Pela quarta vez consecutiva, o paciente fornece uma Estrutura Superficial que envolve leitura de mente.

(34) T: *De que forma ela*
não prestou atenção a
você?

O terapeuta mais uma vez desafia a leitura de mente.

(35) R: *Ela não olhou para*
mim.

O paciente, por fim, fornece uma Estrutura Superficial em resposta a uma solicitação para especificar um processo que parece ser leitura de mente, que identifica uma situação que é constatável — não envolve uma alegação de leitura de mente.

(36) T: *Vamos ver se entendi isto. Você sabe que Janet não estava interessada em você porque ela não olhou para você?*

O terapeuta substitui o novo material, que não é de leitura de mente, por uma Estrutura Superficial que o identifica como a base para as alegações de leitura de mente, que o paciente vinha fazendo. Aqui, o terapeuta está verificando se compreendeu o modelo que o paciente tem de sua experiência. Ele pede a constatação por parte do paciente.

(37) R: *É isso!*

O paciente constata a afirmação do terapeuta sobre seu modelo.

(38) T: *Há alguma maneira pela qual você possa imaginar Janet não olhando para você e, ainda assim, interessada em você?*

O terapeuta ofereceu uma generalização e o paciente constatou-a. Agora, observe-se a forma da Estrutura Superficial (36): X porque Y. O terapeuta, após fazer o paciente constatá-la, pode agora desafiar essa generalização, pedindo-lhe novamente para religar sua generalização a sua experiência. O terapeuta pergunta se sempre ocorre a ligação entre X e Y conectados pela palavra relação *porque,* na forma geral *X porque Y.*

(39) R: *Bem, ... não sei...*

O paciente vacila.

(40) T: *Você sempre olha para todo mundo em que você está interessado?*

O terapeuta desafia a generalização, utilizando de novo a mesma técnica — desta vez permutando os índices referenciais de modo que a generalização:

Janet olha para você
↓ Você olha para todo mundo

Janet interessada em você
↓ Você interessado em todo mundo

(41) R: *Eu acho... nem sempre. Mas só porque Janet está interessada em mim não quer dizer que ela goste de mim.*

O desafio do terapeuta à Estrutura Superficial do paciente é bem-sucedido — o paciente admite que sua generalização é defeituosa. A Estrutura Superficial seguinte por parte do paciente convida à inferência de que ele pensa que Janet não gosta dele. Observe-se que mais uma vez o paciente está alegando conhecimento do estado interior de outra pessoa.

(42) T: *Como, especificamente, você sabe que ela não gosta de você!*

O terapeuta mais uma vez desafia a leitura de mente do paciente ao pedir-lhe para especificar o processo de forma mais completa.

(43) R: *Ela não me ouve.*

O paciente apresenta uma nova Estrutura Superficial, mais uma vez semanticamente mal-estruturada (leitura de mente). Observe-se que há uma diferença — posso determinar se outra pessoa está olhando para mim (observe-se, não me vendo, mas apenas olhando para mim) simplesmente por observá-la, mas não posso determinar se outra pessoa está me ouvindo pela simples observação (nem posso determinar se ela me escuta apenas por observação).

(44) T: *Como, especificamente, você sabe que ela não o ouve?*

O terapeuta desafia a Estrutura Superficial de leitura de mente do paciente ao medir uma especificação mais completa do processo.

(45) R: *Bem, ela nunca olha para mim (começando a ficar irritado). Você sabe como são as mulheres! Elas nunca deixam você perceber se elas o notam.*

O paciente recua para a Estrutura Superficial bem-estruturada anterior com, observe-se, o acréscimo de um quantificador universal *nunca*. O acréscimo desse quantificador resulta em uma generalização que o terapeuta pode decidir desafiar. Mais adiante, a Estrutura Superficial seguinte do paciente apresenta muitas opções para o terapeuta: (a) a declaração do paciente *Você sabe* envolve leitura de mente; (b) o substantivo *mulheres* não tem índice referencial; (c) a Estrutura Superficial não especifica *como são as mulheres* — apenas declara que o terapeuta sabe. A palavra-processo ou verbo *são* é completamente não especificada. A Estrutura Superficial seguinte do paciente falha em (pelo menos) duas condições de boa-estruturação em terapia: (a) o substantivo *elas* ocorre duas vezes na Estrutura Superficial — não tem índice referencial[34] e (b) o quantificador universal *nunca* identifica uma generalização que pode ser desafiada.

(46) T: *Mulheres como quem, especificamente?*

O terapeuta decide buscar um índice referencial.

(47) R: (*irritado*) *Como minha mãe... ah, pô! Ela nunca se interessou por mim.*

O paciente identifica o índice referencial ausente. A Estrutura Superficial do paciente tem a mesma forma das Estruturas Superficiais anteriores (31, 36, 38, 41) — desta vez, entretanto, o pronome *ela* refere-se à mãe, não a Janet. A Estrutura Superficial é semanticamente mal-estruturada, como antes, na medida em que o processo pelo qual o paciente vem a saber que sua mãe não se interessava por ele não é especificado.

(48) T: *Como você sabe que sua mãe nunca se interessou por você?*

O terapeuta desafia a Estrutura Superficial, indagando por uma descrição mais completamente especificada do processo.

---

[34] A palavra *elas*, não apresentando índices referenciais, nessa frase, pode, na realidade, referir-se ao argumento nominal *mulheres*, da Estrutura Superficial anterior. O próprio argumento nominal *mulheres*, entretanto, também carece de índice referencial.

(49) R: *Toda vez que tentei mostrar-lhe que me importava com ela, ela nunca o notou (começa a soluçar) ... por que ela não notava?*

A Estrutura Superficial do paciente inclui (a) dois quantificadores universais (*toda vez* e *nunca*), identificando assim uma generalização que o terapeuta pode decidir desafiar, e (b) três palavras-processo ou verbos que não estão completamente especificados (*mostrar, importar-se com, notar*) na medida em que não apresentam uma imagem clara para o terapeuta e (c) uma alegação de conhecimento da percepção de outra pessoa, sem especificar o processo (*notar* em *ela nunca notou...*).

(50) T: *Como, especificamente, você tentava mostrar a ela que se importava com ela?*

O terapeuta agora começa a esclarecer a imagem para si mesmo, ao indagar por uma descrição mais completamente especificada do processo. Escolhe primeiro indagar a respeito das ações do paciente.

(51) R: *(soluçando discretamente) Como toda vez que eu costumava chegar em casa vindo da escola e fazia coisas para ela.*

Essa Estrutura Superficial contém (a) um quantificador universal *toda vez* sujeito a desafio por parte do terapeuta e (b) um argumento nominal *coisas* que não tem índice referencial.

(52) T: *Que coisas, especificamente, você fazia para ela?*

O terapeuta continua a explorar o modelo do paciente, especificamente, tentando obter uma imagem clara da sua percepção de suas próprias ações. Seleciona a opção (b).

(53) R: *Bem, eu costumava sempre arrumar a sala e lavar os pratos... e ela nunca notava... nunca disse nada.*

A Estrutura Superficial oferece ao terapeuta as quatro opções seguintes: (a) três quantificadores universais (*sempre, nunca, nunca*), identificando, no modelo do paciente, três generalizações desafiáveis; (b) a ocorrência do verbo *notar* não completamente especificado; (c) uma alegação, por parte do mesmo, de conhecimento das percepções de outra pessoa (*notar*); (d) uma eliminação associada ao verbo *dizer* (isto é, quem?). Além disso, observe-se o modo com que o paciente afirma *ela nunca notava,* então faz uma pausa e diz, *ela nunca disse nada.* Segundo nossa experiência, duas Estruturas Superficiais sucessivas com a mesma forma sintática (isto é, substantivo — quantificador — verbo...) separadas unicamente por uma pausa identificam duas frases que, para o falante, são equivalentes, ou quase equivalentes, em significado, no modelo do paciente. Como neste caso, tais equivalências são muito úteis para se chegar a compreender as ligações entre a experiência do paciente e o modo pelo qual essa experiência é representada. Por exemplo, observe-se que a primeira dessas duas afirmações é uma alegação de que o paciente tem conhecimento da percepção de outra pessoa, enquanto a segunda é semanticamente bem-estruturada, não envolvendo leitura de mente. Se, de fato, as duas afirmações são equivalências, a segunda identifica a experiência que é representada pela primeira (uma Estrutura Superficial semanticamente mal-estruturada), ou, em outras palavras, no modelo do paciente, o fato de a mãe nada dizer é equivalente ao fato de ela nada notar.

(54) T: *Ralph, o fato de sua mãe nada dizer a você a respeito do que você costumava fazer significa que*

O terapeuta decide ignorar, por enquanto, as violações de boa-estruturação em terapia na Estrutura Superficial do paciente, e verifica se as duas últimas Estruturas Superfi-

ela nunca notou o que você tinha feito?

ciais são, de fato, equivalências. Tais generalizações são extremamente importantes para se chegar a compreender a experiência do paciente.

(55) R: *Claro, já que ela nunca notava o que eu fazia por ela, ela não estava interessada em mim.*

O paciente constata a equivalência e supre uma terceira Estrutura Superficial que, desde que seja substituída por uma das duas outras (especificamente. *ela nunca disse nada*), é também equivalente. Essa terceira Estrutura Superficial é: *ela não estava interessada em mim.* A Estrutura Superficial também inclui um quantificador universal *nunca.*

(56) T: *Vamos esclarecer isto: você está dizendo que o fato de sua mãe não notar o que você fazia por ela significa que ela não estava interessada em você?*

O terapeuta decide verificar a equivalência dessas duas Estruturas Superficiais.

(57) R: *É, é isso mesmo.*

O paciente novamente constata a generalização envolvida.

(58) T: *Ralph, você alguma vez já teve a experiência de alguém fazer alguma coisa para você e você só notar depois que o fato lhe foi assinalado?*

O terapeuta decide desafiar a generalização do paciente — aqui ele escolhe iniciar o desafio pela permuta dos índices referenciais.

$\left\downarrow\right.$ você (*paciente*)
alguém/eles

$\left\downarrow\right.$ sua (*paciente*) mãe
você (*o paciente*)

e, portanto, as generalizações transformadas:

$\left\downarrow\right.$ sua mãe não notou...
você não notou...

você faz alguma coisa para sua mãe ↓ *alguém faz alguma coisa para você*

Observe-se que o efeito da permuta dos índices referenciais, desta forma, é colocar o paciente na posição de membro ativo de sua generalização original — sua mãe, a pessoa que ele está criticando.

(59) R: *Bem, ... sim, eu me lembro que uma vez...*

O paciente primeiro hesita, em seguida admite que estava na posição que descreveu como de sua mãe na generalização original.

(60) T: *Você não notou o que eles fizeram por você por que não estava interessado neles?*

O terapeuta, tendo conseguido que o paciente admitisse que teve essa experiência, interrompe-o e pergunta se a equivalência

X não nota = X não interessado

é válida quando ele é aquele que não nota (isto é, X = o paciente), desafiando, por esse meio, a generalização.

(61) R: *Não, eu só não notei...*

O paciente nega a equivalência quando é ele que não nota.

(62) T: *Ralph, você pode imaginar que sua mãe simplesmente não gostou quando...*

O terapeuta, tendo recebido a negação da equivalência

X não nota = X não interessado

quando X = o paciente, inverte agora os índices referenciais que ele permutara anteriormente. Isso resulta na afirmação de equivalência original do paciente: a saber, que

X não notando = X não interessado
em que X = mãe do paciente

(63) R: *Não, não é a mesma coisa.*

O paciente reconhece o desafio do terapeuta antes que ele o complete, interrompe-o e nega que os dois casos (em que X = o paciente e em que

X = mãe do paciente) sejam o mesmo. A Estrutura Superficial que emprega para negar isso falha nas condições de boa-estruturação em terapia: (a) o pronome *it** não tem índice referencial, e (b) a segunda porção da comparação foi eliminada.

(64) T: *É? O que não é o mesmo que o quê?*

O terapeuta indaga tanto pelo índice referencial como pela porção ausente da comparação.

(65) R: *Eu não notar não é a mesma coisa que minha mãe não notar — olhe, ela NUNCA notou o que eu fiz para ela.*

O paciente preenche as lacunas da informação requisitada pelo terapeuta. E então vai em frente, descrevendo a diferença entre os dois casos, a saber, que sua mãe *nunca* notara. Esse quantificador universal identifica uma generalização desafiável.

(66) T: *Nunca!*

O terapeuta desafia o quantificador universal.

(67) R: *Bem, não muitas e muitas vezes.*

O paciente admite que havia exceções, chegando desse modo mais perto da religação de sua generalização a sua experiência.

(68) T: *Ralph, conte-me a respeito de uma vez específica em que sua mãe notou o que você havia feito para ela.*

O terapeuta tenta obter que o paciente ponha em foco o modelo, ao indagar por uma exceção específica da generalização inicial do paciente.

(69) R: *Bem, uma vez, quando... ééee (irritado), e eu ainda tive que contar a ela.*

Um dos argumentos nominais associados ao verbo *contar* foi eliminado (contar o quê?).

(70) T: *Teve que contar o que a ela?*

O terapeuta indaga pela parte ausente da Estrutura Superficial.

---

* No original, em inglês, a Estrutura Superficial é: (63) R: *No, it's not the same.* (N.T.)

(71) R: *Que eu tinha feito aquela coisa para ela. Se ela estivesse bastante interessada, ela mesma o teria notado.*

A primeira Estrutura Superficial inclui um argumento nominal (*aquela coisa*) e carece de um índice referencial. A segunda inclui uma eliminação associada à palavra *bastante* (*bastante para que*) e o pronome *o* sem índice referencial.

(72) T: *Bastante interessada para quê?*

O terapeuta indaga pelo material eliminado.

(73) R: *Bastante interessada em me mostrar que ela me amava.*

O paciente supre o material eliminado que o terapeuta requisitara. Essa nova Estrutura Superficial inclui (a) uma violação da condição de boa-estruturação semântica de leitura de mente — o paciente alega saber se sua mãe o amava, sem especificar como obteve essa informação; (b) o verbo *amar* não está completamente especificado.

(74) T: *Ralph, como você mostrou a sua mãe que você a amava?*

O terapeuta está tentando obter uma imagem clara do modo pelo qual o paciente e sua mãe comunicavam seus sentimentos de afeição um pelo outro. Ele foi informado pelo paciente de que sua mãe não estava bastante interessada para mostrar-lhe que o amava. O terapeuta decide empregar a técnica de permuta de índice referencial. Especificamente, faz a substituição

| *sua mãe* | *você (o paciente)* |
| ↓ *você (o paciente)* | ↓ *sua mãe* |

Assim, a porção da última Estrutura Superficial do paciente é transformada:

> *sua mãe mostra a você que o ama*
> *você mostra a sua mãe que a ama*

Tendo feito essa permuta nos índices referenciais, o terapeuta pede

(75) R: *Fazendo coisas para ela.*

ao paciente para pôr em foco a imagem, indagando por um verbo mais completamente especificado.

O paciente apresenta uma especificação posterior do verbo, estabelecendo a equivalência:

$$X\,ama\,Y\; =\; X\,faz\,coisas\,por\,Y$$
$$em\,que\,X\; =\; o\,paciente\,e$$
$$Y\; =\; a\,m\tilde{a}e\,do\,paciente$$

(76) T: *Ralph, sua mãe alguma vez fez coisas por você?*

O terapeuta agora permuta os índices referenciais de volta à Estrutura Superficial original (73) e apresenta metade da equivalência para constatação por parte do paciente.

(77) R: *Sim, mas ela realmente nunca... nunca me deixou saber ao certo.*

O paciente concorda que sua mãe fez coisas para ele, mas nega que a equivalência seja válida — isto é,

$$X\,ama\,Y\; \neq\; X\,faz\,coisas\,por\,Y$$
$$em\,que\,X\; =\; a\,m\tilde{a}e\,do\,paciente$$
$$Y\; =\; o\,paciente$$

A nova Estrutura Superficial do paciente coloca o terapeuta diante das seguintes opções: (a) indagar pela diferença nas duas situações que faz com que a equivalência deixe de ser válida (identificada pela palavra-chave *mas*); (b) há duas ocorrências do quantificador universal desafiável *nunca*; (c) uma eliminação associada ao verbo *saber* (isto é, saber o quê?); (d) um verbo *saber* não completamente especificado.

(78) T: *Nunca deixou você saber o quê?*

O terapeuta escolhe a opção (c) e indaga pelo argumento nominal eliminado associado ao verbo saber.

(79) R: *Ela nunca me deixou saber, ao certo, se realmente*

O paciente supre o argumento nominal ausente. Sua Estrutura Superficial inclui (a) um quantificador

me amava
(ainda soluçando
discretamente).

universal desafiável *nunca*; (b) dois verbos não completamente especificadores *saber* e *amar*.

(80) T: *Você alguma vez fez sua mãe saber, ao certo, que você a amava?*

O terapeuta novamente escolhe utilizar a técnica de permuta de índice referencial. A substituição que utiliza é a mesma que empregou em (74).

(81) R: Ela sabia...

A Estrutura Superficial do paciente contém (a) uma eliminação associada ao verbo *saber;* (b) uma violação da condição da boa-estruturação semântica, leitura de mente; (c) um verbo *saber* não completamente especificado.

(82) T: *Como você sabe que ela sabia?*

O terapeuta escolhe a opção (c).

(83) R: *Eu... eu... acho que não sei?*

O paciente vacila e em seguida admite não ser capaz de especificar o processo pelo qual supusesse que sua mãe fosse capaz de saber que ele a amava. Isso equivale a estabelecer que o processo em seu modelo não está especificado.

(84) T: *O que o impede de dizer a ela?*

O paciente foi incapaz de identificar o processo pelo qual supusesse que sua mãe fosse capaz de saber que ele a amava. O terapeuta imediatamente passa para a técnica de indagar o que é que o impede de utilizar a forma mais direta, que ele conhecia, de comunicar seus sentimentos de amor à sua mãe.

(85) R: *Hummm... hummm, nada talvez.*

O paciente vacila, considerando o óbvio. Sua Estrutura Superficial inclui um *talvez* muito qualificado e o quantificador universal *nada*.

(86) T: *TALVEZ?*

O terapeuta trabalha para obter mais desse comprometimento por parte do paciente.

(87) R: *Eu acho que poderia.*

O paciente admite a possibilidade.

(88) T: *Ralph, você acha que também podia dizer a Janet como você se sente a respeito dela?*

O terapeuta agora permuta o índice referencial, mais uma vez,

$$\downarrow \begin{array}{l} \textit{mãe do paciente} \\ \textit{Janet} \end{array}$$

e pede um comprometimento, por parte do paciente, para modificar o processo de comunicação nesse relacionamento, de maneira que seja mais direto e não requeira leitura de mente.

(89) R: *Isso dá um certo medo.*

O paciente hesita; sua Estrutura Superficial contém (a) um argumento nominal sem índice referencial *isso;* (b) uma eliminação de argumento nominal associada ao verbo *dar medo* (isto é, dá medo a quem?).

(90) T: *O que é que dá um certo medo?*

O terapeuta indaga pelo índice referencial ausente.

(91) R: *O fato de chegar lá e dizer a ela.*

O paciente supre o índice ausente e expressa dúvida sobre o comprometimento que o terapeuta está pedindo.

(92) T: *O que o impede?*

O terapeuta utiliza a técnica de indagar pela generalização, o resultado da ação do paciente que ele acha que dá medo.

(93) R: *Nada, por isso é que dá tanto medo.* (*rindo*)

O paciente reconhece que tem essa escolha.

A essa altura o terapeuta passa a utilizar técnicas que não envolvem o metamodelo, firmando um contrato com Ralph para assegurar que as novas possibilidades, que este havia descoberto, seriam exploradas.

TRANSCRIÇÃO 2

A sessão aqui transcrita foi feita com um grupo de estagiários que estavam assistindo a uma demonstração. Beth é uma mulher de seus 28 anos. Ela já foi casada uma vez e tem dois filhos pequenos. A demonstração começa:

(1) B: *O que é que devo fazer primeiro?*

A paciente começa por pedir uma diretriz da parte do terapeuta.

2) T: *Diga-me o que você está fazendo aqui; você disse na entrevista que queria alguma ajuda referente a alguma coisa (referindo-se a uma entrevista de dois minutos, que ocorrera uma hora antes, na qual cinco pessoas foram escolhidas para esta demonstração).*

O terapeuta começa por pedir à paciente para especificar o que ela está fazendo aqui, e, referindo-se a uma conversa anterior, pede-lhe para constatar e explicar seu pedido de ajuda.

(3) B: *Vamos ver, o que estou fazendo aqui... eu... eu quero ajuda em... bem, são as pessoas que moram comigo, minhas companheiras.*

A paciente mostra-se hesitante, algo confusa; (a) ela deixa uma Estrutura Superficial incompleta — *ajuda em...,* faz uma pausa, e então afirma... *são as pessoas que moram comigo, minhas companheiras.* O verbo *ajudar* não está completamente especificado; (b) os nomes *it* e *companheiras* não têm índices referenciais.*

(4) T: *Companheiras?...*

O terapeuta decide indagar por um índice referencial em relação ao argumento nominal *companheiras.*

---

* No texto original, em inglês, a Estrutura Superficial é: (3)
B: *Let's see, what am I doing here... I... I want help with ... well, it's my room-mates.* (N.T.)

(5) B: (*Interrompendo*) *Karen e Sue, elas dividem a casa comigo. Nós, juntas, temos também quatro crianças.*	A paciente supre índices referenciais conforme pedido pelo terapeuta. Acrescenta mais informação, permitindo assim ao terapeuta uma imagem um tanto mais clara de seu modelo.
(6) T: *Que tipo de ajuda você gostaria de receber com relação a essas duas pessoas?*	O terapeuta faz a suposição de que o argumento nominal *companheiras* se ajuste à posição do argumento nominal da frase que a paciente deixou incompleta em seu segundo comentário. Ao pressupor isso, o terapeuta retorna à Estrutura Superficial original da paciente e pede-lhe para especificar mais a palavra-processo *ajuda*.
(7) B: *Elas parecem não me compreender.*	A paciente ignora a pergunta específica do terapeuta e começa a descrever suas companheiras. Observa-se que (a) o argumento dativo associado ao verbo *parecer* está ausente/eliminado; (b) a paciente está alegando conhecimento da experiência interior de outras pessoas, sem especificar como obteve essa informação — uma violação do tipo leitura de mente da boa-estruturação em terapia; (c) a Estrutura Superficial da paciente inclui o verbo *compreender,* que não está bem especificado.
(8) T: *Como você sabe que elas não a compreendem?*	O terapeuta desafia a Estrutura Superficial da paciente devido à violação da condição de boa-estruturação semântica (leitura de mente). Pede-lhe que descreva como veio a saber que elas não a compreendem.
(9) B: *Eu acho que é porque elas estão muito ocupadas...*	A resposta da paciente é falha quanto à boa-estruturação em termos de terapia, pois (a) o argumento nominal *it* não tem índice referencial*

---

* (9) B: *I guess, it's that they're too busy...* (N.T.)

e (b) o predicado *muito ocupadas* tem uma eliminação a ele associada (muito ocupada para quê?).

(10) T: *Muito ocupadas para quê?*

O terapeuta indaga pela porção eliminada da última Estrutura Superficial da paciente.

(11) B: *Bem... muito ocupadas para ver que tenho necessidades.*

A paciente supre o material ausente sob a forma de uma nova Estrutura Superficial. Esta inclui um argumento nominal ausente sem índice referencial (*necessidades*). Esse argumento nominal específico é uma nominalização derivada do predicado de Estrutura Profunda *necessitar*.

(12) T: *Que necessidades?*

O terapeuta continua a indagar pelo índice referencial na nominalização *necessidades*.

(13) B: *Que eu gostaria que elas fizessem alguma coisa para mim de vez em quando.*

A nova Estrutura Superficial da paciente, novamente, apresenta a falta de um índice referencial naquilo que ela quer de suas companheiras (*alguma coisa* em *que elas fizessem alguma coisa*). O verbo *fazer* está tão próximo quanto possível de não ser completamente especificado.

(14) T: *Tal como o quê?*

O terapeuta continua a indagar pelo índice referencial ausente.

(15) B: *Elas realmente têm um mundo de coisas para fazer, mas às vezes eu sinto que elas são insensíveis.*

Novamente, ela deixa de responder à pergunta do terapeuta.[35] Sua nova Estrutura Superficial viola as condições de boa-estruturação em terapia, (a) índice referencial ausente em... *um mundo de coisas...*;

---

[35] Terapeutas experientes reconhecerão padrões no modo pelo qual um paciente responde ou deixa de responder a seu contexto — neste caso, especificamente, o terapeuta. O paciente constantemente deixa de responder às perguntas do terapeuta. No presente momento estamos trabalhando em um modelo explícito para desafiar esses tipos de padrões — vide *A Estrutura da Magia II* (a sair em breve).

(b) índice referencial ausente em... *às vezes*...; (c) o verbo *fazer* quase inteiramente não especificado em... *coisas para fazer*...; (d) um argumento nominal dativo ausente associado ao substantivo *insensíveis* (isto é, insensíveis a quem?); (e) ao utilizar o substantivo *insensível*, a paciente está alegando conhecimento do estado interior de outra pessoa, sem especificar o processo pelo qual ela sabe — leitura de mente.

(16) T: *São insensíveis em relação a quê?*

O terapeuta indaga pelo argumento nominal ausente associado ao substantivo *insensíveis* [em Estrutura Profunda, opção (d) anterior].

(17) B: *A mim. E...*

A paciente supre o argumento nominal e inicia uma outra coisa.

(18) T: *De que modo elas são insensíveis a você?*

O terapeuta interrompe, ao decidir pedir à paciente para especificar como ela sabe que as outras pessoas envolvidas são insensíveis com relação a ela — opção (e).

(19) B: *Você veja, eu faço um mundo de coisas para elas, mas elas parecem nada fazer para mim.*

Mais uma vez, a paciente deixa de responder, diretamente, à pergunta do terapeuta. Sua nova Estrutura Superficial viola as condições de boa-estruturação em terapia que se seguem: (a) índice referencial ausente em um *mundo de coisas;* (b) o verbo quase inteiramente não especificado *fazer* ocorre duas vezes na Estrutura Superficial da paciente; (c) um quantificador universal desafiável em *nada;* (d) um argumento nominal dativo eliminado associado ao verbo *parecer* — *parece a quem?*

(20) T: *O que elas não fazem para você? Que necessidades você tem que elas não veem?*

O terapeuta indaga por um par de índices referenciais ausentes em argumentos nominais que estão soltos — o *nada,* da Estrutura Superficial (19) e o *necessidades* da (11).

(21) B: *Eu sou uma pessoa, também, e elas parecem não reconhecer isso.*[36]

A paciente continua a deixar de responder à pergunta do terapeuta. A nova Estrutura Superficial contém (a) uma pressuposição trazida pela palavra *também* no fim da Estrutura Superficial *Eu sou uma pessoa.* A implicação de alguém mais (não identificado) é uma pessoa — assim sendo, sem índice referencial; (b) um argumento nominal dativo eliminado associado ao verbo *parecer* — (*Parece a quem?*); (c) a paciente está alegando conhecimento do estado interior de outra pessoa (... *elas parecem não reconhecer...*), sem estabelecer como obteve essa informação; (d) um verbo *reconhecer* até certo ponto não completamente *especificado.*

(22) T: *De que forma elas não reconhecem que você é uma pessoa?*

O terapeuta está tentando obter uma imagem clara do modelo da paciente — continua retomando à especificação daquilo que as companheiras realmente fazem — exatamente como fez em (10), (14), (18), (20) e nesta. O terapeuta desafia a má estruturação do verbo *reconhecer* até certo ponto não completamente especificado.

(23) B: *Elas, todas duas, nunca fazem nada para mim.*

A paciente responde com uma Estrutura Superficial que pode ser desafiada com base em: (a) um quantificador universal — *nunca,* identificando uma generalização; (b) um argumento nominal associado ao verbo geral *fazer,* apresentando a falta de índice referencial — *nada;* (c) o proverbo *fazer* quase não completamente especificado.[37]

---

[36] A palavra *isso* na Estrutura Superficial da paciente está sem índice referencial — ela pode se referir à primeira oração, *Eu também sou uma pessoa.*

[37] Os linguistas referem-se ao verbo fazer (= *do*) como um proverbo. Funciona para os verbos de forma paralela à da palavra *it,* com relação a substantivos, e é tão destituído de significado específico quanto o pronome *it.*

(24) T: *Elas NUNCA fazem NADA para você?*

O terapeuta decide desafiar a generalização. Ele o faz enfatizando (qualidade de voz) os quantificadores universais da Estrutura Superficial original da paciente, ao devolver-lhe a frase para constatação ou negação.

(25) B: *Não, nunca não, mas eu sempre faço coisas para elas, quer elas peçam ou não.*

O desafio do terapeuta à última generalização da paciente tem êxito (isto é, *Não, nunca não*). Segue estabelecendo uma nova generalização identificada por: (a) o quantificador universal *sempre;* e contendo (b) um argumento nominal sem índice referencial — *coisas,* (c) o verbo *fazer* quase completamente não especificado, (d) a eliminação de dois argumentos nominais associados ao verbo *pedir* (*pedir o quê?* e *pedir a quem?*). Lembre-se, o terapeuta ainda está tentando descobrir quem está fazendo o quê, especificamente, a quem — aquilo que a paciente quer dizer quando fala que suas companheiras deixam de reconhecê-la como uma pessoa.

(26) T: *Deixe-me ver se agora compreendo. Se alguém reconhece que você é uma pessoa, então fará sempre coisas para você, quer você peça ou não?*

O terapeuta acha que identificou uma generalização — especificamente, uma equivalência entre:

X não reconhece Y = faz coisas
como uma pessoa   para Y, quer Y
                    peça ou não.

Ele coloca a generalização sob a forma de uma generalização de equivalência e pede à paciente para confirmá-la ou negá-la.

(27) B: *Bem, sempre talvez não...*

A paciente hesita em face da generalização.

(28) T: *Estou um pouco confuso agora; você poderia me dizer que coisas são essas que elas fariam caso reconhecessem que você é uma pessoa?*

O terapeuta volta a tentar descobrir o que, especificamente, as companheiras fazem que ela representa como não reconhecimento dela como uma pessoa, como ele fez em (22) e (26). Admite estar confuso diante do que ela disse.

(29) B: *Você sabe, coisas como me ajudar a lavar os pratos, ou cuidar das crianças, ou qualquer coisa.*

A paciente começa a esclarecer a imagem, ao mencionar algumas coisas concretas como *ajudar a lavar os pratos* e *cuidar das crianças*. E então joga tudo fora com o argumento nominal *qualquer coisa.*

(30) T: *Você poderia explicar como suas companheiras deveriam saber que coisas são essas que você quer que sejam feitas?*

O terapeuta andou perguntando, repetidamente, como a paciente sabe aquilo que suas companheiras reconhecem (8), (18) e (20). Aqui, ele faz uma permuta de índice referencial e pergunta como (por que processo) as companheiras da paciente viriam a saber o que ela própria deseja.[38]

(31) B: *Se elas fossem sensíveis o bastante, saberiam.*

A paciente responde da maneira padronizada que já vimos, alegando, especificamente, que suas companheiras podem saber o que ela quer, sem especificar através de que processo elas obteriam essa informação. Além disso, a Estrutura Superficial contém violações das condições de boa-estruturação: (a) eliminação de um argumento nominal associado ao substantivo *sensível* (*sensível a quem?*);

---

[38] A utilização da permuta de índice referencial tem-se provado, em nossa experiência, especialmente adequada quando o paciente está comprometido amplamente com leitura de mente — a utilização adequada dessas técnicas mais avançadas, baseadas no intercâmbio verbal, irão fazer parte da matéria de *A Estrutura da Magia II.*

(b) uma eliminação comparativa associada à palavra-chave *bastante* em *sensíveis o bastante* (isto é, *sensíveis o bastante para quê?*); (c) a eliminação de um argumento nominal associado ao verbo *saber* (isto é, *saber o quê*).

(32) T: *Sensível o bastante para quem?*

O terapeuta decide indagar por um dos argumentos eliminados — opção (a) em (31).

(33) B: *Para mim.*

A paciente supre o argumento nominal ausente exigido pelo terapeuta, relacionando a sensibilidade (ou melhor, a falta desta) por parte das companheiras a si própria.

(34) T: *Segundo você, se elas fossem sensíveis o bastante, então seriam capazes de ler sua mente?*

O terapeuta retorna à Estrutura Superficial (31) da paciente e desafia sua má estruturação semântica (leitura de mente), opção (d) em (31), ao estabelecer explicitamente, de forma direta, a suposição implícita na frase (31) da mesma.

(35) B: *Ler minha mente?*

A paciente parece confusa, surpreendida pela afirmação explícita de sua suposição de leitura de mente.

(36) T: *Sim, de que outra forma poderiam saber o que você necessita e quer? Você diz a elas?*

O terapeuta continua a desafiar a descrição muito incompleta, por parte da paciente, do processo pelo qual suas companheiras deveriam saber o que ela quer e necessita, ao tentar obter uma imagem clara do modelo da mesma (a pergunta do terapeuta refere-se às Estruturas Superficiais anteriores (11), (13) e 19)). O terapeuta neste ponto chega mesmo a oferecer uma forma possível pela qual poderia ocorrer o processo do qual está tentando obter uma imagem clara — *Você diz a elas?*

(37) B: *Bem, não exatamente...*

A paciente nega que faça com que suas companheiras saibam por meio de dizer-lhes diretamente.

(38) T: *Não exatamente como?*

O terapeuta continua a pressionar em busca de uma descrição do processo.

(39) B: *Bem, eu sugiro de certo modo.*

A Estrutura Superficial da paciente tem (a) um argumento nominal eliminado associado ao verbo *sugerir* (isto é, *sugerir o quê?*); (b) o verbo *sugerir* sozinho não fornece qualquer imagem clara de como suas companheiras devem saber o que ela quer e necessita: o já não completamente especificado verbo *sugerir* em combinação com o qualificador *de certo modo* torna a imagem ainda mais vaga; (c) um segundo argumento nominal eliminado associado ao verbo *sugerir* (isto é, *sugerir a quem?*).

(40) T: *De que modo você sugere?*

O terapeuta decide indagar por uma especificação mais completa do processo de *sugerir* — opção (b) em (39).

(41) B: *Eu faço coisas para elas.*

A paciente estabelece de forma mais completa o processo de como ela faz com que suas companheiras saibam o que ela quer e necessita — a forma como sugere de certo modo — isto é, faz coisas para elas. A nova Estrutura Superficial falha em ser bem-estruturada em termos de terapia na medida em que (a) inclui argumento nominal que não tem índice referencial — coisas; (b) inclui o quase inteiramente não especificado verbo *fazer;* (c) essa Estrutura Superficial pode ser equivalente no modelo da paciente — isto é,

(X sugere de certo modo a Y) = (X faz coisas para Y)

(42) T: *Então, já que você*
faz coisas para elas,
elas deveriam saber
que quer que elas
façam algo em troca?

O terapeuta decide ver se a paciente irá constatar essa generalização [opção (c) em (41)], ao repetir toda a generalização para ela.

(43) B: *Soa um tanto*
engraçado quando
você diz isso assim.

Conforme diz a paciente, as generalizações de seu próprio modelo soam engraçadas quando lhe são apresentadas em uma única frase, pelo terapeuta; ela vacila, não querendo constatar a generalização. Ela utiliza a forma verbal *engraçado* não completamente especificada.

(44) T: *Um tanto*
engraçado como?

O terapeuta pede-lhe para especificar mais a forma verbal *engraçado.*

(45) B: *Como não estar*
sendo sincera ou
coisa assim, mas você
não pode ficar por
aí exigindo coisas
o tempo todo, ou
as pessoas não vão
querer dá-las a você.

A Estrutura Superficial da paciente inclui violações das seguintes condições de boa-estruturação em terapia: (a) um índice referencial ausente em *coisa assim;* (b) um índice referencial ausente em *você* (duas vezes); (c) um índice referencial ausente em *o tempo todo;* (d) um índice referencial ausente em *coisas:* (e) um índice referencial ausente em *pessoas;* (f) verbos não completamente especificados, *estar sendo sincera* e *exigir;* (g) um quantificador universal desafiável *todo em... o tempo todo;* (h) um operador modal de possibilidade *não pode* em... *você não pode ficar;* (i) uma violação semântica do tipo de leitura de mente em *as pessoas não vão querer,* em que a paciente alega ser capaz de conhecer o estado interior de outras pessoas, sem estabelecer como obtém essa informação; (j) a palavra-chave *mas,* que identifica uma possível Causativa Implícita; (k) um argumento nominal ausente associado a *exigir* (*exigir de quem?*).

(46) T: *Espere aí; quem que não pode ficar por aí o tempo todo exigindo coisas de quem?*

O terapeuta parece estar sobrecarregado com a abundância de escolhas — decide indagar por duas das violações — um índice referencial [opção (b) em (45)] e um argumento nominal ausente [opção (k) em (45)].

(47) B: *Não posso ficar por aí exigindo coisas de Sue e Karen, ou elas não vão querer me dar nada.*

A Estrutura Superficial da paciente inclui ambos os argumentos requisitados pelo terapeuta [*quem* (46) *eu; de quem* (46) *Karen e Sue*]. Além disso, sua Estrutura Superficial contém (a) operador modal de impossibilidade; (b) argumentos nominais com índices referenciais ausentes, *coisas* em... *ficar por aí pedindo coisas,* e *nada* em... *me dar nada;* (c) uma violação do tipo leitura de mente, a paciente alega conhecimento de um estado interior (não só isso, mas também um futuro estado interior — leitura de mente com bola de cristal) na locução... *elas não vão querer me dar;* (d) dois verbos inespecificados, *exigir* e *dar,* que apresentam uma imagem muito vaga e desfocada do processo. Observe-se, também, a forma global da Estrutura Superficial da paciente — X ou Y em que X contém um operador modal. Na seção sobre operadores modais, assinalamos uma técnica para desafiar generalizações que envolvem operadores modais sob a forma de frases como:

> *Não posso...*
> ou
> *É impossível...*
> ou
> *Não se permite...*

A técnica é fazer a pergunta, *ou o quê?* Aqui a paciente já supriu o resultado ou consequência; isto é, a parte *ou o quê — ou Y;* especificamente, ... *ou elas não vão querer;* identificando, por esse meio, em seu modelo, uma generalização completa que pode ser desafiada.

(48) T: *Pensei que você tivesse dito que elas não lhe davam nada de qualquer modo.*

O terapeuta escolhe desafiar a generalização da paciente. Faz isso, primeiramente, ao transpor a generalização para uma forma equivalente. Ela diz:

X ou Y: (eu não peço) ou *(elas não vão querer dar)*

Como foi descrito no Capítulo 4, Estruturas Superficiais dessa forma são equivalentes a:

Se não X, então Y: Se (eu não peço), então (elas não vão querer dar)
ou
Se (eu peço), então (elas não vão querer dar)

A generalização tem agora a forma:

Se eu peço, elas não vão querer dar...

Dado que a paciente já contou ao terapeuta tanto que ela não pede (36), (37), (38), (39), (40) e (41), e como elas não lhe dão o que ela quer ou necessita (11), (13), (15), (19) e (23), ele sabe que o inverso da generalização da paciente é verdadeiro na experiência da mesma; a saber:

Se não peço, elas não vão querer dar...

Ele vê, portanto, que a parte *Se* da generalização é irrelevante, substitui a locução *qualquer modo*, e a apresenta à paciente para constatação ou negação.

(49) B: *Bem, algumas vezes elas fazem, mas não quando eu quero.*

O desafio do terapeuta funciona; a paciente nega sua generalização. Sua nova Estrutura Superficial inclui: (a) dois elementos que deixam de apresentar índices referenciais — *algumas vezes* e *it*;* (b) um verbo não completamente especificado *fazer*; (c) a palavra-chave *mas*.

(50) T: *Você pede a elas quando quer alguma coisa?*

O terapeuta ainda está tentando obter uma imagem clara de como a paciente e suas companheiras comunicam entre si aquilo que querem e necessitam. Pergunta-lhe, especificamente, se lhes pede quando quer alguma coisa.

(51) B: *(faz uma pausa)... (Inclina-se para diante e com as mãos esconde o rosto). Nuhnnn... Posss (murmúrio indistinto).*

A paciente está experimentando uma forte emoção.

(52) T: *(suave, mas diretamente) Beth, você pede quando quer alguma coisa?*

O terapeuta insiste na tentativa de obter uma imagem clara do processo pelo qual a paciente expressa seus desejos e necessidades. Ele repete a pergunta.

(53) B: *Não posso.*

A paciente utiliza um operador modal de impossibilidade, omitindo o restante da frase.

(54) T: *O que a impede?*

O terapeuta agora identifica uma porção importante do modelo da paciente. Neste ponto, ela não tem escolha (53) e sofre muito (51). O te-

---

* (49) B: *Well, they do sometimes, but not when I want it.* (N.T.)

rapeuta começa a desafiar a porção limitadora do modelo da paciente, ao indagar o que, especificamente, torna impossível essa impossibilidade. (*sic*)

(55) B: *Eu simplesmente não posso ... EU NÃO POSSO*

A paciente simplesmente repete que não lhe é possível pedir — novamente demonstra que tem fortes emoções nessa área de seu modelo, ao modificar o volume e o tom de voz.

(56) T: *Beth, o que aconteceria se você pedisse alguma coisa que quisesse?*

O terapeuta continua a desafiar a porção empobrecida do modelo da paciente. Passa a uma das técnicas do metamodelo descrita em operadores modais, ao pedir um resultado.

(57) B: *Não posso porque as pessoas se sentirão forçadas se eu lhes pedir coisas.*

A paciente está querendo fornecer o resultado. Há muitas violações das condições de boa-estruturação em terapia, na sua Estrutura Superficial, que podem ser desafiadas; (a) o operador modal *não posso;* (b) a relação Causa-Efeito *X porque Y* identificada pela palavra *porque;* (c) argumentos nominais sem índices referenciais, *pessoas* e *coisas;* (d) uma violação tipo leitura de mente pela bola de cristal... *as pessoas se sentirão forçadas;* (e) uma eliminação de argumento nominal associado ao verbo *forçar* — *forçadas por quem?*

(58) T: *E as pessoas pedem coisas a você?*

O terapeuta vai desafiar a necessidade da relação Causa-Efeito ou generalização que ela tem em seu modelo. Ele inicia por permutar índices referenciais:

eu (a paciente)		*pessoas*
↓ *pessoas*		↓ *eu (a paciente)*

Assim, a parte da generalização que o terapeuta está focalizando torna-se em:

> | Eu peço coisas às pessoas.
> ↓ As pessoas pedem coisas a mim.

Tendo feito a permuta, apresenta o resultado à paciente para constatação ou negação.

(59) B: *Sim.*

A paciente constata que já teve a experiência.

(60) T: *Você sempre se sente forçada?*

A permuta de índice referencial que o terapeuta iniciou em (58) prossegue, dado que ele utiliza a mesma permuta:

> | *eu* (*a paciente*) | *pessoas*
> ↓ *pessoas*   ↓ *eu* (*a paciente*)

Assim, a outra porção da generalização original da paciente torna-se em:

> | As pessoas sentem-se forçadas...
> ↓ Eu me sinto forçada...

O terapeuta agora apresenta esta parte da Estrutura Superficial original transformada, desafiando-a pela enfatização da universalidade da alegação, dada pelo tom de voz; a ênfase é dada sobre o quantificador universal *sempre.*

(61) B: *Não, nem sempre, mas algumas vezes sim.*

A paciente nega que a relação Causa-Efeito seja necessária [opção (b) em (57)]. Sua nova Estrutura Superficial pode ser desafiada com base em (a) o índice referencial ausente em *algumas vezes;* (b) o verbo *do**

---

* (61) B: *No, not always, but sometimes I do.* (N.T.)

não completamente especificado, ou sob a suposição de que o proverbo *do* se refere a forçada, então o argumento nominal *forçada por quem,* e um verbo forçar relativamente não especificado; (c) a palavra-chave *mas.*

(62) T: *Beth, você está consciente de que há trinta minutos você veio a mim e perguntou se eu poderia trabalhar com você? Você pediu algo para si mesma?*

Em vez de seguir qualquer das violações de boa-estruturação em terapia, na última Estrutura Superficial da paciente, o terapeuta continua a desafiar a generalização Causa-Efeito [opção (b) em (57)]. O terapeuta permuta os índices referenciais da generalização original:

| *Você (a paciente)* | | *pessoas* |
| *Você (a paciente)* | | *mim (o terapeuta).* |

O resultado é:

Você (a paciente) pediu algo às pessoas.

Você (a paciente) pediu algo a mim (o terapeuta).

O terapeuta relaciona a generalização da paciente àquilo que está ocorrendo no presente momento, na terapia. Ele chama a atenção da paciente para esse aspecto, uma experiência que contradiz a generalização da mesma. O terapeuta pede-lhe que constate ou negue essa experiência.

(63) B: *(faz uma pausa) Éééééé*

A paciente constata a experiência.

(64) T: *E eu me senti forçado?*

O terapeuta a convida a verificar o restante de sua relação Causa-Efeito original, opção (b) em (57), com um exercício de leitura da mente do terapeuta.

(65) B: *Acho que não.*

A paciente evita a leitura de mente, enquanto verifica o restante de sua generalização.

(66) T: *Então, você poderia imaginar pedir algo para si mesma a uma de suas companheiras e ela não se sentir forçada?*

O terapeuta tem êxito em obter que a paciente negue a generalização de seu modelo que lhe estava causando insatisfação e sofrimento, (a) ao permutar os índices referenciais, de modo que relembre experiências que teve, sem se sentir forçada, quando outras pessoas lhe pediram coisas e (b) ao ligar sua generalização a sua experiência imediata na terapia. Ele agora, novamente, permuta índices referenciais, desta vez de volta à dificuldade original da paciente com suas companheiras. Pergunta-lhe, primeiro, se pode imaginar uma exceção a sua generalização original, especificamente, com suas companheiras.

(67) B: *Sim, talvez.*

A paciente constata essa possibilidade.

(68) T: *Você gostaria de tentar?*

O terapeuta movimenta-se para obter o comprometimento, por parte da paciente, com relação a uma exceção de sua generalização original na experiência real, como também na imaginação.

(69) B: *Sim, eu poderia.*

A paciente indica estar querendo tentar uma experiência real com suas companheiras.

(70) T: *E como é que você vai saber se elas vão se sentir forçadas?*

O terapeuta, tendo obtido o comprometimento da paciente, volta à parte central de sua imagem, do modelo da paciente, que ainda não lhe está clara — o processo pelo qual a paciente e suas companheiras dão a entender, umas às outras, o que cada uma quer e necessita — o mesmo

(71) B: *Provavelmente, todas duas me diriam.*

(72) T: *Beth, você diz às pessoas quando se sente forçada?*

(73) B: *Não exatamente, mas dou a entender.*

(74) T: *Como você lhes dá a entender?*

(75) B: *Acho que só pela maneira de eu agir elas deveriam ser capazes de saber.*

(76) T: *Como? Elas deveriam ser capazes de ler sua mente, mais uma vez?*

processo que estava tentando esclarecer em (8), (18), (22), (30), (34), (36), (40) e (42).

A paciente supre a informação que esclarece a imagem que o terapeuta tem do modelo de como as companheiras lhe comunicam como estão se sentindo.

O terapeuta agora vai em busca de outra metade do processo de comunicação: como lhes dá a entender como se sente, e o que ela quer.

A Estrutura Superficial da paciente inclui (a) uma eliminação de um argumento nominal associado a um verbo *entender;* (b) uma locução verbal muito pobremente especificada *dar a entender;* (c) a palavra-chave *mas.*

O terapeuta, que ainda está tentando obter uma imagem clara de como a paciente comunica seus sentimentos a suas companheiras, desafia a locução verbal pobremente especificada.

A nova Estruturação Superficial inclui violações das seguintes condições de boa-estruturação em terapia: (a) índice referencial ausente *a maneira;* (b) um verbo não completamente especificado, *agir;* (c) uma locução verbal não completamente especificada, *ser capaz de saber;* (d) uma eliminação de um dos argumentos nominais associado ao verbo *saber* (*saber o quê?*); (e) a palavra-chave *deveriam.*

O terapeuta insiste em exigir os detalhes específicos da comunicação da paciente com suas companheiras.

(77) B: *Bem, não.*

A paciente nega que suas companheiras deveriam ser capazes de ler sua mente.

(78) T: *O que a impede de contar-lhes, diretamente, que você não quer fazer alguma coisa, ou que você se sente forçada?*

O terapeuta, novamente, escolhe desafiar a porção empobrecida do modelo da paciente [opção (b) em (57)].

(79) B: *Eu não poderia ferir seus sentimentos.*

A paciente responde com uma Estrutura Superficial que envolve: (a) um operador modal de impossibilidade; (b) um verbo *ferir* muito inespecificado; (c) uma relação Causa-Efeito mal-estruturada semanticamente, *Eu faço com que elas se sintam feridas;* (d) índice referencial ausente em *sentimentos.*

(80) T: *Dizer não a alguém, ou dizer que você se sente forçada, sempre fere os sentimentos delas?*

O terapeuta decide desafiar a má estruturação semântica da relação Causa-Efeito [opção (c) em (79)], enfatizando a universalidade pela inserção do quantificador universal *sempre.*

(81) B: *Sim, ninguém gosta de ouvir coisas desagradáveis.*

A paciente constata que a generalização é parte de seu modelo. Além disso, sua Estrutura Superficial contém violações: (a) índice referencial ausente em *ninguém;* (b) índice referencial ausente em *coisas;* (c) uma violação tipo leitura de mente, *ninguém gosta;* (d) um quantificador universal desafiável — *ninguém = todas as pessoas não;* (e) uma eliminação associada ao predicado *desagradável* de Estrutura Profunda — *desagradável para quem?*

(82) T: *Beth, você pode imaginar que você gostaria de saber se suas companheiras sentem-se forçadas por você, de forma que você pudesse ser mais sensível a elas?*

O terapeuta decide continuar a desafiar a generalização empobrecedora no modelo da paciente. Pede-lhe que imagine uma experiência que contradiga a generalização que há em seu modelo, ou que a constate ou a negue.

(83) B: *Sim.*

A paciente constata.

(84) T: *Então, você também poderia imaginar suas companheiras querendo saber quando é que você se sente forçada, de forma que elas pudessem se tornar mais sensíveis a você?*

O terapeuta agora utiliza a mesma situação que a paciente acabara de constatar; desta vez, entretanto, utiliza-a com a permuta de índice referencial.

$$\downarrow \begin{array}{l} companheiras \\ eu\ (a\ paciente) \end{array} \qquad \downarrow \begin{array}{l} eu\ (a\ paciente) \\ companheiras \end{array}$$

(85) B: *Hummmmmmmm (faz uma pausa) Acho que você está certo.*

A paciente hesita, e então constata a situação imaginada. A Estrutura Superficial de sua resposta inclui a eliminação de um argumento nominal associado a *certo,* isto é, *você está certo quanto a quê?*

(86) T: *Quanto a quê?*

O terapeuta indaga pelo argumento nominal eliminado.

(87) B: *Se as fizer saber quando me sinto forçada, ou quiser alguma coisa, então talvez elas venham a ser mais sensíveis.*

A paciente supre a parte ausente e reconhece sua compreensão de como destruir sua própria generalização poderia ser uma boa experiência para ela e suas companheiras.

O terapeuta neste ponto passou a uma das técnicas que não as do metamodelo, para dar a Beth uma oportunidade de integrar seus novos conhecimentos e ligar suas novas representações a sua experiência. Isso também permitiu ao terapeuta ver se havia alguma outra coisa que interferisse com a comunicação das necessidades de Beth a suas companheiras.

Neste capítulo, apresentamos duas transcrições que mostram terapeutas utilizando técnicas do metamodelo, e somente estas, no encontro terapêutico. Mesmo com essas restrições artificiais, o poder das técnicas do metamodelo é evidente. O metamodelo proporciona ao terapeuta um rico conjunto de escolhas a cada momento do intercâmbio terapêutico. O efeito global disso resul-=ta em uma direção ou estratégias explícitas para a terapia — o enriquecimento e a expansão das porções limitadoras do modelo do paciente. O metamodelo não é destinado a ser utilizado por si só, mas é antes um instrumento a ser integrado às técnicas poderosas, verbais e não verbais, à disposição das várias formas de psicoterapia. A partir de agora nos voltaremos para esse tópico.

Capítulo 6

DE COMO SE TORNAR UM APRENDIZ DE FEITICEIRO

As diferentes formas de psicoterapia são todas eficazes até certo ponto, embora pareçam, à maioria dos observadores, muito diferentes. O fato de essas abordagens, aparentemente diferentes, do encontro terapêutico serem eficazes até certo ponto foi um quebra-cabeça durante alguns anos. Durante esse tempo, tanto os praticantes como os teóricos gastaram muita energia e criatividade discutindo a superioridade necessária de uma forma de psicoterapia sobre as demais. Nos últimos anos, felizmente, esse tipo de debate começou a desaparecer, e os psicoterapeutas de diferentes escolas começaram a mostrar um vívido interesse nos métodos e técnicas dos outros. Como Haley comentou (*Advanced Techniques of Hypnosis & Therapy,* pp. 530-535),

> Na última década, a ideia de explorar novos métodos foi adotada por muitos psiquiatras e conduziu a certas inovações, como terapia do comportamento, tratamento de condicionamento e terapia conjugal e familiar. Vimos o passar de uma ênfase sobre o ritual e um movimento em direção ao julgamento dos procedimentos terapêuticos pelos resultados, ao invés de conformidade a uma determinada escola. Agora tornou-se até respeitável trabalhar de formas diferentes com diferentes tipos de pacientes... (Haley citando Erickson, diretamente)... "Uma das coisas importantes a serem lembradas sobre a técnica... é nosso desejo de aprender essa ou aquela técnica e, então, reconhecer que nós, como uma personalidade individual, somos bastante diferentes de qualquer um de nossos professores que nos ensinaram uma determinada técnica. Precisamos extrair das várias técnicas os elementos especiais que nos permitam expressar-nos como uma personalidade. O aspecto seguinte mais importante em relação a uma técnica é nossa consciência do fato de que cada paciente que chega a nós representa uma personalidade diferente, uma atitude diferente, um acúmulo de experiências di-

ferentes. Nossa abordagem para com ele tem de ser em termos de considerá-lo uma pessoa com determinado quadro de referência para aquele dia e a situação imediata."

As pessoas que chegam a nós na terapia têm, de modo típico, sofrimento em sua vida, e experimentam pouca ou nenhuma escolha nos aspectos que consideram importantes. Todas as terapias confrontam-se com o problema de responder adequadamente a tais pessoas. Responder adequadamente, nesse contexto, significa, para nós, auxiliar na modificação da experiência do paciente de alguma forma que a enriqueça. Raramente as terapias alcançam a consecução desse objetivo por meio de modificação do mundo. A abordagem dessas terapias é, então, tipicamente modificar a experiência do paciente em relação ao mundo. As pessoas não operam diretamente no mundo, mas operam necessariamente neste, através de sua percepção ou modelo do mundo. As terapias, então, operam de forma característica para modificar o modelo do mundo do paciente e, consequentemente, o seu componente e experiências.

Certos terapeutas, vindos de formas de psicoterapia de aparências drasticamente diferentes, chegam a ser reconhecidos como especialmente eficientes em auxiliar os pacientes a modificar suas experiências. O comportamento desses terapeutas, em psicoterapia, parece-nos ser extremamente sistemático no aspecto de eles terem um conjunto de técnicas poderosas para desafiar e ampliar diretamente o modelo que o paciente tem do mundo. Essas técnicas foram largamente adotadas por outros terapeutas, mas, infelizmente, sem os resultados dramáticos típicos desse primeiro grupo. A diferença aqui parece-nos recair no fato de que o primeiro grupo de terapeutas tem intuições muito claras a respeito de como empregar essas técnicas para desafiar e ampliar o modelo do paciente. Em outras palavras, esses psicoterapeutas são capazes de identificar quando a utilização de uma determinada técnica é apropriada. A utilização dessas mesmas técnicas por outros conduz, frequentemente, a resultados muito irregulares; algumas vezes terão êxito de forma dramática, outras parecerão perder tudo de roldão; algumas vezes a utilização dessas técnicas parece ser apropriada, outras não.

Até então apresentamos, neste livro, um metamodelo para utilização por parte dos terapeutas em seus intercâmbios orais no encontro terapêutico. O metamodelo é um instrumento que está à disposição dos terapeutas de qualquer escola de psicoterapia. Sua praticabilidade é dupla: primeiro, oferece uma direção explícita (isto é, passo a passo e, portanto, passível de ser aprendida) para o que fazer a seguir em qualquer ponto do encontro terapêutico e, segundo, qualquer um que seja falante nativo de inglês já tem as intuições necessárias para a utilização do metamodelo; precisa apenas tornar-se consciente dessas intuições.

Como temos afirmado repetidamente, nosso metamodelo não esgota, de forma nenhuma, as escolhas ou possibilidades daquilo que um terapeuta possa fazer no encontro terapêutico. É, antes, projetado para integrar-se às técnicas e métodos das formas de psicoterapia já estabelecidas. A integração do metamodelo explícito a técnicas e métodos da terapia em que você já se tornou hábil não ampliará as escolhas que você tem como terapeuta, mas aumentará a potência de seu estilo de terapia, ao tornar as intervenções que você utiliza dirigidas explicitamente à expansão do modelo que seu paciente tem do mundo. Assim, o metamodelo dá ao terapeuta uma estratégia explícita para terapia.

Temos duas metas principais neste capítulo final:

1. Selecionaremos e apresentaremos diversas dessas técnicas provenientes de diferentes formas de psicoterapia; em cada caso, demonstraremos como essas técnicas implicitamente desafiam e ampliam o modelo do paciente. Assim, elas partilham com o metamodelo explícito, que apresentamos aqui, o objetivo de operar diretamente na representação que o paciente tem do mundo.
2. Mostraremos como essas técnicas se ligam às fases explícitas do nosso metamodelo, de um modo que indica a utilização adequada destas.

O Segundo Ingrediente: Estruturas de Referência

Uma das características de nossa experiência, que nos tornou possível desenvolver um metamodelo explícito para a linguagem da terapia, foi que cada um de nós, como falantes nativos da língua, tem intuições coerentes a respeito do que são as representações linguísticas completas — a Estrutura Profunda — de cada frase ou Estrutura Superficial que ouvimos. Como terapeutas, chegamos a saber exatamente aquilo que está ausente da Estrutura Superficial do paciente, ao compararmos esta à Estrutura Profunda da qual, sabemos, se derivou. Assim, ao indagarmos pelo que está ausente, iniciamos o processo de recuperação e ampliação do modelo do paciente — o processo de modificação.

Chamamos, à Estrutura Profunda, estrutura de referência da frase ou Estrutura Superficial, que ouvimos de nossos pacientes. É estrutura de referência no sentido em que a Estrutura Profunda é a origem da qual a Estrutura Superficial se deriva. A Estrutura

Profunda é a mais completa representação linguística do mundo, mas não é o próprio mundo. A Estrutura Profunda, ela mesma, deriva-se de uma fonte mais rica e completa. A estrutura de referência para a Estrutura Profunda é a soma total de todas as experiências que o paciente tem acumuladas do mundo. Os processos que especificam o que acontece entre a Estrutura Profunda e a Estrutura Superficial são os três processos universais de modelagem humanos, as próprias regras de representação: Generalização, Eliminação e Distorção. Esses três processos gerais têm nomes e formas específicos dentro do metamodelo que criamos com os conceitos e mecanismos sugeridos pelo modelo transformacional da linguagem; por exemplo, índices referenciais, transformações por eliminação e condições de boa-estruturação semântica. Esses mesmos três processos gerais de modelagem determinam o modo pelo qual as Estruturas Profundas se derivam de sua origem − a experiência que o paciente tem do mundo. Sugerimos que o mesmo conjunto de conceitos e mecanismos específicos continuem a guiar-nos na recuperação da estrutura de referência para a Estrutura Profunda.[39]

O metamodelo para terapia, que desenvolvemos e apresentamos aqui, é, como afirmamos repetidamente, um modelo formal. É, especificamente, formal em dois sentidos da palavra:

1. é um modelo que é explícito − isto é, descreve, passo a passo, o que é a estrutura do processo de terapia;
2. é um modelo que trata da forma, não do conteúdo. Em outras palavras, o metamodelo é neutro em relação ao conteúdo do encontro terapêutico.

O primeiro sentido em que nosso metamodelo é formal garante que esteja à disposição de qualquer um que deseje aprendê-lo − isto é, já que é uma descrição explícita de um processo, é passível de ser aprendido. O segundo sentido garante que terá aplicação universal[40] − não importa qual seja o assunto ou conteúdo de determinada sessão terapêutica; o intercâmbio entre o terapeuta e o paciente envolverá Estruturas Superficiais; estas são o material sobre o qual o metamodelo se destina a operar.

---

[39] É nossa intenção oferecer uma representação mais completa e refinada das estruturas de referência, e dos mecanismos específicos que as transcrevem nos vários sistemas representativos, que os humanos utilizam (isto é, as Estruturas Profundas da língua), em *A Estrutura da Magia II*.

[40] O metamodelo que apresentamos é universal para terapia em inglês. Estamos convencidos de que pode ser facilmente adaptado a outras línguas, na medida em que seja baseado nos mesmos princípios formais.

Observe-se que, dado que o metamodelo independe do conteúdo, nada há nele que possa distinguir as Estruturas Superficiais produzidas por um paciente que esteja falando de sua última viagem ao Arizona das de outro que esteja falando de alguma experiência intensamente alegre ou penosa que teve com um amigo muito chegado. Este é o ponto em que a forma de psicoterapia particular ao terapeuta indicará o conteúdo da sessão terapêutica. Para nós, por exemplo, quando uma pessoa nos procura para terapia, sentimos que ela chega com algum sofrimento, alguma insatisfação a respeito de sua situação presente, e, geralmente, começamos por perguntar o que ela espera obter vindo até nós — isto é, o que deseja. A resposta, não importa qual (mesmo *eu não sei*), é sob a forma de uma Estrutura Superficial, e iniciamos o processo de terapia pela aplicação, então, das técnicas do metamodelo. A pergunta inicial que fazemos não é uma pergunta que tenhamos mostrado ser exigida pelo metamodelo. É, antes, uma pergunta que desenvolvemos a partir de nossa experiência em terapia — isto é, essa experiência nos levou a compreender que um dos componentes necessários da experiência terapêutica é aprendermos o que é que trouxe o paciente à terapia.

A estrutura de referência para a representação linguística completa da Estrutura Profunda é toda a gama da experiência humana. Como humanos, podemos estar certos de que cada experiência que temos incluirá certos elementos ou componentes. Para o propósito de compreender esses componentes da estrutura de referência para Estrutura Profunda, podemos dividi-los em duas categorias: as sensações que se originam no mundo e a contribuição que damos com nosso sistema nervoso a essas sensações quando as recebemos e as processamos, organizando-as na estrutura de referência para as Estruturas Profundas linguísticas de nosso idioma. A natureza exata das sensações que florescem no mundo não são diretamente conhecíveis no momento em que utilizamos nosso sistema nervoso para modelar o mundo, mesmo alcançando-as com nossos sistemas receptores, ajustando-as e calibrando-as (o conceito de *feedback* avançado — Pribram, 1967), de acordo com as expectativas que deduzimos do nosso presente modelo do mundo. O modelo que criamos está, evidentemente, sujeito a certas restrições impostas pelo mundo — se meu modelo diverge muito do mundo, não me servirá como guia adequado para meu comportamento no mesmo. Repetindo, a forma pela qual o modelo de cada um de nós desenvolve diferirá do mundo é nas escolhas (normalmente não conscientes) que fazemos quando empregamos os três princípios de modelagem. Isso torna possível, a cada um de nós, conceber um modelo diferente do mundo e, ainda assim, viver no mesmo mundo real. Assim como Estruturas Profundas incluem certos componentes necessários, as estruturas de referência também o fazem em relação às Estruturas Profundas. Por exemplo, recebemos sensações através dos cinco (no mínimo) sentidos da visão, audição, tato, gustação e olfação. Dessa forma, um componente de estrutura de referência verificável por nós, como terapeutas, é se as Estruturas Profundas incluem descrições de sensações que chegam através de cada um desses cinco sentidos — isto é, a representação linguística completa inclui descrições que representam a capacidade do paciente para ver, ouvir, tocar, saborear e cheirar? Se um desses sentidos não está representado, então podemos desafiar a representação, pedindo que o paciente religue a Estrutura Profunda a sua estrutura de referência e recupere as sensações eliminadas, ampliando e enriquecendo, assim, o modelo do mesmo.

Embora não tenhamos ainda desenvolvido uma estrutura explícita para o alcance da experiência humana, temos algumas sugestões sobre quais serão alguns dos componentes necessários dessa estrutura de referência. Além da verificação relativa aos cinco sentidos, consideramos útil empregar um conjunto de categorias desenvolvido por Virginia Satir em seu trabalho dinâmico com sistemas de família e posturas de comunicações. Satir organiza a estrutura de referência em três componentes principais:

1. *o contexto* — o que está acontecendo no mundo (isto é, na representação do mundo que o paciente tem);
2. *os sentimentos do paciente* em relação ao que está acontecendo no mundo (conforme representado);
3. *as percepções do paciente* sobre o que os outros estão sentindo em relação ao que está acontecendo no mundo (conforme representado).

Estamos conscientes de que, embora os relatos dos sentimentos do paciente em relação ao que está acontecendo irão ocorrer sob a forma de Estruturas Superficiais, que estão sujeitas às técnicas do metamodelo, não enfatizamos esse aspecto com um componente necessário de uma Estrutura Profunda bem-estruturada. Os sentimentos do paciente em relação ao que está acontecendo no mundo são, entretanto, um componente necessário de qualquer estrutura de referência bem-estruturada. Em outras palavras, os terapeutas podem estar certos de que a estrutura de referência está incompleta, ou, em termos do que desenvolvemos neste livro, não está bem-estruturada, se os sentimentos do paciente não estiverem representados na estrutura de referência. Isso equivale a dizer que as emoções humanas são um componente necessário da experiência humana.

A questão de mencionar esse fato bastante óbvio não é sugerir que você, como terapeuta, não esteja consciente de que as pessoas têm sentimentos, mas é, antes de mais nada, a esperança de que você reconheça que, ao se fazer perguntas do tipo: "Como você se sente em relação a isso?" (o que quer que *isso* seja), você está, na realidade, pedindo a seu paciente uma representação mais completa (mesmo do que a Estrutura Profunda) da experiência que ele tem do mundo. E o que você está fazendo ao formular essa determinada pergunta é pedir aquilo que, você sabe, é um componente necessário da estrutura de referência do paciente. Esse componente específico da estrutura de referência é comum à maioria das terapias e é uma informação muito útil em nosso trabalho como terapeutas. O que não é comum à maioria das terapias, e que pode tornar essa pergunta ainda mais potente, é que a resposta do paciente será uma Estrutura Superficial, sujeita às condições de boa-estruturação em terapia. Isso lhe permite saber mais a respeito do modelo do paciente, recuperando um dos componentes necessários da estrutura de referência e, ao mesmo tempo, desafiando e ampliando o modelo do mesmo. Quando essa pergunta comum é encarada do ponto de vista do metamodelo, surge por si mesma uma pergunta adicional e muito potente. Essa nova pergunta, que é característica do trabalho de Satir, é: "Como você se sente em relação a seus sentimentos a respeito do que está acontecendo?" Consideremos essa pergunta à luz do metamodelo. Esta é essencialmente um pedido, por parte do terapeuta, para que o paciente diga como se sente em relação a sua estrutura de referência — seu modelo do mundo — focalizando os seus sentimentos a respeito da imagem que tem de si mesmo em seu modelo. Esta, então, é uma maneira explícita de abordar, diretamente, o que é chamado, em muitas terapias, a autoestima do paciente — uma área muito poderosa da estrutura de referência do paciente e intimamente ligada à possibilidade de modificação para essa pessoa. A sequência seguinte, entre um terapeuta e um paciente, mostra o modo pelo qual o primeiro aborda esse aspecto da estrutura de referência deste último:

(1) S: *Paul simplesmente não se importa com a limpeza da casa.*

A Estrutura Superficial da paciente alega que ela tem conhecimento a respeito do estado interior de outra pessoa, sem estabelecer como o obteve — leitura de mente —, violando assim as condições semânticas de boa-estruturação em terapia.

(2) T: *Como você sabe que ele não se importa?*

O terapeuta decide desafiar essa violação semântica ao pedir-lhe para especificar o processo de forma mais completa.

(3) S: *Ele me disse.*

A paciente supre a informação requisitada. Sua Estrutura Superficial, entretanto, contém uma eliminação associada ao predicado *dizer* — dizer o quê?

(4) T: *Ele lhe disse o quê, especificamente?*

O terapeuta indaga pelo material ausente.

(5) S: *Ele me disse: "eu não me importo se a casa está limpa ou não."*

A paciente supre o material.

(6) T: *Como você se sente em relação ao fato de ele lhe dizer que não se importa que a casa esteja limpa ou não?*

O terapeuta, utilizando seu conhecimento de que a estrutura de referência da paciente tem de incluir seus sentimentos a respeito do comportamento de Paul como uma condição necessária para ser esta uma estrutura de referência bem-estruturada em terapia, indaga por esse componente.

(7) S: *Eu me sinto irritada — na verdade, louca de raiva... é a respeito disso que brigamos o tempo todo.*

A paciente fornece seus sentimentos em relação ao comportamento de Paul. Sua nova Estrutura Superficial inclui um quantificador universal (*todo*) que identifica uma generalização que o terapeuta pode desafiar.

(8) T: *Como você se sente a respeito de ficar irritada?*

O terapeuta ignora a violação da condição de boa-estruturação em terapia em relação a generalizações, e, ao invés, escolhe permutar níveis, perguntando à paciente a respeito de seus sentimentos sobre sua própria imagem em seu modelo do mundo (sua estrutura de referência).

(9) S: *Como eu me sinto a respeito de ficar irritada?*

A paciente parece estar inicialmente confusa pela pergunta do terapeuta, exigindo dela a permuta de níveis. Essa é uma reação comum a tais permutas de nível, segundo nossa experiência; os pacientes, no entanto, realmente têm os recursos para lidar com esse tipo de manobra.

(10) T: *Sim, como você se sente a respeito de ficar irritada com Paul?*

O terapeuta repete a pergunta.

(11) S: *Bem, não me sinto muito bem com isso.*

A paciente fornece seus sentimentos em relação a seus sentimentos — sua autoestima.

O terapeuta começa a explorar o modelo da paciente nesse novo nível, ao pedir-lhe para especificar o verbo de forma mais completa. Modificações a esse nível — o de autoestima — são extremamente importantes, dado que a autoimagem de uma pessoa afeta o modo pelo qual ela organiza toda a sua experiência ou estrutura de referência. Portanto, modificações a esse nível de estrutura permeiam o modelo inteiro que o paciente tem do mundo.

Essas categorias e técnicas particulares a Satir oferecem um começo para a determinação do conjunto das estruturas de referência bem-estruturadas em terapia. Ao observarmos terapeutas extremamente eficientes, como Satir, identificamos outros tipos de categorias, que oferecemos como parte do conjunto dos componentes mínimos que têm de estar presentes para que uma estrutura de referência seja bem-estruturada em relação à integralidade, uma outra forma de verificar a integralidade nas estruturas de referência do paciente. Estas incluem:

(a) o modo pelo qual o paciente está representando suas experiências passadas, no presente — estas se apresentam, com frequência, sob a forma de regras relativas a seu comportamento;

(b) o modo pelo qual o paciente está representando sua experiência presente, no presente — isto é, aquilo de que o paciente tem consciência no momento;

(c) o modo pelo qual o paciente está representando suas experiências futuras possíveis no presente — isto é, suas expectativas daquilo que espera serão o resultado de seu comportamento.

Observe-se que os quatro componentes iniciais apresentados por Satir (os sentimentos do paciente, os sentimentos de outros, o contexto, os sentimentos do paciente em relação a seus sentimentos) ocorrerão como componentes de cada uma dessas três representações — o passado, o presente e o futuro — como o paciente os está representando agora. Consideramos essas categorias muito úteis para organizar nosso modelo e comportamento em terapia, ao tentarmos auxiliar os pacientes no desenvolvimento de estruturas de referência completas. Como se terá observado nas técnicas explícitas do metamodelo, conforme apresentadas nos Capítulos 3, 4 e 5, o metamodelo inclui técnicas para a recuperação e o desafio das categorias da estrutura de referência aqui delineada. Regras baseadas na experiência do paciente como representadas no presente são outro nome para generalizações baseadas na experiência do paciente, como são as expectativas do mesmo. Em cada caso, o paciente apresentará o material que o terapeuta requisita quando está desafiando e enriquecendo o modelo do mesmo, que se encontra sob a forma de Estruturas Superficiais sujeitas às condições de boa-estruturação em terapia, que o metamodelo especifica. A ideia de apresentar essas categorias é oferecer algumas sugestões claras a respeito do que poderiam ser os componentes necessários de uma estrutura de referência completa e bem-estruturada para a Estrutura Profunda linguística. Sugestões adicionais para o que poderiam ser os componentes necessários de uma estrutura de referência completa foram oferecidas por vários filósofos (qualquer um dos bem conhecidos filósofos ocidentais que lidaram explicitamente com epistemologia — por exemplo, na tradição empírica, Locke, Berkeley, Hume, e na tradição idealista, Kant, Hegel, Vaihinger etc.) e semanticistas, lógicos, linguistas (por exemplo, Korzybski, Humboldt, Carnap, Tarski, Chomsky, Katz etc.).

Para o restante deste capítulo, selecionaremos e discutiremos inúmeras técnicas das diferentes formas de psicoterapia. Não é nossa intenção ensinar essas técnicas aqui. É, antes, em cada caso, mostrar como a técnica, da maneira que é utilizada presentemente, desafia de forma implícita a representação do mundo do paciente e, como cada uma dessas técnicas pode ser integrada ao metamodelo. Selecionamos essas técnicas, em particular, simplesmente porque estamos familiarizados com elas e sabemos, a partir de nossa experiência, que são instrumentos terapêuticas poderosos. Gostaríamos também de afirmar que de maneira nenhuma estamos dizendo que elas sejam mais poderosas que outras técnicas, ou que se prestem mais prontamente a ser integradas ao metamodelo, mas queremos, assim, oferecer uma série de exemplos típicos das técnicas escolhidas daquelas que conhecemos.

Encenação: o Reviver Instantâneo de Experiências

Por *encenação* referimo-nos àquelas técnicas que envolvem o paciente na dramatização de uma experiência real ou fantasiada. A encenação pode envolver apenas o paciente ou, também, outros participantes.

> Se tomada como entidade absoluta, sem que se investigue seu significado intrínseco, a palavra adquire uma vida própria. Retificar a palavra dessa forma é destituí-la de sua função prática como um meio eficiente, em maior ou menor grau, de referência a um processo que permanece vivo e que varia, de modo contínuo, de referentes. Encenação é uma forma de manter vivas as palavras que uma pessoa emprega para caracterizar a si mesma ou a alguém mais. Manter sua linguagem ligada à ação permite sentimentos de modificação e crescimento...
>
> (I. e M. Polster, *Gestalt Therapy Integration*, pp. 00)

A solução (para a questão do que é o conjunto de componentes necessários de uma estrutura de referência completa) é complexa. Felizmente para a psicoterapia, essa solução não é exigida para que se proceda à terapia. Uma maneira de evitar essa dificuldade, e ao mesmo tempo obter acesso a algo mais próximo da estrutura de referência do paciente, é fazer com que o mesmo apresente as experiências a partir das quais se derivou a representação linguística completa.[41] Por exemplo, a paciente tem difi-

---

[41] A técnica de encenação fornece, necessariamente, uma representação mais próxima da fonte de referência — as experiências originais — do que a representação linguística, sozinha, pode fornecer, pois a encenação envolve representação linguística somada a outros sistemas representativos (isto é, o sistema representativo semântico/físico). Aqui, é muito importante a habilidade do terapeuta em assistir o paciente no ato de reviver e encenar a experiência original.

culdade em expressar raiva para com seu marido. Sabemos disso a partir do momento em que ela começa a apresentar uma série de Estruturas Superficiais que, então, sujeitamos às condições de boa-estruturação em terapia, chegando, finalmente, à representação linguística completa. Neste ponto, a fim de determinar o que seja a estrutura de referência da qual essa representação linguística completa se derivou, podemos pedir à paciente para encenar uma ocasião específica em que foi incapaz de expressar sua raiva para com seu marido. Além de religar as Estruturas Profundas da paciente a uma aproximação mais completa das estruturas de referência dessas Estruturas Profundas, as técnicas de encenação desempenham, de modo típico, duas outras funções:

1. o paciente, ao recriar sua experiência, torna-se consciente de partes da estrutura de referência, ou experiência, que não tinham representação na Estrutura Profunda;
2. a encenação dá ao terapeuta acesso a dois aspectos importantes:

   (a) uma aproximação bem chegada à própria estrutura de referência — a experiência do paciente — e, portanto, fornece ao terapeuta uma abundância de material exato para ser utilizado no encontro terapêutico;

   (b) a oportunidade de ver, diretamente, um exemplo de modelagem executado pelo paciente. Em outras palavras, através da encenação, tem à disposição uma estrutura de referência aproximada. Ao compará-la à descrição oral da experiência, por parte do paciente, o terapeuta tem um exemplo das generalizações, eliminações e distorções típicas do mesmo.

Inúmeras coisas acontecem quando o paciente encena sua experiência. Primeiro, sua própria experiência presente vem a desafiar e ampliar seu modelo do mundo, à proporção que o experimenta nas possibilidades de sua encenação, possibilidades estas que foram anteriormente eliminadas, e algumas porções ausentes de representação são recuperadas. Segundo, as porções do modelo do paciente que eram vagas e indefinidas se esclarecem, na medida em que a encenação é uma experiência específica — equivalente ao suprimento de índices referenciais por parte do paciente, neste caso mais experimental do que linguisticamente. A encenação é essencialmente uma dramatização daquilo que o paciente representou como um evento — a própria encenação desnominaliza, a representação; isto é, retransforma o evento em um processo, e, nesse processo, apresenta uma imagem muito mais amplamente especificada do mesmo (equivalente a especificar, de forma ampla, o verbo pelas técnicas do metamodelo). Esses quatro aspectos de uma encenação típica, tomados em conjunto, resultam em uma experiência que se encontra, em parte, fora dos limites da representação linguística inicial do paciente. Dado que a técnica de encenação desafia de forma implícita o modelo do paciente por meio desses quatro aspectos, se a integrarmos às técnicas do metamodelo o resultado é que a própria técnica de encenação se torna mais poderosa e direta no desafio explícito à representação linguística do paciente.

Em qualquer situação terapêutica em que se integre completamente a técnica de encenação ao metamodelo, o terapeuta tem um conjunto extremamente rico de escolhas. Comum a todas essas escolhas é a sugestão de que o terapeuta faça com que o paciente descreva sua experiência em andamento durante a dramatização. Essa descrição em andamento, como também quaisquer outras comunicações orais por parte do paciente a outros participantes da encenação, será, evidentemente, uma série de Estruturas Superficiais. O terapeuta submete essas Estruturas Superficiais às condições de boa-estruturação em terapia ao utilizar o questionamento do metamodelo. Isso assegura que o material, que a técnica de encenação colocou *implicitamente* à disposição, seja recuperado de forma inteiramente explícita. A técnica de encenação é destinada a colocar à disposição uma aproximação mais chegada à estrutura de referência, a partir da qual a porção empobrecida da representação linguística do paciente se derivou. A melhor aproximação à estrutura de referência, fornecida pela encenação, inclui as formas de comunicação tanto verbais como analógicas. Além de submeter os relatos da experiência em andamento feitos pelo paciente, e suas comunicações a outros participantes, às condições de boa-estruturação em terapia, o terapeuta tem à disposição essa representação mais completa — a própria experiência de encenação, que o terapeuta pode utilizar como uma estrutura de referência aproximada para comparar diretamente com a descrição verbal do paciente.

O terapeuta pode querer utilizar alguns dos componentes necessários de uma estrutura de referência completa sugerida anteriormente. Ele pode, por exemplo, por meio do questionamento, assegurar-se de que o paciente esteja representando, de forma explícita, seus sentimentos a respeito da experiência de encenação, ao indagar, diretamente, por esses sentimentos. Ou, por exemplo, o terapeuta pode ficar especialmente atento a se o paciente explicitamente representa sensações obtidas através de cada um dos cinco sentidos — isto é, o terapeuta pode verificar se o paciente vê e enxerga claramente as ações de outros participantes da dramatização, ou pode verificar se o paciente escuta e ouve claramente as coisas ditas por ele mesmo e outros participantes.

Fantasia Dirigida — Uma Jornada ao Desconhecido

Por *fantasia dirigida* referir-nos-emos ao processo em que os pacientes empregam sua imaginação para criar uma nova experiência para si mesmos.

> Fantasia é uma força de expansão na vida de uma pessoa — alcança e ultrapassa o ambiente imediato do indivíduo ou o acontecimento, que de outra forma o limitam... Algumas vezes essas extensões (fantasia) podem reunir uma tal força e intensidade que alcançam uma presença mais estimulante do que algumas situações da vida real... Quando essas fantasias conseguem aflorar na experiência de terapia, a renovação de energia pode ser vasta, algumas vezes atingindo as fronteiras do inadmissível e, frequentemente, definindo um novo curso no sentido do eu do indivíduo.
>
> (Polster & Polster, *Gestalt Therapy Integrated,* 1973, p. 255)

O propósito da fantasia dirigida é criar uma experiência para o paciente que, pelo menos em parte, se não no todo, não foi anteriormente representada em seu modelo. Assim, fantasias dirigidas são utilizadas de forma mais adequada quando a representação do paciente está muito empobrecida para oferecer um número adequado de escolhas para poder enfrentar essa área. De modo mais típico, há casos em que o paciente ou está, ou sente que estará, em uma situação em que não tem representação suficiente em seu modelo para responder de um modo que ache adequado. Com frequência, o paciente experimenta uma grande carga de incerteza e medo quanto à resolução dessas situações. Por exemplo, um paciente sente-se bloqueado de expressar seus sentimentos de suavidade e ternura para com seu filho. Ele jamais expressara esses sentimentos e está muito apreensivo a respeito do que sucederá se o fizer, embora não tenha uma ideia clara do que esse acontecimento possa ser. Aqui, podemos decidir utilizar uma técnica de fantasia dirigida — fazer com que o paciente crie, através da fantasia, a experiência que a um só tempo deseja e teme. Essa experiência servirá como uma estrutura de referência para o paciente, auxiliando-o a superar o medo e, por fim, proporcionando-lhe um número maior de escolhas nessa área de sua vida. A fantasia dirigida, então, serve como um instrumento para o terapeuta na consecução de dois objetivos:

1. fornece ao paciente uma experiência que é a base para uma representação em seu modelo, em que anteriormente não houvera representação, ou esta era inadequada. Isso lhe fornece um guia para o comportamento e a tarefa futura de enfrentar as dificuldades nessa área;

2. fornece ao terapeuta uma experiência que pode utilizar para desafiar o modelo atualmente empobrecido do paciente.

Além dessas vantagens obtidas, tanto para o terapeuta como para o paciente, uma fantasia dirigida é uma oportunidade para o primeiro observar esse segundo, criando não apenas uma nova experiência mas também uma representação da mesma. Nessa oportunidade, o terapeuta vê, na criação dessa nova experiência de fantasia, os processos universais de modelagem de Generalização, Eliminação e Distorção como são tipicamente empregados pelo paciente. O emprego da experiência de fantasia dirigida é paralelo à técnica do metamodelo, no que se refere à recuperação de eliminações em grande escala sob a categoria de operadores modais. Essa técnica difere do processo de encenação, no aspecto em que esta recupera e traz até a experiência atual do paciente algo bem aproximado de uma estrutura de referência do *passado* do paciente, enquanto a fantasia dirigida cria uma estrutura de referência para o paciente no *presente*.

Dado que a fantasia dirigida é a criação de uma estrutura de referência, o terapeuta pode desejar utilizar os componentes necessários de uma estrutura completa de referência, sugerida anteriormente, na direção da fantasia dirigida. Especificamente, por exemplo, o terapeuta pode, pelo questionamento, dirigir o paciente de forma que ele relate seus sentimentos em diferentes momentos da fantasia, ou dirigir-lhe a atenção para um, ou mais, dos cinco sentidos, a fim de assegurar que uma estrutura completa de referência emerja na fantasia do mesmo.

Descobrimos, segundo nossa experiência, que fantasias dirigidas tomam, frequentemente, a forma de uma metáfora, ao invés de uma representação direta do "problema" que o paciente primeiro identifica. Por exemplo, uma paciente vem a uma sessão de terapia queixando-se de que é incapaz de irritar-se com qualquer uma das pessoas com quem trabalha. Utilizando as técnicas do metamodelo, descobrimos que ela também se sente incapaz de expressar raiva com relação ao pai e a seu marido e, na realidade, ser incapaz de identificar uma pessoa com quem se sentisse à vontade para expressar raiva. Inúmeras técnicas encontram-se à disposição no metamodelo para desafiar essa generalização; entretanto, a fantasia dirigida é especialmente adequada a situações em que o paciente tem pouca ou nenhuma representação, em seu modelo, para tais experiências. Se, através da técnica de fantasia dirigida, o paciente tem êxito em expressar raiva com relação a alguém em sua fantasia (não importa quem), terá então criado uma nova estrutura de referência que contradiz a generalização em seu modelo. Com frequência, uma vez que o paciente tenha gerado, com êxito, estruturas de referência que contradigam a generalização em seu modelo, a generalização desaparece, e os problemas que eram resultado desta também desaparecem ou são reduzidos.

Por exemplo, uma ocasião uma jovem veio a um seminário em que se ensinavam as técnicas do metamodelo. Antes do início do mesmo, em um repente frenético, ela começou a alegar que estava aterrorizada à ideia de estar ficando louca. Utilizando técnicas do metamodelo, o professor foi capaz de determinar que ela sentia estar perdendo o controle e não sabia o que lhe estava acontecendo; sua vida estava tumultuada; seu futuro, o desconhecido assustador e sombrio. O professor do seminário pediu-lhe para fechar os olhos e contar-lhe o que via. Após alguma dificuldade inicial, pôs-se a descrever como se estivesse de pé, à beira de uma grande fenda, que era escarpada e prenunciava o pior. O professor disse-lhe para, vagarosamente, descer para o interior da fenda e explorá-la, pedindo-lhe que não parasse de relatar o que estava experimentando, dando detalhes de visão, audição, tato, olfação, e constantemente lhe reassegurava que ela poderia vencer cada obstáculo. Ela finalmente seguiu até o fundo e voltou, observando, quando alcançou novamente o topo, que ainda era um dia sombrio, mas que, de algum modo, se sentia melhor. Ao abrir os olhos, o medo desaparecera e ela sentia que podia sobreviver a tudo que a esperava. Essa experiência ofereceu uma nova estrutura de referência, na qual essa jovem foi capaz de enfrentar uma experiência desconhecida; essa nova estrutura de referência também lhe expandiu o modelo, de tal modo que lhe permitiu acreditar que, de alguma forma, sobreviveria ao que quer que lhe estivesse acontecendo na vida.

Pela solução ou resolução de um "problema" através de metáfora em fantasia dirigida, referimo-nos a uma situação em que o paciente utiliza a fantasia dirigida para criar uma nova estrutura de referência ou experiência em que consiga aquilo que anteriormente não era possível. Uma vez que a nova situação — aquela criada na fantasia — seja resolvida com sucesso, o "problema" que o paciente tinha antes ou desaparece ou, pelo menos, diminui, e é típico o paciente sentir-se capaz de enfrentá-lo. O "problema" criado e o "problema" original têm de partilhar uma semelhança de estrutura — ambos têm de ser "problemas" relativos à mesma generalização empobrecedora no modelo que o paciente tem do mundo.[42]

Uma vez que o terapeuta tenha êxito no desenvolvimento de uma fantasia dirigida junto a seu paciente, essa fantasia, ela mesma, é uma experiência de que ele pode dispor para o processo de encenação.

Vínculos Terapêuticos Duplos

Por vínculos terapêuticos duplos queremos dizer situações, impostas ao paciente pelo terapeuta, em que qualquer resposta por parte do primeiro será uma experiência, ou estrutura de referência, que se encontra fora do modelo do mundo do paciente. Assim, vínculos terapêuticos duplos implicitamente desafiam o modelo do paciente, ao forçá-lo a uma experiência que contradiga as limitações empobrecedoras de seu modelo. Essa experiência então vem a servir como uma estrutura de referência que expande o modelo do mundo do paciente. No metamodelo, quando o terapeuta revela uma generalização empobrecedora no modelo do paciente, especialmente uma que envolva uma violação do tipo Causa-Efeito semanticamente mal-estruturada e/ou um operador modal, o terapeuta pode desafiar essa generalização ao perguntar-lhe se esta é sempre, ou necessariamente, verdade (vide Técnicas para Desafiar Generalizações, Capítulo 4), para identificar e dramatizar uma experiência que contradiga essa generalização (encenação), ou, no caso de o paciente não ter essa experiência a seu dispor, o terapeuta pode pedir-lhe para criar uma experiência que contradiga sua generalização (através da técnica de fantasia dirigida). Se essas três técnicas falham em produzir a experiência contraditória, ou se o terapeuta assim o desejar, ele pode decidir criar uma situação de vínculo duplo em que a resposta do paciente seja uma experiência que contradiga a generalização empobrecedora do mesmo.

Durante uma sessão terapêutica, enquanto se utilizavam técnicas do metamodelo com um grupo, o terapeuta auxiliou a paciente a chegar à generalização que era verdadeira em seu mo-

---

[42] M. Erickson apresenta um caso claro desse princípio de solução por metáfora em *Advanced Techniques of Hypnosis and Therapy* (pp. 299-311).

delo; a saber, "Não posso dizer *NÃO* a ninguém, porque não posso ferir os sentimentos de ninguém". Nesse caso específico, o terapeuta decidiu utilizar a técnica do metamodelo de perguntar o que, especificamente, aconteceria se ela dissesse *NÃO* a alguém. Sua resposta foi a de que as pessoas ficariam muito magoadas, poderiam até mesmo morrer. Observando a falta de um índice referencial no argumento nominal *ninguém*, o terapeuta decidiu perguntar quem, especificamente, poderia ser magoado e morrer. A paciente, agora muito agitada, relembrou uma experiência traumática de sua infância: ela dissera *NÃO* ao pedido de seu pai para ficar em casa com ele. Após voltar para casa, mais tarde, naquela mesma noite, a paciente descobriu que seu pai havia morrido, e ela tomou a si a responsabilidade pela morte do pai, atribuindo-a ao fato de ter-lhe dito *NÃO*.

O terapeuta agora passou uma técnica de encenação, ao pedir-lhe para recriar a situação descrita com o pai. Mesmo depois que a técnica de encenação mostrou que a experiência original, a partir da qual a paciente fizera a generalização, foi a de que não tivera escolha em relação a se poderia, ou não, ficar com o pai, ela, inflexivelmente, recusou-se a abandonar a generalização. A essa altura, embora a técnica de encenação se tivesse provado útil na recuperação da experiência traumática, fornecendo material que desafiava outras determinadas generalizações do modelo da paciente, essa técnica não contradisse, por si mesma, a generalização a respeito das consequências de dizer *NÃO* a alguém. Nesse caso, observe-se que a recuperação e encenação da experiência original, a partir da qual ela fez uma generalização, não contradisseram a generalização; simplesmente, identificaram a origem da generalização. Assim, após a encenação, o modelo da paciente ainda estava empobrecido nessa área — ela ainda não podia imaginar dizer *NÃO* a alguém *sem* que houvesse consequências inaceitáveis. O terapeuta, nesse caso, decidiu, a seguir, utilizar uma técnica de vínculo terapêutico duplo. O que ele fez foi dizer à paciente que fosse a cada uma das pessoas do grupo e lhes dissesse *NÃO* com relação a alguma coisa. A paciente reagiu violentamente, recusando-se a cumprir a tarefa, fazendo ainda mais afirmações como:

> *NÃO! É impossível para mim dizer NÃO às pessoas! Você não pode esperar que eu diga isto só porque você me pede.*

A paciente continuou assim durante vários minutos, recusando-se a cumprir a tarefa que lhe dera o terapeuta, até que este assinalou que ela estava, na realidade, dizendo-lhe *NÃO* todo esse tempo! Em seguida, mostrou-lhe que não se magoara e, certamente, não morrera, contrariamente à generalização da paciente. Essa experiência foi tão poderosa para essa paciente que ela foi imediatamente capaz de movimentar-se pela sala e dizer *NÃO* aos outros membros do grupo.

Consideremos a posição em que o terapeuta colocou a paciente, ao pedir-lhe que dissesse *NÃO* aos membros do grupo:

1. A paciente estabelecera uma generalização

   Não posso dizer NÃO a ninguém...

2. O terapeuta estruturou um vínculo terapêutico duplo, ao pedir-lhe que:

   Diga NÃO a cada uma das pessoas deste grupo.

3. Observem-se as escolhas à disposição da paciente; ela pode

   (a) Dizer *NÃO* a cada membro do grupo

   ou

   (b) Dizer *NÃO* ao terapeuta.

4. Qualquer que seja a escolha que a paciente faça, gera uma experiência que contradiz sua generalização original. Essa experiência serve à paciente como uma estrutura de referência para guiá-la na representação de seu mundo em termos mais ricos.

O terapeuta torna explícita a natureza contraditória da nova experiência, ao assinalar (utilizando a técnica do metamodelo) que a relação Causa-Efeito, que a generalização da paciente sustentou ser necessariamente verdadeira, deixou de sê-la, nessa experiência.

Uma das formas pelas quais consideramos particularmente útil o vínculo terapêutico duplo é na área referida por muitas terapias como dever de casa. Por dever de casa queremos dizer contratos que fazemos com os pacientes, em que eles concordam em executar certas ações entre as sessões terapêuticas. Na área de vínculos terapêuticos duplos, no que se refere a dever de casa, uma paciente, em uma sessão de terapia, revelou a generalização de que

   Não posso tentar nenhuma coisa nova, porque posso falhar.

Quando o terapeuta, utilizando técnicas do metamodelo, perguntou o que aconteceria se ela realmente tentasse fazer alguma coisa nova e falhasse, ela respondeu que não tinha certeza, mas que isso poderia ser muito ruim. Ela expressou uma grande dose de medo das consequências de falhar em alguma coisa nova e, mais uma vez, afirmou que lhe era impossível, portanto, tentar alguma coisa nova. Nesse ponto, o terapeuta decidiu impor um vínculo terapêutico duplo e utilizar o tempo entre as sessões para aplicar esse vínculo. Fez um contrato com ela de que deveria, todo dia, entre essa sessão e a seguinte, tentar alguma coisa nova e falhar na mesma. Novamente, observe-se a estrutura da situação da paciente criada por esse pedido, por parte do paciente:

1. a paciente tem a generalização em seu modelo

   Não posso falhar em alguma coisa nova;

2. o terapeuta estrutura um vínculo terapêutico duplo com o contrato

   Todo dia, entre essa sessão e a seguinte, você vai tentar alguma coisa nova e falhar na mesma;

3. observamos as escolhas à disposição da paciente:

   (a) pode tentar alguma coisa nova todos os dias, entre essa sessão e a seguinte e falhar nela, cumprindo o contrato,

   ou

   (b) pode falhar em cumprir o contrato, uma nova experiência em si mesma;

4. em qualquer das situações, a paciente terá uma experiência que contradirá sua generalização e fornecer-lhe-á uma estrutura de referência que aumenta o volume de escolhas à disposição no mundo, conforme representado em seu modelo.

Não estamos sugerindo que os vínculos duplos constituam o único tipo de dever de casa, mas, antes, que este pode constituir um vínculo duplo, e, mais adiante, que as generalizações podem ser desafiadas por experiências que se prolongam após o término da entrevista ou da própria sessão. É necessário apenas que essas experiências criem alguma estrutura de referência nova que contradiga as porções empobrecedoras do modelo da paciente.

Gostaríamos ainda de afirmar, neste ponto, que passar dever de casa também é útil para fornecer aos pacientes uma oportunidade direta de experimentar qualquer dimensão nova criada em seus modelos no curso de uma sessão terapêutica.

Outros Mapas para o Mesmo Território

Seres humanos representam suas experiências através de outros sistemas que não a língua. A distinção fundamental mais importante, que se oferece como um meio de compreender os diferentes mapas que nós, como humanos, desenvolvemos para guiar-nos pelo mundo, é aquela que se acha entre os sistemas representativos digital e analógico (vide Bateson, 1973; Wilden, 1973, por exemplo). O mais conhecido sistema representativo digital é aquele que é o foco de nosso metamodelo — o sistema da língua natural. O exemplo a que mais comumente nos referimos como um sistema representativo analógico é a expressão corporal. Há inúmeras terapias que lidam basicamente com esses sistemas representativos corporais ou analógicos. Por exemplo, terapias como as de Rolfing, bioenergética etc. desafiam e ampliam o modelo no paciente, ao operarem diretamente sobre a representação analógica que ele tem do universo de sua experiência. Um ponto em que esses dois tipos de sistemas representativos se acoplam é no uso da qualidade de voz — um sistema analógico — empregada para transmitir e expressar o sistema digital primário, a língua natural. Um exemplo, citado frequentemente, de um sistema misto é o dos sonhos, em que as representações tanto digitais como analógicas estão presentes.

Para finalidade de terapia, é essencial que o terapeuta compreenda que a própria representação linguística completa — o conjunto de Estruturas Profundas — é um modelo ou representação derivados do mundo. Além dos limites da representação linguística completa se encontra aquilo a que nos referimos como estrutura de referência — o sistema representativo mais completo daquela pessoa, as experiências armazenadas, que constituem a história da vida dessa pessoa. Esse modelo mais completo — as experiências de vida da pessoa — é a estrutura de referência, não apenas para o conjunto de Estruturas Profundas que são a base do sistema representativo digital primário, mas também para aquelas experiências que servem como estruturas de referência para os outros sistemas representativos humanos, quer analógicos quer digitais.

Uma das habilidades mais poderosas que exercemos como comunicadores e terapeutas é nossa capacidade de representar e comunicar nossas experiências em qualquer dos sistemas representativos que, como humanos, temos à nossa disposição. E mais, terapeutas reconhecerão o poder de assistir os pacientes na permuta de seus sistemas representativos. Por exemplo, uma paciente afirma ter uma forte dor de cabeça. Isso equivale à paciente informar ao terapeuta que ela representa alguma experiência específica cinestesicamente, de uma forma que lhe causa sofrimento. Uma escolha muito poderosa que o terapeuta tem é fazer com que ela permute os sistemas representativos. Especificamente, supondo que o terapeuta já tenha identificado que a paciente tem uma capacidade altamente desenvolvida de representar visualmente suas experiências, o terapeuta diz-lhe que feche os olhos e descreva os detalhes específicos da dor de cabeça, ao mesmo tempo formando uma imagem claramente focalizada da dor de cabeça. Há variações desse procedimento que o terapeuta pode empregar para assisti-la na obtenção de uma representação visual. Por exemplo, pode pedir-lhe que respire profundamente e, uma vez que um ritmo se tenha estabelecido, pedir-lhe que expire vigorosamente a dor de cabeça na direção de uma cadeira a sua frente, criando nesta uma imagem visual. O resultado dessa permuta de sistema representativo é assistir à paciente na representação de sua experiência em um sistema representativo em que não cause sofrimento a si mesma. O poder da técnica de permutar experiências da paciente de um sistema representativo para o outro dificilmente pode ser superestimado. No volume II de *A Estrutura da Magia*, apresentamos um modelo explícito para identificação e utilização do sistema representativo mais frequentemente empregado pelos pacientes.

Congruidade

Porções diferentes de uma estrutura de referências podem ser expressas por diferentes sistemas representativos. Estes podem ocorrer simultaneamente. Há duas possibilidades lógicas quando dois sistemas representativos distintos estão expressando, simultaneamente, porções diferentes da estrutura de referência da pessoa.

Primeiro, a porção da estrutura de referência da pessoa que um sistema representativo está expressando se ajusta à porção da estrutura de referência que o outro sistema representativo está expressando. Referimo-nos a essa situação como uma mensagem coerente dupla, ou congruidade ou comunicação congruente por parte da pessoa envolvida.

Em segundo lugar, a porção da estrutura de referência que um sistema está expressando não se ajusta à porção da estrutura de referência que o outro sistema representativo está expressando. Referimo-nos a essa situação como mensagem incoerente dupla, não congruidade ou comunicação incongruente. Por exemplo, se em uma sessão de terapia, o paciente calmamente sentado em uma cadeira, falando em voz baixa e controlada, declara,

Eu realmente estou furioso — Droga, não estou aqui para isso.

temos um exemplo clássico de uma mensagem incoerente dupla ou comunicação incongruente. O sistema digital (linguagem) e o sistema analógico (corpo e qualidade de voz) não se coadunam.

Uma das situações mais empobrecedoras que encontramos em terapia é aquela em que uma pessoa conserva porções contraditórias de sua estrutura de referência. Essas porções contraditórias têm, de modo típico, a forma de duas generalizações contraditórias que se aplicam à mesma área de comportamento. Com mais frequência, a pessoa cuja estrutura de referência inclui essas generalizações incoerentes tem a sensação de estar imobilizada, profundamente confusa, ou oscilando entre duas formas incoerentes de comportamento. Isso pode ser reconhecido pelo terapeuta quando vê uma comunicação de mensagem incoerente ou incongruente dupla.

Observe-se que, em cada uma das técnicas que apresentamos neste capítulo até agora, a estratégia global que o terapeuta adotou é aquela explicitamente especificada pelo metamodelo, desafiar e ampliar as porções empobrecidas do modelo do paciente. Caracteristicamente, isso toma a forma de vínculos terapêuticos duplos de recuperação (encenação) ou de criação (fantasia dirigida), uma estrutura de referência que contradiz e, portanto, desafia as generalizações limitadoras do modelo do paciente. Nesse caso, a própria comunicação incongruente é um indicador das duas porções da estrutura de referência incoerente de uma pessoa, duas generalizações que podem servir como estruturas de referência contraditórias mútuas. A estratégia do terapeuta, a esta altura, é colocar em contato as duas generalizações contraditórias. Isso pode ser executado, de forma mais direta, ao se trazerem essas generalizações para o mesmo sistema representativo.

Por exemplo, durante uma sessão terapêutica, o terapeuta, utilizando técnicas do metamodelo, assiste a um paciente na identificação de uma generalização em seu modelo:

Eu deveria sempre estimar minha mãe por todas as coisas que ela fez por mim.

Observe-se que, partindo apenas das técnicas do metamodelo, essa Estrutura Superficial apresenta inúmeras escolhas ao terapeuta (o operador modal *deveria;* os quantificadores universais *sempre* e *todas;* a falta de um índice referencial no argumento nominal *coisas*). No entanto, quando o paciente estava proferindo essa Estrutura Superficial, o terapeuta observou que ele cerrava o punho direito e estava batendo discretamente no braço da cadeira em que estava sentado. Isso identifica uma mensagem incongruente. Ignorando por ora as violações das condições de boa-estruturação em terapia na Estrutura Superficial do paciente, o terapeuta decide trazer as partes incongruentes do comportamento do paciente para o mesmo sistema representativo. Assim o faz, ao pedir-lhe que expresse a porção analógica da comunicação incongruente no sistema digital. O paciente, finalmente, responde com a Estrutura Superficial:

> *Eu deveria sempre estimar minha mãe por todas as coisas que ela fez por mim, mas ela sempre ficou do lado do meu pai, e isso me deixa fulo da vida.*

Ao se utilizarem técnicas do metamodelo, essas duas generalizações contraditórias foram mantidas em contato no mesmo sistema representativo, até que as generalizações fossem desafiadas e o paciente conseguisse um novo modelo com mais riqueza e detalhes — que ele estimava a mãe devido a certos atos e tinha-lhe ressentimento por outros.

Uma indicação de que o modelo do paciente está enriquecido é quando há comunicação *congruente* onde antes havia comunicação *incongruente*. Esse alinhamento dos sistemas representativos separados, que anteriormente tinham sido incongruentes, é uma experiência poderosa para um paciente[43] e, habitualmente, é bem fácil de ser notada por terapeutas experientes.

---

[43] Essa experiência de alinhamento ou congruidade é parte da base de proteção para a integridade do paciente. Conforme mencionado no Capítulo 3, se o paciente elimina uma porção de sua Estrutura Superficial ou deixa de imputar um índice referencial a algum elemento nessa Estrutura Superficial, o terapeuta tem muitas escolhas. Pode ter uma forte intuição do que seja a porção eliminada da Estrutura Superficial, ou do que seja a identidade do índice referencial ausente. Pode decidir agir segundo essa intuição, ao invés de indagar pela informação ausente. A proteção para o paciente consiste em o terapeuta fazer com que ela diga uma Estrutura Superficial que incorpore essa intuição:

P: *Estou com medo.*
T: *Quero que você diga isto e preste atenção a como você se sente ao dizê-lo: "Meu pai me amedronta."*

O paciente então diz a Estrutura Superficial proposta pelo terapeuta e presta atenção para ver se é uma experiência de alinhamento ou uma de con-

Terapia Familiar

Por *terapia familiar* referimo-nos àquelas terapias que conduzem o encontro terapêutico com toda uma família, em vez de com um paciente ou cliente identificado.

> Todas as abordagens acima são predicadas à necessidade de que sejam vistos os sintomas do paciente ou pacientes identificados dentro da interação da família toda, com a crença teórica explícita de que há uma relação entre o sintoma do paciente identificado e a interação da família toda. O tanto quanto o terapeuta "acredite" em terapia familiar determinará sua ênfase nas técnicas que transmitem essa orientação ao paciente.
>
> (*Therapy Comm. & Change*, p. 250)

As formas de terapia familiar, às quais estamos mais habituados, fazem uso extensivo do conceito de congruidade (Satir, Bateson etc.). Aqui, a comunicação congruente pode ser um instrumento útil para se considerarem os membros individuais da família, ou a família, como uma unidade. De fato, padrões de reocorrência frequente de comunicação incongruente são considerados uma das fontes principais de esquizofrenia (vide Jackson, 1967).

Até agora, focalizamos, exclusivamente, o metamodelo para terapia como um meio de ditar uma estratégia explícita para a terapia individual. Gostaríamos de levantar, sucintamente, a questão da relação entre nosso metamodelo e a terapia familiar. Colocada em poucas palavras, a estratégia global do metamodelo é identificar, desafiar e ampliar as porções empobrecidas e limitadoras do modelo do mundo do indivíduo. Um dos melhores indicadores dessa porção empobrecida ou limitadora do modelo de uma pessoa é uma área de experiência, dessa pessoa, onde haja sofrimento e insatisfação. De forma semelhante, nas famílias, o sofrimento serve como uma indicação clara de modelos de experiência empobrecidos e limitados. No contexto de terapia familiar, aplicam-se os mesmos princípios formais do metamodelo. Há, no entanto, pelo menos uma complicação séria: um sistema familiar é mais do que uma coleção dos modelos dos membros individuais dessa família. Especificamente, além do modelo do mundo que cada membro tem, a família tem um modelo, partilhado por todos,

---

gruidade. Se o resultado é congruente, a intuição do terapeuta é confirmada. Caso contrário, pode utilizar a técnica do metamodelo de indagar pelo material ausente.

de si mesma como uma família, e da maneira como interagem. Dentro de seu modelo, cada membro da família tem um modelo do modelo partilhado deles mesmos como uma parte da unidade familiar. Para se ter uma ideia de como é complicado, mesmo uma família de três membros, consideremos o seguinte:

designemos os membros da família pelas letras a, b e c. Nesse sistema familiar, há as seguintes percepções ou modelos (no mínimo):

o modelo de a de si mesmo;
o modelo de b de si mesma;
o modelo de c de si mesmo;
o modelo de a de si mesmo e de b em conjunto;
o modelo de a de si mesmo e de c em conjunto;
o modelo que a tem de b e c juntos;
o modelo que a tem de si mesmo junto com b e c;
o modelo de b de si mesma e de a em conjunto;
o modelo de b de si mesma e de c em conjunto;
o modelo que b tem de a e c juntos;
o modelo que b tem de si mesma junto com a e c;
o modelo de c de si mesmo e de a em conjunto;
o modelo de c de si mesmo e de b em conjunto;
o modelo que c tem de a e b juntos;
o modelo que c tem de si mesmo junto com a e b.

Todas as questões de estratégia terapêutica — cujo modelo é o mais útil para se desafiar e ampliar inicialmente, e em que medida, o grau de congruidade dos modelos do sistema familiar que cada membro da família supõe que ele ou ela partilha com outros membros — são complicações que não aparecem no contexto de terapia individual. Atualmente estamos trabalhando em um metamodelo explícito e ampliado para sistemas familiares que leva em consideração essas complicações.

RESUMO

Neste capítulo, apresentamos diversas técnicas de diferentes formas de psicoterapia já estabelecidas. Os seres humanos têm inúmeros sistemas representativos, um dos quais é a linguagem falada. Cada um desses sistemas deriva-se da soma total das experiências que o indivíduo teve — a estrutura de referência. Pela recuperação das antigas, ou a criação de novas estruturas de referência, cada uma dessas técnicas constitui um desafio implícito e, portanto, uma ampliação e enriquecimento do modelo do mundo do paciente. Além disso, indicamos como cada um desses instrumentos pode ser integrado às técnicas do metamodelo, resultando em uma estratégia explícita para terapia. Um de nossos objetivos foi mostrar como a integração às técnicas do metamodelo das técnicas específicas dessas diferentes psicoterapias as torna diretas e, assim, mais poderosas. Convidamos você a imaginar como os instrumentos do metamodelo podem ajudá-lo a aprimorar, ampliar e enriquecer as habilidades que você oferece como um ajudante de pessoas, iniciando-o ou assistindo-o, dessa forma, no caminho de um aprendiz de feiticeiro.

Conclusão

A ESTRUTURA DO ENCANTAMENTO FINAL DO LIVRO I

Não é nosso propósito, neste livro, negar a qualidade mágica dos magos terapeutas que pesquisamos, mas antes mostrar que aquela magia, como outra das atividades humanas complexas, tem estrutura e, uma vez fornecidos os recursos, é, portanto, passível de ser aprendida. Este livro é um recurso para um aprendiz de feiticeiro. Este próprio livro, como a magia que descreve, tem estrutura.

Os seres humanos vivem em um mundo real. Nós, no entanto, não operamos direta ou imediatamente nesse mundo, mas antes operamos através de um mapa ou série de mapas, que utilizamos para guiar nosso comportamento. Esses mapas, ou sistemas representativos, diferem, necessariamente, do território que eles modelam pelos três processos universais de modelagem dos humanos: Generalização, Eliminação e Distorção. Quando as pessoas chegam a nós na terapia, expressando sofrimento e insatisfação, as limitações que experimentam estão, tipicamente, em sua *representação* do mundo, e não do mundo propriamente dito.

Dos sistemas representativos de mapas, o mais estudado e mais bem compreendido é o da linguagem humana. O modelo mais explícito e completo da língua natural é a gramática transformacional. Esta é, portanto, um metamodelo — uma representação da estrutura da linguagem humana — em si mesmo uma representação do mundo de experiência.

Os próprios sistemas de linguagens humanas são representações derivadas de um modelo mais completo — a soma total das experiências que um determinado ser humano teve em sua vida. Os linguistas transformacionais desenvolveram inúmeros conceitos e mecanismos que descrevem como o modo pelo qual as pessoas realmente falam — suas Estruturas Superficiais — deriva-se de uma representação linguística completa, as Estruturas Profundas. O metamodelo transformacional descreve, explicitamente, esses conceitos e mecanismos; esses são casos específicos dos processos gerais de modelagem: Generalização, Distorção e Eliminação.

Ao adaptar os conceitos e mecanismos do modelo transformacional do sistema representativo humano de linguagem aos objetivos de terapia, desenvolvemos um metamodelo formal para terapia. O metamodelo é formal porque:

(a) é explícito; isto é, descreve o processo de terapia passo a passo, garantindo que o metamodelo seja passível de ser aprendido. Isso resulta em uma estratégia explícita para terapia;

(b) é independente de conteúdo, lidando com a forma do processo, e, portanto, tem aplicabilidade universal.

O metamodelo baseia-se apenas nas intuições que o falante nativo tem de sua língua. A implicação global do metamodelo para terapia é a noção de *boa-estruturação em terapia*. Esta é um conjunto de condições que têm de ser preenchidas pelas Estruturas Superficiais que o paciente utiliza na terapia, a fim de que essas estruturas sejam aceitáveis. Utilizando essa gramática adequada à terapia, como terapeutas, podemos assistir nossos pacientes na ampliação das porções de suas representações que os empobrecem e limitam. Isso resulta no enriquecimento da vida destes, de maneira que passam a experimentar mais opções em seu comportamento, mais oportunidades para sentir as alegrias e a riqueza que a vida tem a oferecer. Quando integrado às habilidades de ajudante de pessoas que você já tem a seu dispor como terapeuta, esse processo de crescimento e modificação é profundamente ampliado. Essa linguagem e crescimento é, então, verdadeiramente A ESTRUTURA DA MAGIA.

Estamos satisfeitos em assinalar não só que o último encantamento para crescimento e potencial é que você próprio pode utilizar essa linguagem de crescimento para enriquecer as habilidades que tem como um ajudante de pessoas, mas também que você pode utilizar essa linguagem de crescimento para enriquecer sua *própria* vida e seu *próprio* potencial como ser humano.

Continua em *A Estrutura da Magia II*.

Índice de Matérias para

A ESTRUTURA DA MAGIA II

por John Grinder e Richard Bandler

Apêndice A

UM BREVE ESBOÇO DE GRAMÁTICA TRANSFORMACIONAL

O que queremos fazer neste apêndice é apresentar um esboço básico da estrutura dos sistemas das línguas humanas. Este esboço é delineado a partir de uma teoria formal de linguagem, conhecida como gramática transformacional, e constitui apenas um brevíssimo esboço dessa teoria.[44]

A teoria da gramática transformacional foi desenvolvida para explicitamente descrever a padronização nos sistemas das línguas humanas. Você e eu, como seres humanos, temos intuições coerentes sobre a estrutura de nossa língua e sobre sua gramática transformacional como uma representação formal dessas intuições. Por exemplo, falantes nativos de inglês concordam que a sequência de palavras inglesas em (A) forma uma oração de sua língua, enquanto a sequência de palavras em (B) não o faz:

> (A) *Hans' mother called Sigmund up.**
> (B) *Called mother Sigmund Hans up.*

Além disso, nossa intuição é que as palavras *Hans* e *mother* se ajustam de alguma forma, ao passo que as palavras *mother* e *called* não. Novamente, dada a frase (C), um falante nativo a reconhecerá como tendo uma relação especial com (A).

> (C) *Hans' mother called up Sigmund.*

que ele descreverá como *afirmando a mesma coisa* ou *tendo o mesmo significado*. Por último, um falante nativo de inglês identificará (D) como um membro de um conjunto especial de frases que faz

---

[44]Para uma apresentação mais completa da teoria da gramática transformacional, vide Chomsky (1957), (1965); Grinder e Elgin (1973) etc.
* (A) A mãe de Hans telefonou para Sigmund.

(D)   *Murdering peasants can be dangerous.**

parte do conjunto de frases ambíguas do inglês. Essas classes diferentes de intuições que você e eu temos, como falantes nativos de uma língua natural, podem ser descritas como:

1. Intuições que me permitem decidir coerentemente que sequências de palavras da minha língua constituem orações (isto é, sequências bem-estruturadas) dessa língua. Referir-nos-emos a isso como *boa-estruturação*.

2. Intuições que me permitem decidir coerentemente que palavras em uma oração se ajustam para formar uma unidade ou constituinte de nível mais alto. Referir-nos-emos a isso como *estrutura de constituinte*.

3. Intuições que me permitem decidir coerentemente que orações têm que tipo de relações lógicas/semânticas, relações tais como: Que orações de estrutura ou forma diferentes têm o mesmo significado? Referir-nos-emos a isso como *sinonímia*. Ou: Que orações têm mais de um significado? Referir-nos-emos a isso como *ambiguidade*.

A gramática de uma língua natural tem a intenção de representar essas três classes de intuições. Os dados básicos que uma gramática transformacional é destinada a apresentar, de forma sistemática, são as intuições que falantes nativos como você e eu temos sobre a estrutura de nossa língua. Por *decidir coerentemente* queremos dizer duas coisas: primeiro, nossas intuições a respeito da estrutura de uma mesma frase são constantes mesmo quando apresentadas a ele em dois momentos quaisquer no tempo; segundo, outros falantes nativos terão as mesmas intuições a respeito da estrutura dessa mesma frase. Esse comportamento que nós, como falantes nativos, apresentamos é governado por regras. Isso quer dizer que, embora possamos não estar conscientes ou ser capazes de articular as regras que utilizamos quando fazemos julgamentos intuitivos sobre a estrutura de nossa língua, nosso comportamento pode ser descrito por algum conjunto de regras explícitas. Os linguistas constroem as gramáticas pelo desenvolvimento desses sistemas de regras. Uma das coisas que tais sistemas especificam é quais sequências de palavras na língua são bem-estruturadas, isto é, são orações. Essa característica dos

---

* (D) Matar camponeses pode ser perigoso.
    ou
Camponeses que matam podem ser perigosos.

sistemas de regras assinala a primeira questão, a de componência. Distinguimos entre os *componentes* do sistema e a *mecânica dos componentes* desse sistema. Os componentes principais do sistema e o próprio sistema não envolvem conceitos que sejam particularmente difíceis. Queremos prevenir o leitor para não se emaranhar na mecânica do sistema e, por essa razão, separamo-lo do sistema propriamente dito.

BOA-ESTRUTURAÇÃO E ESTRUTURA DE CONSTITUINTE

Uma forma de ser ter ideia de como a gramática funciona, em relação à boa-estruturação, é imaginar uma situação na qual temos uma grande cesta cheia de pequenas tiras de papel. Em cada tira está escrita uma palavra da língua inglesa. Nosso amigo, Atiko, está comigo. Atiko é membro de uma tribo chamada Dasenetsch, do Sudeste da Etiópia. Não fala nem entende inglês. Ele retira dez tiras de papel por vez, ordenando-as da esquerda para a direita à sua frente, na ordem em que foi retirando da cesta. Sua tarefa agora é decidir se cada sequência de dez palavras constitui uma sequência bem-estruturada do inglês. Só podemos auxiliá-lo dando-lhe uma gramática ou sistema de regras que possa utilizar para decidir se a sequência é, de fato, bem-estruturada. Considerada desse ponto de vista, uma gramática é um procedimento de decisão que divide o conjunto de todas as sequências possíveis de palavras inglesas em um conjunto de sequências bem-estruturadas e em um de sequências mal-estruturadas. Dado que Atiko não conhece a língua inglesa, as regras precisam ser explícitas; o processo que ele utiliza não pode confiar em suas intuições para fazer julgamentos quanto a qualquer das sequências. E mais, se o sistema de regras constitui uma gramática adequada (com respeito à boa-estruturação), então cada membro do conjunto bem-estruturado será julgado como tal pelos falantes nativos de inglês e nenhum membro do outro conjunto será assim identificado pelos falantes nativos. Apresentaremos sucintamente o tipo de sistemas de regras utilizado pelos linguistas transformacionalistas. Esses sistemas de regras serão mais bem compreendidos se primeiro discutirmos a estrutura de constituinte. Consideremos a frase (1) a seguir.

(1) *Dick admitted Spiro had contacted the boys at ITT.**

---

* (1) Dick admitiu que Spiro entrara em contato com os rapazes da ITT. (N.T.)

A frase (1) é considerada por mim, por você e por todos os falantes de inglês como bem-estruturada. Agora, indague-se se você pode detectar qualquer estrutura interna nessa frase. Por exemplo, você acha que as palavras *the* e *boys* se ajustam de alguma forma intuitiva que as palavras *boys* e *at* não se ajustam? Ou, novamente, as palavras *had* e *contacted* se ajustam de alguma forma que *contacted* e *the* não o fazem? Para os falantes de inglês, a resposta é *sim* para ambas as perguntas. Podemos prosseguir com a frase, utilizando nossa intuição a respeito de sua estrutura interna para decidir como agrupar as palavras individuais da frase em unidades de palavras-múltiplas de nível mais alto. Após completarmos esse primeiro turno com a frase, podemos começar novamente, agrupando dessa vez os grupamentos ou constituintes iniciais em constituintes de nível mais alto. Por exemplo, os constituintes *had contacted* e *the boys* se ajustam de alguma forma que *Spiro* e *had contacted* não o fazem. *Esse* procedimento é iterativo. As intuições de falantes nativos de inglês, como você e eu, a respeito da estrutura de constituinte da língua são coerentes. A título de repetição, por coerente queremos dizer que, dada a mesma frase neste momento e daqui a dez anos, nosso julgamento quanto à estrutura interna dessa frase será constante. Além disso, nosso julgamento irá coincidir com o de outros falantes nativos da língua. Dentro da teoria da gramática transformacional, esses tipos de intuições são representados pelos que chamamos *estrutura de árvore*. Há um procedimento simples para chegar-se à estrutura de árvore a partir de nossas intuições: as palavras que se ajustam nos meus grupamentos intuitivos são dominadas pelo (ligadas ao) mesmo nódulo da árvore. *The* e *boys* se ajustam segundo nossas intuições a respeito dos grupamentos iniciais; portanto, a representação em árvore incluirá a estrutura:

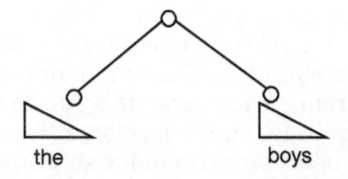

Em representações reais de árvores, os nódulos (aqui representados por bolinhas) portam rótulos que identificam suas partes na fala, tais como *O* para Oração, *LN* para Locução Nominal, *LV* para Locução Verbal, *S* para Substantivo, *V* para Verbo, *Det* para

Determinante, *LP* para Locução Preposicional, *Prep* para Preposição etc. A representação real para o constituinte *the boys* é

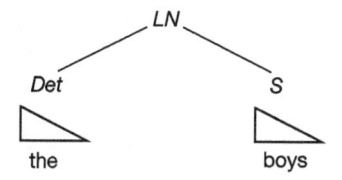

A árvore (2) representa nossas intuições sobre a estrutura interna da frase (1):

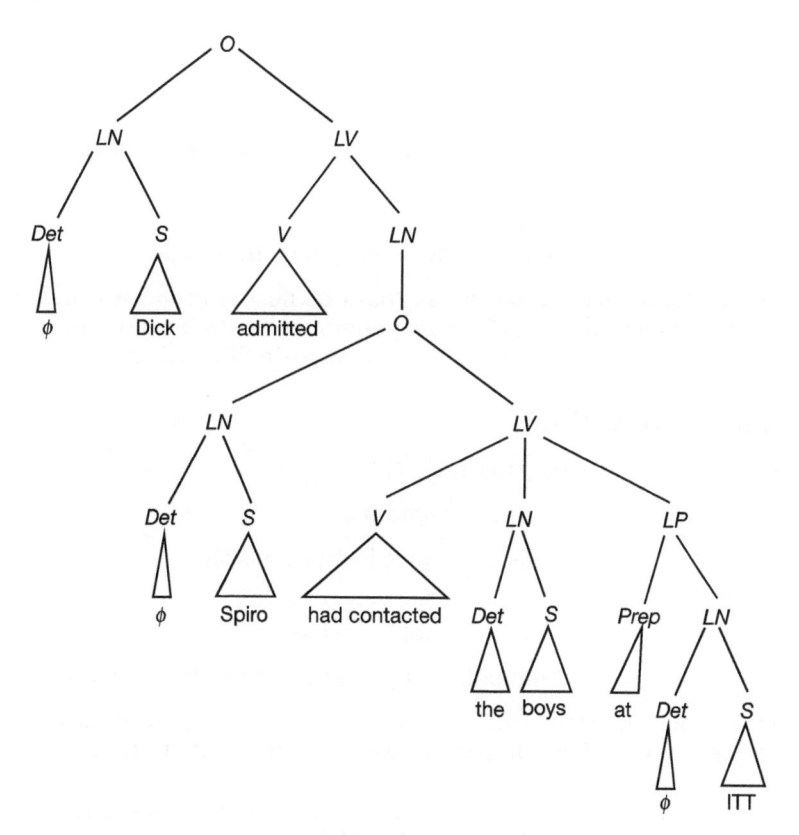

Agora, conhecendo o procedimento para construir representações em árvore a partir de intuições a respeito de grupamentos ou estrutura de constituinte, você pode ler as estruturas de árvore e ver se suas intuições coincidem com as nossas. Por exemplo, as palavras *had contacted the boys at ITT* formam um constituinte (LV), mas *Spiro* e *had contacted* não formam. Isso se reflete na estrutura de árvore pelo fato de que a primeira sequência é completamente dominada (por completamente queremos dizer que o nódulo que domina essas palavras domina essas e nenhuma outra) por um único nódulo, mas não há um único nódulo que domine completamente as palavras *Spiro* e *had contacted*. Assinalamos anteriormente que gramáticas são sistemas de regras. Como, então, se parece o sistema de regras que especifica a estrutura de árvore (2)? A fim de tornar a resposta a essa pergunta mais inteligível, queremos fazer uma breve incursão nos sistemas formais ou lógicos.

Sistemas Formais

Os *sistemas formais* são constituídos por três componentes:[45]

vocabulário
conjunto de axiomas
conjunto de regras de formação ou derivação.

Os conceitos mais importantes (para os nossos propósitos neste momento) dos sistemas formais podem ser ilustrados por um sistema extremamente simples — chamemo-lo SIMPLES.[46]

Sistema SIMPLES

vocabulário: $\underline{)}$, $\underline{(}$, $\underline{*}$

conjunto de axiomas: $\underline{*}$

regras de formação ou derivação:

(a) $* \longrightarrow) * ($
(b) $* \longrightarrow \phi$

(O símbolo ϕ representa a sequência vazia.)

O símbolo — significa que o material que aparece à esquerda deste pode ser substituído pelo (reescrito como o) material à direi-

---

[45] Para uma discussão mais completa, vide qualquer texto introdutório de lógica; por exemplo, Tarsky (1943), Kripke (1972).
[46] Porque é.

ta do símbolo. Agora, vamos acionar o SIMPLES e observar a maneira como opera. A metarregra (uma regra sobre as regras) para sistemas formais dessa classe especifica que temos de justificar cada afirmação que fazemos no sistema. Há duas justificativas possíveis: ou aquilo que escrevemos é um axioma do sistema, ou é uma substituição especificada pelas regras de derivação a partir da linha que acabamos de escrever. De início, dado que não são linhas existentes, a primeira linha tem de ser o axioma do sistema.

linha	justificativa
*	axioma do sistema

Agora, examinemos a linha que acabamos de escrever e determinemos se alguns dos símbolos lá escritos estão à esquerda das regras de derivação. O símbolo <u>*</u> é o único candidato, e, de fato, aparece à esquerda de ambas as regras de derivação de SIMPLES. Escolhemos então uma das regras e escrevemos a linha seguinte:

linha	justificativa
*	axioma do sistema
) * (	pela regra de derivação (a)

Agora repitamos o procedimento, examinando cuidadosamente a última linha e comparando os símbolos aí existentes com aqueles que aparecem à esquerda das setas. Dentro desse sistema, enquanto continuarmos a escolher a regra de derivação (a), o procedimento será o mesmo.[47]

Suponhamos que escolhemos a regra (a) mais duas vezes

linha	justificativa
*	axioma do sistema
)*(	pela regra de derivação (a)
))*((	pela regra de derivação (a)
)))*(((	pela regra de derivação (a)

---

[47] Dado que não há limite para o número de vezes que podemos escolher a regra de derivação (a), não há mais sequências de linhas, e, portanto, o conjunto de linhas geradas é infinito. Na realidade, se você examinar a estrutura do conjunto das regras de derivação, descobrirá que o axioma se amplia em si mesmo; isto é, o símbolo * aparece em ambos os lados da seta. O símbolo, portanto, está constantemente substituindo a si mesmo. Essa propriedade de sistema de regra chama-se reocorrência; isso garantirá que o conjunto gerará um conjunto infinito de linhas de derivação.

O que acontece se agora escolhemos a regra de derivação (b)?

linha	justificativa
*	axioma do sistema
)*(	pela regra de derivação (a)
))*((	pela regra de derivação (a)
)))*(((	pela regra de derivação (a)
)))) ((((	pela regra de derivação (b)

Quando examinamos a última linha da sequência, não encontramos símbolos que ocorrem à esquerda da seta. O procedimento agora termina. Os resultados do mesmo, a coleção de linhas de cima para baixo, chama-se derivação. A linha final de qualquer dessas derivações chama-se um teorema do sistema, e diz-se ter sido provada no sistema. Finalmente, diz-se que uma sequência no vocabulário de um sistema está bem-estruturada se a mesma for um teorema desse sistema. Examinando o sistema de um ponto de vista global, podemos ver que uma sequência no vocabulário desse sistema está bem-estruturada com relação a esse sistema somente no caso de haver uma derivação procedente de um axioma do sistema por meio de regras de derivação até chegarmos a uma sequência que não contenha símbolos à esquerda de uma das regras de derivação para aquele sistema — um teorema. Se juntarmos todos os teoremas de um sistema, teremos o conjunto de sequências bem-estruturadas no vocabulário do sistema.

Agora, queremos explicitamente traçar o paralelismo entre o sistema SIMPLES e os sistemas das línguas naturais. A primeira tarefa que temos, como linguistas, é especificar o conjunto de sequências bem-estruturadas no vocabulário do sistema da língua natural para a qual estamos tentando construir uma gramática. Utilizando SIMPLES como um modelo, então, se formos capazes de especificar um sistema de regras, dadas como teoremas para todas as sequências de palavras nessa língua, que falantes nativos considerem ser bem-estruturadas, então teremos tido êxito em responder à questão de componência.

Alguns Mecanismos das Questões de Componência e Estruturas de Constituinte

Vejamos o que poderia ser um sistema de regras para a língua natural.

Sistema PROFUNDO

Vocabulário: *O* (Oração), *LN* (Locução Nominal), *LV* (Locução Verbal), *S* (Substantivo), *Det* (Determinante), *V* (Verbo), *LP* (Locução Preposicional), *Prep* (Preposição)

Axioma: *O*
Regras de derivação:

(a) $O{\rightarrow}LN \qquad LV$

(b) $LN{\rightarrow} \begin{Bmatrix} Det\ S & (LP) \\ O \end{Bmatrix}$

(c) $LV{\rightarrow}V \quad (LN) \quad (LP)$

(d) $LP{\rightarrow}Prep \quad LN$

$LN{\rightarrow} \begin{Bmatrix} Det\ S & (LP) \\ O \end{Bmatrix}$ em que os símbolos dentro dos parênteses podem ser omitidos e símbolos dentro das chaves representam uma escolha disjuntiva, isto é, escolha uma ou outra, mas não ambas as linhas de símbolos.

A metarregra para esse sistema é a mesma mencionada para SIMPLES — cada linha da derivação tem de ser ou um axioma ou ser derivável de uma linha anterior por meio de uma regra de derivação. Ao aplicar o procedimento que utilizamos para SIMPLES, temos:

linha										*justificativas*
O										axioma do sistema
LN	*LV*									pela regra de derivação a
Det	*S*	*LV*								pela regra de derivação b
Det	*S*	*V*	*LN*							pela regra de derivação c
Det	*S*	*V*	*O*							pela regra de derivação b
Det	*S*	*V*	*LN*	*LV*						pela regra de derivação a
Det	*S*	*V*	*Det*	*S*	*LV*					pela regra de derivação b
Det	*S*	*V*	*Det*	*S*	*V*	*LN*	*LP*			pela regra de derivação c
Det	*S*	*V*	*Det*	*S*	*V*	*Det*	*S*	*LP*		pela regra de derivação b
Det	*S*	*V*	*Det*	*S*	*V*	*Det*	*S*	*Prep*	*LN*	pela regra de derivação d
Det	*S*	*V*	*Det*	*S*	*V*	*Det*	*S*	*Prep*	*Det*	*S*	pela regra de derivação b

Não é fácil fazer um mapa a partir de derivações para representação em árvore; retornemos à primeira linha de derivação e comecemos a ler a derivação linha por linha de cima para baixo. Em cada linha, aplicou-se uma regra de derivação para substituir um símbolo por algum outro símbolo (a). O restante dos símbolos da linha foi simplesmente mantido ou recopiado da linha imediatamente acima. Esses símbolos nada trazem de informação nova e são, portanto, redundantes. Removamos a redundância ao apagar ou deixar de fora todos os símbolos em cada linha da derivação que não sejam afetados pela regra de derivação que se aplicou. Se executarmos essa operação para as primeiras linhas da derivação, temos a figura:

S

NP   VP

Det   N   V   NP

S

-

•

•

-

Retornemos agora à primeira linha da derivação e, à medida que vamos lendo em ordem descendente, liguemos o símbolo que foi substituído na linha superior de cada par de linhas adjacentes ao(s) símbolo(s) que o substituiu(íram) na linha inferior do par. Os resultados para as primeiras poucas linhas assim se apresentam:

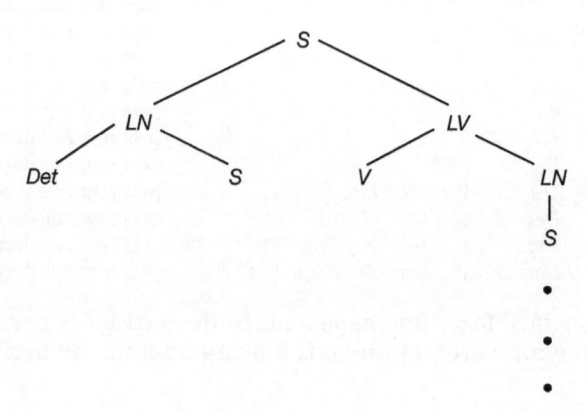

Ao efetuarmos esses dois procedimentos para a derivação inteira, temos a representação em árvore:

(3)

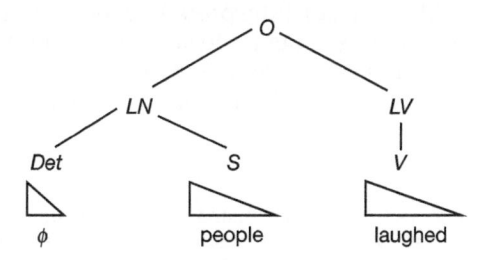

Essa estrutura de árvore é idêntica à estrutura de árvore (2) que discutimos anteriormente, exceto que as palavras do inglês ligadas aos nódulos mais baixos na árvore (2) estão ausentes nesta. Para aplicar essas últimas, necessitamos de um léxico (ou dicionário ampliado). Esse léxico fornece todas as palavras do inglês com determinadas informações adicionais. Por exemplo, os verbos são listados nesse léxico mostrando em que tipo de estrutura de árvore eles podem ser colocados. O verbo *admit* pode ajustar-se a uma estrutura de árvore sob um nódulo *V* se esse nódulo *V* for seguido por um nódulo *LN*,[48] como na estrutura de árvore (2), porém não pode ser colocado em uma estrutura de árvore sob um nódulo *V* se nada se seguir a esse nódulo *V*, como em:

---

[48] Isso está, na realidade, incompleto, dado que o verbo *admit* se coloca em uma estrutura de árvore em que o verbo é seguido por dois nódulos *LN*; corrigiremos isso adiante.

Esse tipo de informação listada no léxico impede sequências mal-estruturadas como:[49]

People admit
Dick laughed Spiro had contacted the boys at ITT

Para substantivos, o léxico fornece informação mostrando com que tipos de verbos o substantivo pode ser utilizado. Essa informação impede sequências mal-estruturadas como[50]

The wall laughed
The wall admitted Spiro had contacted the boys at ITT

Geralmente, então, o léxico contém informação suficiente para apreender as dependências entre os verbos e suas locuções nominais que os acompanham. Dado o léxico, agora necessitamos apenas de uma regra de substituição que verifique a informação contida no mesmo em face da estrutura de árvore e coloque a palavra envolvida sob o nódulo mais baixo, se não houver conflito entre a informação do léxico e a estrutura de árvore. Se executarmos essa operação de substituição para a árvore (3), uma das árvores resultantes será a árvore (2), repetida aqui por conveniência. (Ver p. 235.)

Para que, então, nos serve o sistema PROFUNDO? Primeiro PROFUNDO representa intuições sobre a estrutura de constituinte. Como? Examinemos as regras de derivação para PROFUNDO. Tomemos a regra (d), por exemplo:

$$LP \to Prep\ LN$$

Além de ser interpretada simplesmente como uma regra de derivação, a regra (d) pode ser interpretada como uma regra de estrutura de constituinte; ela faz a alegação geral de que locuções preposicionais (em inglês) se compõem de uma preposição seguida por uma locução nominal. De forma mais geral, cada uma das

---

[49] O que está acontecendo nas orações listadas é que as exigências estruturais dos verbos envolvidos estão sendo violadas. Por exemplo, o verbo *laugh* (= rir) exige não ser seguido por locução nominal. Em termos gramaticais mais tradicionais, o verbo *laugh* é um verbo intransitivo; não tem objeto direto.
[50] O que está acontecendo nas orações listadas é que as exigências de sentido, ou as restrições seletivas dos verbos, estão sendo violadas. Verbos como *laugh* e *admit* exigem que seus sujeitos sejam humanos (ou, pelo menos, animados).

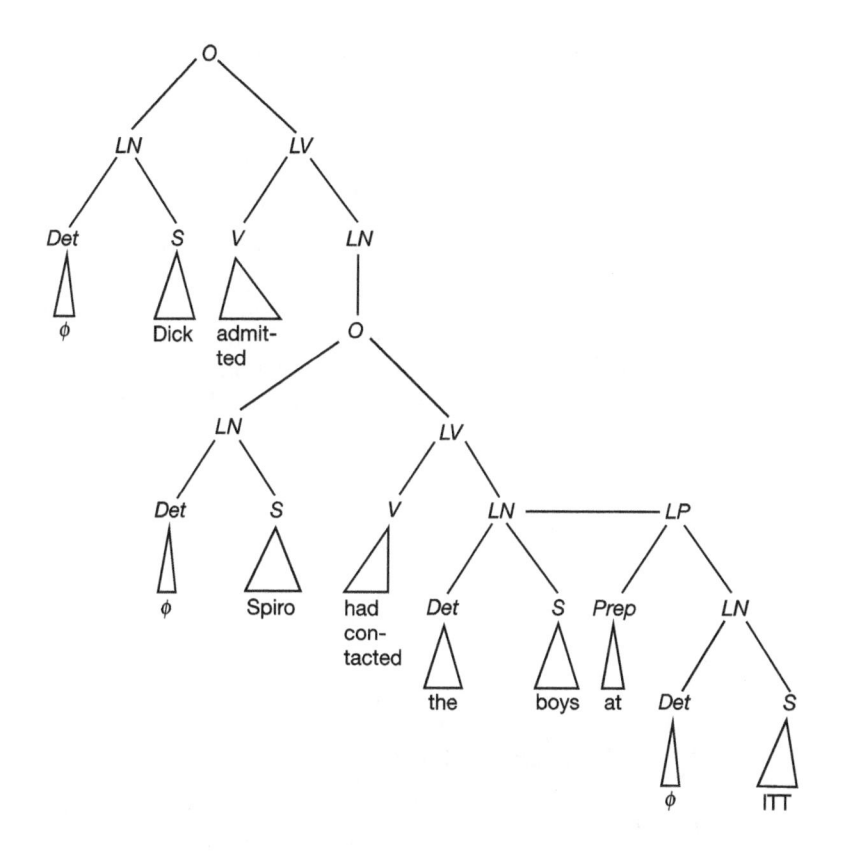

regras de derivação especifica que os símbolos que aparecem à direita da seta são os constituintes que são completamente dominados pelo, e portanto substituições para o, símbolo que aparece à esquerda da seta. Segundo, o sistema PROFUNDO é uma primeira aproximação para um sistema que representa intuições sobre boa-estruturação; isto é, o que são as orações do inglês. A resposta fornecida por PROFUNDO são todos os teoremas de PROFUNDO. Como decidirmos se a resposta fornecida por PROFUNDO é exata? Em princípio, apenas acionemos PROFUNDO, coletemos todos os teoremas e comparemos esse conjunto com o conjunto de orações identificadas pelos falantes nativos da língua. Na prática, entretanto, podemos demonstrar que PROFUNDO não é uma resposta completa pelo simples fato de encontrar uma frase bem-estruturada do inglês que não seja um teorema de PROFUNDO. A frase (4) é uma delas.

(4) *The boys at ITT were admitted by Dick to have been contacted by Spiro.*

Como decidimos se (4) é um teorema de PROFUNDO? Primeiro percorremos a (4) utilizando nossas intuições para determinar que grupamentos, e, portanto, representações em árvore, são adequados. Notamos no grupamento inicial, por exemplo, que as palavras *at* e *ITT* se ajustam de uma forma como nem *boys* e *at*, nem *ITT* e *were* o fazem. Percorrendo a frase pela segunda vez, notamos que os constituintes *were admitted* e *by Dick* se ajustam de uma forma como nem *at ITT* e *were admitted*, nem *by Dick* e *to have been contacted* o fazem. Após percorrer sistematicamente a frase, podemos representar nossas intuições pela estrutura de árvore (5).

(5)

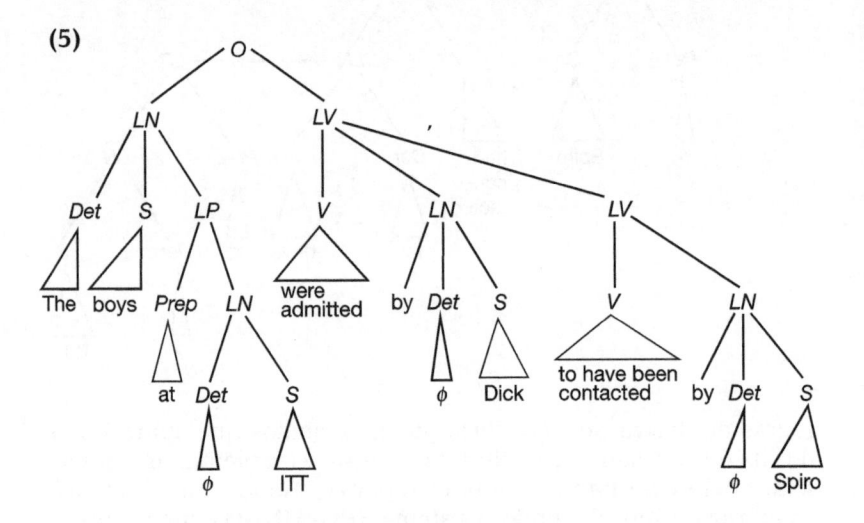

As nossas intuições representadas nessa estrutura de árvore fazem várias alegações interessantes. Alegam que há um constituinte composto de *by*, seguido por um *Det*, seguido por um *S*, em que todos esses três constituintes são completamente dominados pelo nódulo *LN*. Essa alegação é suficiente para demonstrar que PROFUNDO é apenas uma resposta parcial à questão de componência. Como? Pelo exame da regra de PROFUNDO que especifica que constituintes são completamente dominados por *LN*, isto é, regra de derivação (b). Dado que nenhuma regra de derivação amplia *LN* como *by* + *Det* + *S*, vemos que em nenhuma derivação de PROFUNDO (e, portanto, em nenhum teorema deste) pode haver um caso em que uma *LN* domine diretamente o elemento *by*. A fim de que surja essa configuração, deveria ter havido uma regra para a forma. Podemos, portanto, concluir que há pelo menos uma sequência bem-estruturada do inglês que PROFUNDO deixa de enumerar. Mas, antes de tentarmos encontrar um meio para suplementar PROFUNDO com um sistema adicional ou algumas regras adicionais de derivação, queremos falar sobre nossas intuições de sinonímia.

SINONÍMIA

Verifique suas intuições a respeito da relação entre a frase (2) e a (4), repetidas a seguir.

(2) *Dick admitted Spiro had contacted the boys at ITT.*

(4) *The boys at ITT were admitted by Dick to have been contacted by Spiro.*

Falantes nativos de inglês julgam as frases (2) e (4) como sinônimas. Sinonímia é uma relação que se mantém entre duas (ou mais) frases quando elas têm sempre o mesmo valor de verdade — são ambas sempre verdadeiras, ou sempre falsas. Em outras palavras, suponhamos que as palavras *Dick* e *Spiro* e *the boys at ITT* se refiram às mesmas coisas, quando utilizadas em ambas as frases (2) e (4). Você pode imaginar um mundo, coerente do ponto de vista lógico, em que uma dessas frases seja verdadeira e a outra falsa? Se você não for capaz, então, diz-se que o par é sinônimo.[51] Assim, a frase (4) não só representa um contraexemplo à alegação de que PROFUNDO seja uma gramática adequada com respeito à boa-estruturação, mas ela — juntamente com a frase (2) — apresenta o tema de como as intuições de sinonímia devem ser representadas, como determinar que frases de forma ou estrutura diferentes têm o mesmo sentido. Em outras palavras, você e eu, como falantes nativos de inglês, reconhecemos que, embora elas sejam de forma ou estrutura radicalmente diferente, as frases (2) e (4) têm uma relação especial de sentido chamada sinonímia. Em ambas as frases, há uma atividade ou relação de *admitting* sendo descrita. Essa atividade está sendo desempenhada por um indivíduo chamado Dick; o(s) indivíduo(s) sobre

---

[51] Se você for capaz, telefone-nos a cobrar do editor.

quem se está admitindo algo não é(são) especificado(s), e o que está sendo admitido é que *Spiro had contacted the boys at ITT*. E mais, há uma atividade ou relação adicional sendo descrita, aquela de *contacting*. Essa atividade de fazer contatos está sendo desempenhada por um indivíduo chamado Spiro; a pessoa ou pessoas com quem se estão fazendo contatos são especificadas como os rapazes da ITT, e a razão pela qual Spiro estava fazendo contatos com os rapazes da ITT fica inespecificada. Referimo-nos ao tipo de intuições que estamos agora descrevendo como sentido ou relações lógicas. Mais uma, vez, tomando de empréstimo da terminologia dos sistemas lógicos, nos referiremos às atividades ou relações, tais como *admitting* ou *contacting*, como *predicados*.[52] Às locuções nominais que estão associadas a essas relações ou predicados chamaremos *os argumentos do predicado*. Utilizando esses termos, podemos caracterizar as relações de significado nas frases (2) e (4). A principal relação de significado ou predicado nessas frases sinônimas é *admit*. O predicado *admit* tem três argumentos, o indivíduo fazendo a admissão (isto é, Dick), o indivíduo a quem a admissão está sendo feita (não especificado) e a coisa que está sendo admitida (*Spiro had contacted the boys at ITT*). Podemos representar essas intuições utilizando uma forma extraída dos sistemas lógicos.

$$(6) \quad \text{admit}^3 \text{(Dick, _____, Spiro had contacted the boys at ITT)}$$

em que o sobrescrito três sobre o predicado especifica o número de argumentos associados a esse predicado, e a lacuna indica um argumento ausente. O terceiro desses argumentos é complexo, sendo ele próprio composto de um predicado com seus argumentos.

$$(7) \quad \text{contact}^3 \text{(Spiro, the boys at ITT, _____)}$$

O argumento não especificado do predicado *contact* é o argumento que especifica com relação a que Spiro fazia contatos com os rapazes da ITT. Podemos combinar as informações da (6) e da (7) sob uma única forma:

$$(8) \quad \text{admit}^3 \text{(Dick, _____ (contact}^3 \text{[Spiro, the bois at ITT, _____)}$$

---

[52] Vide qualquer tratado introdutório dos cálculos de predicado; por exemplo nas fontes listadas na nota 6.

Essas relações de significado são representadas na teoria da gramática transformacional ao nível dos teoremas de PROFUN-DO. Se você examinar a frase (2), notará que, exceto pelos argumentos que estão ausentes, as relações lógicas ou de significado são diretamente expressas. Por exemplo, os predicados e seus argumentos localizam-se contiguamente, e as relações gramaticais (tais como o sujeito do verbo [a primeira locução nominal à esquerda do verbo] e as relações lógicas [tais como o argumento que está na primeira posição]) são paralelas. O sujeito do verbo *admit* e o primeiro argumento do predicado são a mesma locução nominal *Dick*. Observe-se que o fato de as relações gramaticais e as relações lógicas serem paralelas entre si e o fato de as frases (2) e (4) serem sinônimas poderiam ser representados se houvesse algum meio de derivar tanto (2) como (4) da mesma estrutura. Esta, de fato, é função que têm as transformações nos sistemas gramaticais.

O Componente Transformacional

Com base no que já dissemos, há pelo menos duas dificuldades que as transformações têm de resolver: o sistema transformacional tem de representar intuições sobre boa-estruturação de frases tais como (4), não representada por PROFUNDO, e as transformações têm de representar a intuição, que você e eu temos, de que as duas frases, (2) e (4), significam a mesma coisa, a relação de sinonímia. Esses dois objetivos podem ser cumpridos por transformações a partir do sistema PROFUNDO e, em seguida, derivando por transformações todas as frases da língua como teoremas desses sistemas a partir de teoremas de PROFUNDO. A derivação de frases sinônimas efetua-se então desta forma: duas (ou mais) frases serão consideradas sinônimas apenas no caso em que se derivam do mesmo axioma. Examinemos mais de perto o sistema transformacional.

A Mecânica do Componente Transformacional

O sistema transformacional assim se apresenta:

Sistema/TRANS

6 Vocabulário: o vocabulário do sistema PROFUNDO + os nomes variáveis X, Y, Z etc.
Axiomas: os teoremas do sistema PROFUNDO.
Regras de derivação: as transformações do inglês.

Em PROFUNDO, as regras de derivação eram da forma

$$A \to BCD$$

isto é, um símbolo é substituído por outro(s) símbolo(s). Em TRANS, as regras de derivação são um pouco diferentes. Cada uma delas consiste em duas partes: o *índice estrutural* e a *modificação estrutural*. O propósito do índice estrutural é identificar a estrutura das representações em árvore que serão transformadas ou sobre as quais operaremos. Tomemos a transformação PASSIVA como exemplo. O índice estrutural para essa transformação é:

$$X \, LN^1 \, V \, LN^2 \, Y$$

Lemos essa fórmula como se segue: o índice estrutural da transformação PASSIVA seleciona qualquer estrutura de árvore que tenha a seguinte forma: qualquer sequência de nódulos (coberta pelo nome variável X), seguida por uma locução nominal (identificada como LN^1), seguida por um verbo, seguido por uma outra locução nominal (identificada como LN^2). Essa fórmula de nódulos rotulados identifica toda uma classe de representações em árvore com a estrutura especificada pela fórmula. Representações em árvore que assim se apresentam:

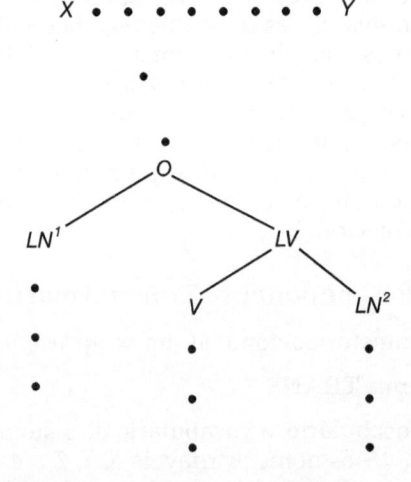

Uma vez selecionadas pelo índice estrutural, as representações em árvore adequadas podem, então, ser transformadas ou transcritas em uma nova estrutura de árvore. O propósito da segunda parte, a modificação estrutural, é especificar que modificações deverão ser feitas na árvore de entrada (*input*); isto é, a modificação estrutural especifica a estrutura da árvore de saída (*output*). A modificação estrutural para a transformação PASSIVA é:

$$X \, LN^2 \text{ be} + V + \text{en by} + LN^1 \, Y$$

A modificação estrutural de uma transformação pode ser interpretada como instrução relativa à forma pela qual devemos modificar a árvore de entrada, a fim de obter a árvore certa de saída. Especificamente, a modificação estrutural para a transformação passiva determina que a estrutura da árvore de saída será todos os mesmos nódulos que estavam originariamente cobertos pela variável X, seguida pela locução nominal que na árvore de entrada estava à direita do verbo (LN^2), seguida pelo elemento *be*, seguido pelo elemento *en*, seguido pelo elemento *by*, seguido pela locução nominal que originariamente aparecia à esquerda do verbo (LN^1). Assim, em forma de árvore, a saída da transformação é:

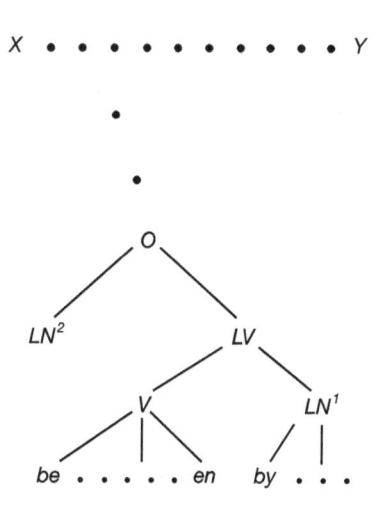

Em termos mais gerais, então, o efeito da transformação PASSIVA é, antes de tudo, permutar ou alterar a ordem das duas *LN*s identificadas no índice estrutural e, segundo, acrescentar elementos novos.[53] Para mostrar a semelhança entre esse tipo de regra de derivação e aquela do sistema PROFUNDO, observe-se que podemos apresentar essa transformação no mesmo formato daquele que utilizamos para as regras de derivação de PRO-FUNDO.[54]

$$X\ LN^1\ V\ LN^2\ Y \to X\ LN^2\ \text{be} + V + \text{en by} + LN^1\ Y$$

em que o material que aparece à esquerda da seta é o índice estrutural e o que aparece à direita da mesma é a modificação estrutural. Desejo assinalar diversas diferenças entre os dois tipos de regras: as regras de PROFUNDO aceitam sequências lineares de símbolos como entrada e as fornecem como saída, enquanto as regras de TRANS aceitam como entrada e fornecem como saída estruturas de árvore ordenadas hierarquicamente. As regras de PROFUNDO são estabelecidas em um vocabulário que não inclui variáveis, enquanto as de TRANS utilizam variáveis abrangentemente, e, por fim, as regras de TRANS têm o poder de modificar mais do que um símbolo por vez, enquanto as de PROFUNDO não têm. Em geral, as regras de TRANS são

---

[53] Observe-se que a própria transformação criou a estrutura de constituinte, cuja causa não poderíamos explicar por meio das regras de derivação de PROFUNDO. Especificamente, a subárvore

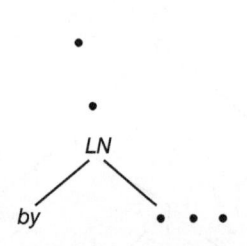

[54] As semelhanças e diferenças em classes diferentes de regras são estudadas na Teoria dos Autômatos, e os resultados desse campo têm sido bastante importantes em linguística, tanto na avaliação de modelos mais antigos da estrutura da língua como no desenvolvimento de novos modelos. Vide, por exemplo, *Sequential Machines and Automata Theory* de T. L. Booth (John Wiley and Sons, Inc., 1967). Para comentários sobre a relação e importância dos resultados nesse campo da linguística, vide Chomsky, e G. A. Miller (1958, 1963), Chomsky (1959a, 1959b, 1963).

muito mais poderosas do que as de PROFUNDO. Utilizando as representações em árvore, mostramos o efeito da transformação PASSIVA.

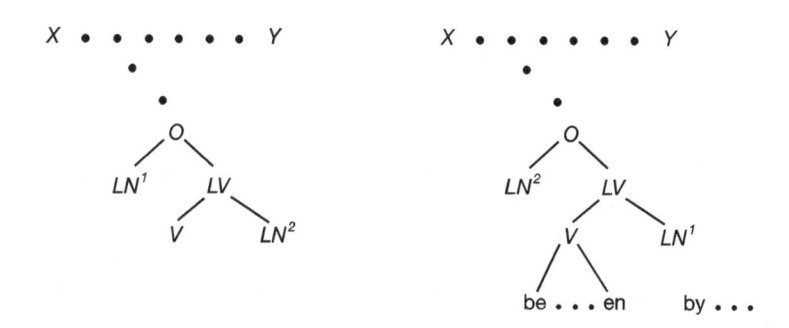

Na gramática inglesa, os linguistas foram capazes de identificar inúmeras transformações. Neste ponto, na representação do sistema, queremos mencionar apenas mais uma transformação — ELEVAÇÃO.

$$X\ V\ [LN\ Y]\ Z \to X\ V\ LN\ [Y]\ Z$$
$$O\quad O\qquad\qquad O\ O$$

A derivação global tem o mesmo efeito que qualquer derivação em um sistema formal: ela transporta os axiomas do sistema por meio de regras de derivação para os teoremas ou sequências bem-estruturadas (e, nesse caso, estruturas em árvore) do sistema. Se você comparar o teorema para o qual acabamos de fornecer a derivação com a representação em árvore (4), descobrirá que, exceto por umas poucas diferenças de nódulos que são afetados por transformações menores de limpeza do inglês, as duas árvores são idênticas. Agora, de que forma isso explica as intuições de boa-estruturação e sinonímia? Primeiro, mostramos que o sistema PROFUNDO falha em explicar pelo menos uma frase bem-estruturada do inglês, a saber, frase (4). Observe-se agora que PROFUNDO + TRANS, na realidade, explicam essa frase. A fim de podermos explicar como se lida com a questão de sinonímia, precisamos desenvolver uma certa terminologia.

O Modelo Completo

Dentro da teoria da gramática transformacional, cada frase recebe uma análise dupla: uma da estrutura de constituinte, ou das coisas que se ajustam, e outra do significado, ou relações lógicas. A gramática transformacional faz a alegação de que, a fim de apreender as intuições coerentes que você e eu temos como falantes nativos de inglês, dois níveis distintos de estrutura têm de ser identificados. São os denominados Estrutura Profunda e Estrutura Superficial. A primeira é o nível de estrutura em que se estabelece, para a frase em análise, o significado ou informação das relações lógicas; a segunda é o nível de estrutura em que se estabelece a informação de estrutura de constituinte. A Estrutura Superficial é a forma que a frase realmente tem no instante em que é utilizada por você e por mim, como falantes nativos da língua. A Estrutura Profunda nunca aparece diretamente no uso da língua, embora você e eu tenhamos intuições coerentes a respeito das relações que se mantêm entre os elementos desta. Em termos dos sistemas que vimos apresentando, as Estruturas Profundas do inglês são o conjunto de teoremas do sistema PROFUNDO. Os teoremas de TRANS são o conjunto das Estruturas Superficiais do inglês.

Estruturas Profundas do Inglês — significado ou relações lógicas (teoremas de PROFUNDO)
Estruturas Superficiais do Inglês — relações de estrutura de constituinte (teoremas de TRANS)

Vamos agora à relação de sinonímia. Diz-se que a relação de sinonímia se mantém entre duas Estruturas Superficiais do inglês caso se derivem da mesma Estrutura Profunda. Dado que o ponto em que se estabelecem relações de significado para as frases do inglês está ao nível de Estrutura Profunda, as transformações que modificam a forma de uma frase, na medida em que passa por suas derivações até a Estrutura Superficial, não acrescentam dimensões de significado. Em outras palavras, o significado de uma frase é independente da forma posterior da Estrutura Profunda que ela recebe por meio das transformações que a delineiam em Estrutura Superficial. Outra forma de expressar esse resultado é dizer que dois teoremas de sistema TRANS têm o mesmo significado (isto é, são sinônimos) apenas no caso de eles se derivarem do mesmo axioma. A figura (10) mostra essa relação de sinonímia. (Ver p. 248.)

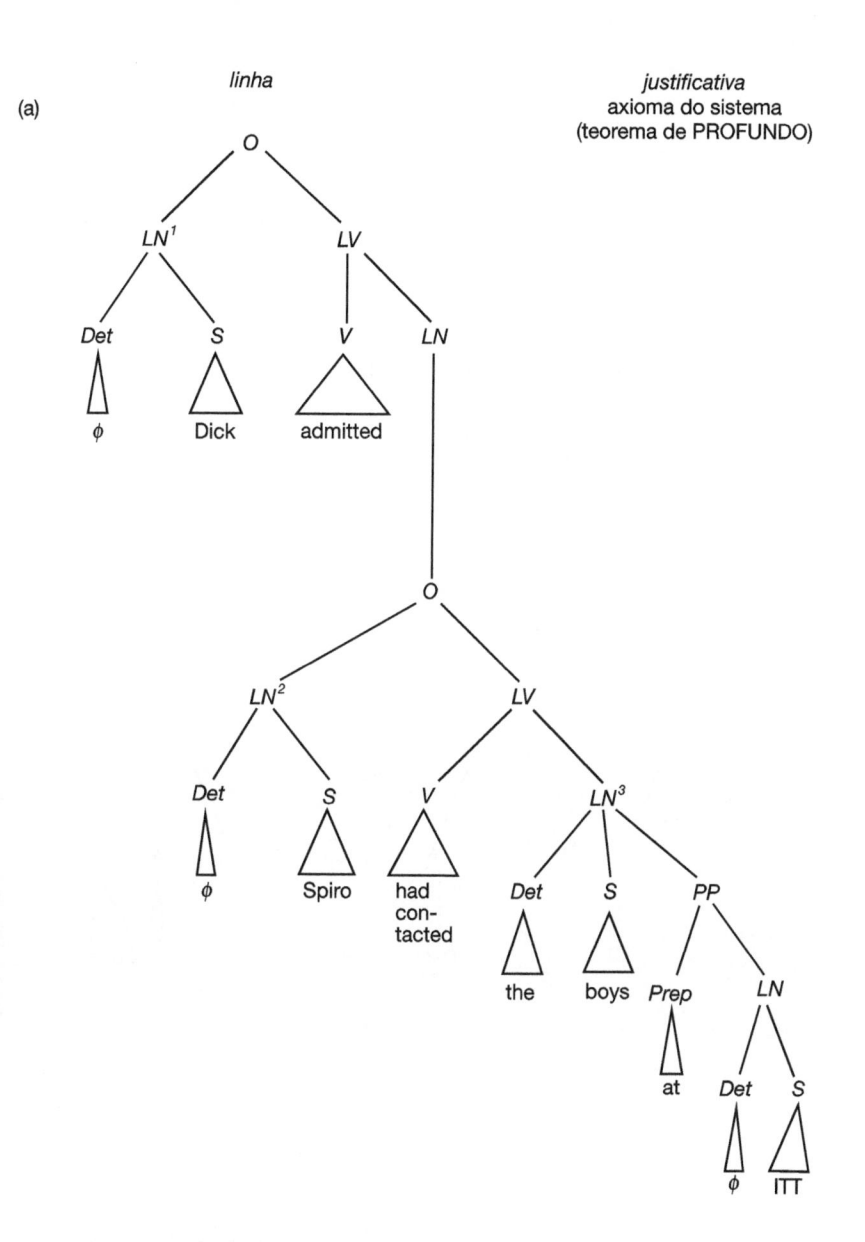

linha

(a)

justificativa
axioma do sistema
(teorema de PROFUNDO)

pela regra de derivação (a)

(b)

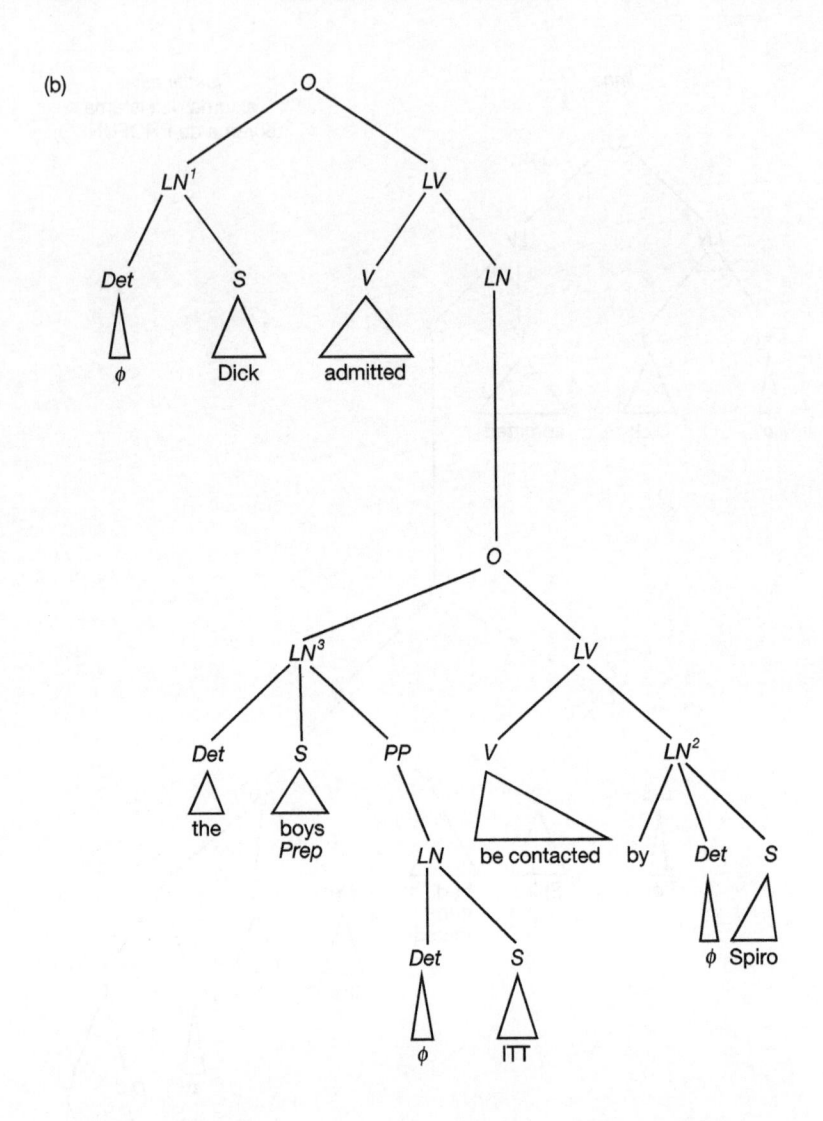

pela regra de derivação (a)

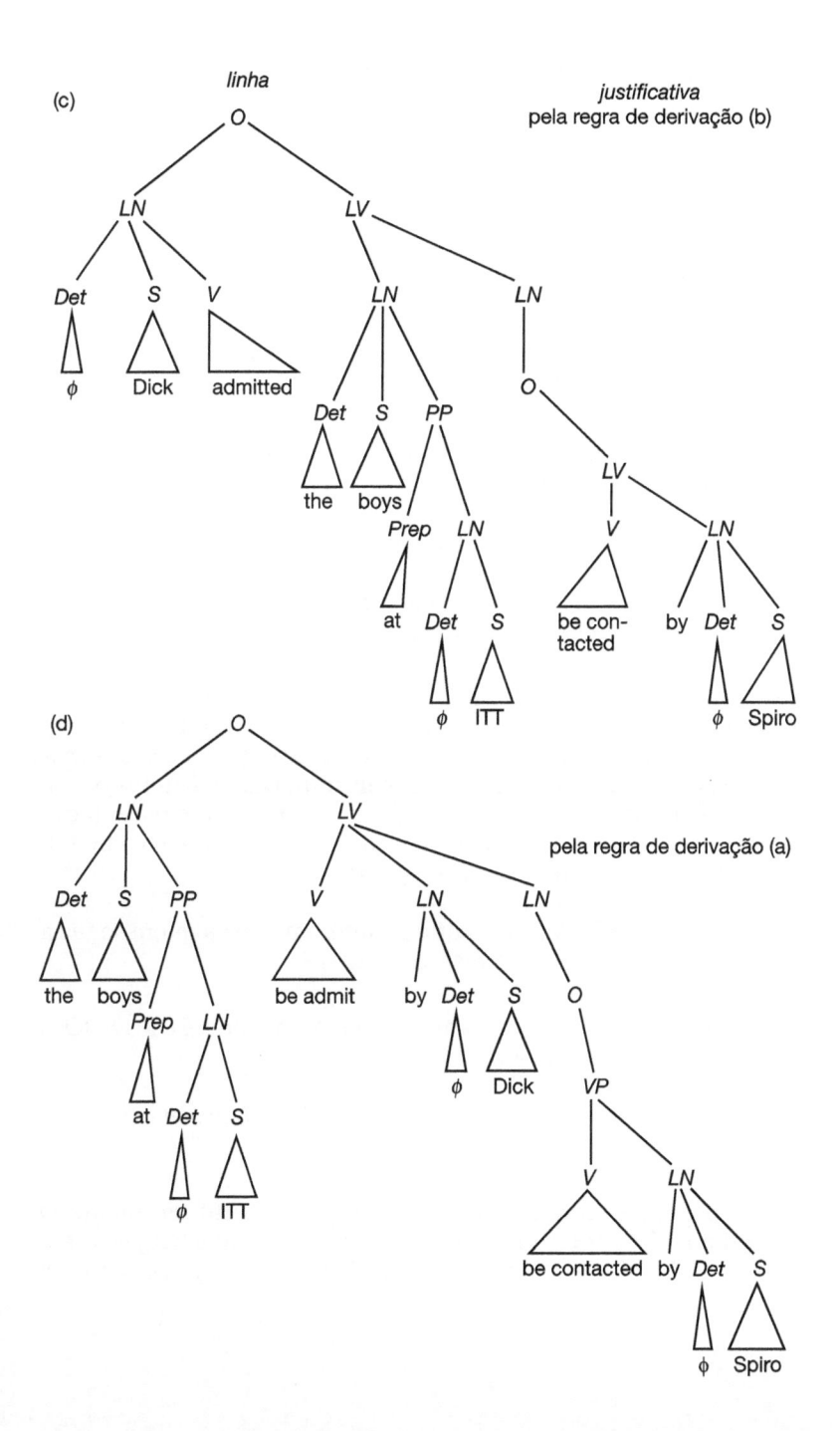

(10) Estrutura Profunda

Estrutura
Superficial$_1$ Estrutura Superficial $_2$ • •   Estrutura Superficial $_n$

Assim, cada Estrutura Superficial derivada da mesma Estrutura Profunda é sinônima de cada Estrutura Superficial dessa mesma fonte. Tomemos as frases (2) e (4), que são sinônimas:

(2) *Dick admitted Spiro had contacted the boys at ITT.*
(4) *The boys at ITT were admitted by Dick to have been contacted by Spiro.*

Há inúmeras frases mais que são teoremas de TRANS derivadas do mesmo axioma. Por exemplo:

(11) *That Spiro had contacted the boys at ITT was admitted by Dick.*
(12) *Dick admitted that Spiro had contacted the boys at ITT about something.*

Se você examinar cuidadosamente a frase (11), verá que é o resultado de uma derivação da mesma Estrutura Profunda que inclui apenas uma aplicação das regras de derivação (a), isto é, a transformação PASSIVA. A frase (12) é mais importante. Lembre-se da discussão do tipo de informação que o léxico contém em relação a verbos; especificamente, caracterizamos o verbo *admit* como um predicado de três participantes lógicos.

admit^3 (a pessoa que admite, a pessoa a quem se fez a admissão e a coisa admitida)

Na frase (2), a que vimos chamando o teorema de PROFUNDO, o contra-argumento está ausente.

admit^3 (Dick, _____, Spiro had contacted the boys at ITT)

Agora podemos corrigir uma simplificação feita anteriormente. O teorema real de PROFUNDO, a Estrutura Profunda subjacente a (2), (4) e (11), é a estrutura de árvore para (12), em que todos os argumentos do predicado *admit* têm uma representação. A estrutura de árvore é a seguinte:

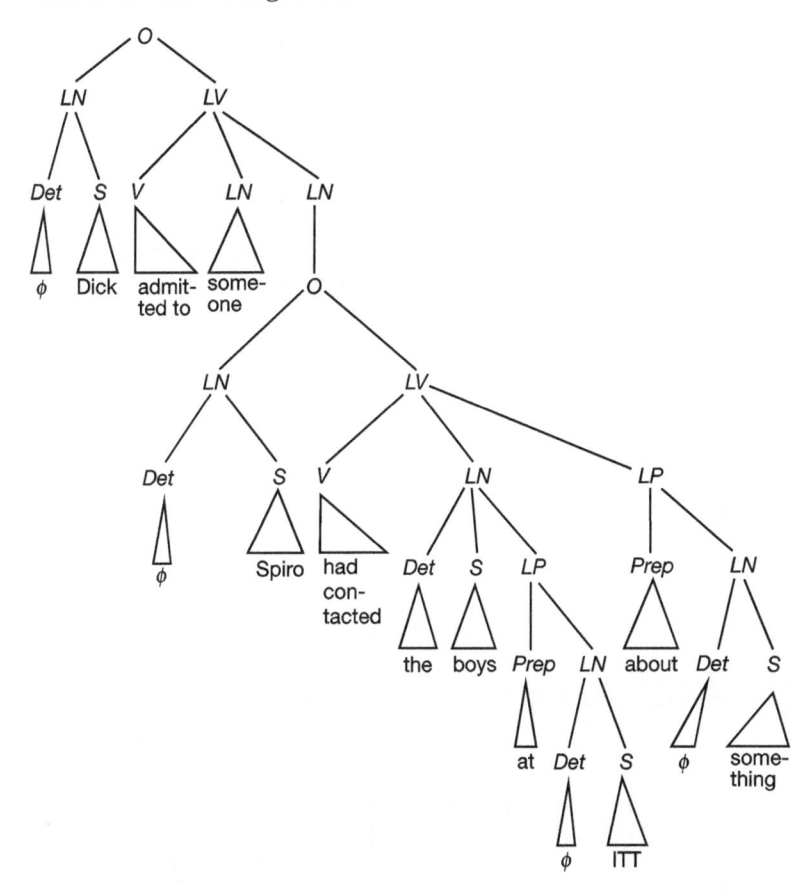

Dado que as frases (2) e (12) são sinônimas, o sistema TRANS tem que derivá-las a partir do mesmo teorema. A Estrutura Superficial da frase (12) é virtualmente idêntica à sua Estrutura Profunda.[55] Dois argumentos de locução nominal então ausentes da Estrutura Superficial (2). Esse fato nos revela uma classe distinta, e extremamente importante, de transformações do inglês.

---

[55] Mais uma vez, estamos simplificando; por exemplo, a LP *at ITT*, em uma análise mais completa, poderia ser identificada como ela mesma derivada de uma frase inteira na Estrutura Profunda.

As transformações que apresentamos até o momento tiveram o efeito de permutar ou modificar a ordem de argumentos de locução nominal na estrutura de árvore; estes são conhecidos como transformações por Permutação. As transformações envolvidas na derivação da frase (2), no sistema TRANS, têm como efeito a remoção dos constituintes da estrutura de árvore; estes constituem a classe das transformações por Eliminação. A transformação específica envolvida na derivação de (2) é chamada Eliminação Não Especificada de *LN*. Ela foi aplicada duas vezes na derivação de (2) para remover os dois constituintes *to someone* e *about something*. A existência dessa transformação permite-nos, então, compreender a relação, isto é, a derivação, entre o axioma (12) e o teorema (2).

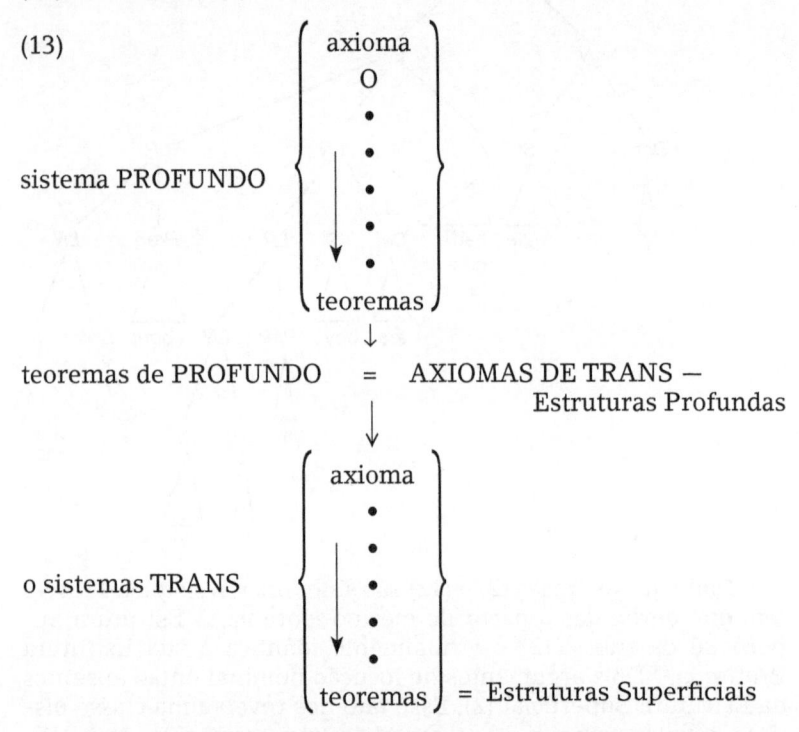

(13)

sistema PROFUNDO
$$\left\{ \begin{array}{c} \text{axioma} \\ \text{O} \\ \bullet \\ \bullet \\ \bullet \\ \bullet \\ \bullet \\ \text{teoremas} \end{array} \right.$$

teoremas de PROFUNDO = AXIOMAS DE TRANS —
                                                         Estruturas Profundas

o sistemas TRANS
$$\left\{ \begin{array}{c} \text{axioma} \\ \bullet \\ \bullet \\ \bullet \\ \bullet \\ \text{teoremas} \end{array} \right.$$ = Estruturas Superficiais

O que fizemos agora foi fornecer a representação das intuições coerentes a respeito da língua, que qualquer gramática adequada de um sistema de língua natural tem de prover. A figura (13) pode ajudá-lo a visualizar o sistema inteiro.

E mais, é ao nível de Estrutura Profunda que se estabelece o significado das relações lógicas, enquanto é ao nível de Estruturas Superficiais que se estabelecem as relações de estrutura coerente. O conjunto das frases bem-estruturadas da questão de componência na língua é o conjunto de todos os teoremas de TRANS. A intuição de sinonímia é respondida quando cada Estrutura Superficial derivada da mesma Estrutura Profunda é sinônima de cada uma das outras Estruturas Superficiais derivadas dessa Estrutura Profunda.

A última das três intuições, a *ambiguidade*, pode ser agora representada. Ambiguidade refere-se à experiência que falantes nativos têm quando compreendem ter uma frase mais de um significado distinto. A frase (14) é o exemplo de uma frase ambígua, que apresentamos anteriormente.

(14) *Murdering peasants can be dangerous.*

Nossas intuições a respeito dessa frase são as de que se pode entendê-la tanto como camponeses que matam podem ser perigosos ou como matar camponeses pode ser perigoso para alguém. Se representarmos esses dois significados distintos pelos símbolos A e B, então como poderemos explicar essa propriedade de ambiguidade dentro do sistema da gramática transformacional que aqui desenvolvemos? A resposta é bem simples: consideremos o caso de sinonímia. Sinonímia é o caso em que a mesma Estrutura Profunda se transcreve em mais de uma Estrutura Superficial. Ambiguidade é o inverso de sinonímia, a saber, diferentes Estruturas Profundas transcrevem-se na mesma Estrutura Superficial. Em outras palavras, uma Estrutura Superficial será ambígua se houver mais de uma derivação partindo de Estruturas Profundas distintas. Se houver duas dessas derivações, então a Estrutura Superficial que resulta é ambígua reciprocamente, isto é, está ligada por derivações a duas Estruturas Profundas distintas. Se houver *n* dessas derivações, então a Estrutura Superficial resultante é *n* vezes ambígua. A figura (15) pode ajudá-lo a ver a relação de ambiguidade em termos transformacionais.

Essa última caracterização da relação de ambiguidade, em termos transformacionais, completa o esboço da teoria da gramática transformacional, que queremos apresentar neste trabalho.

Gramática transformacional é o nome da parte do campo da pesquisa linguística que utilizamos como ponto de referência na adaptação de modelos linguísticos a um metamodelo para terapia.

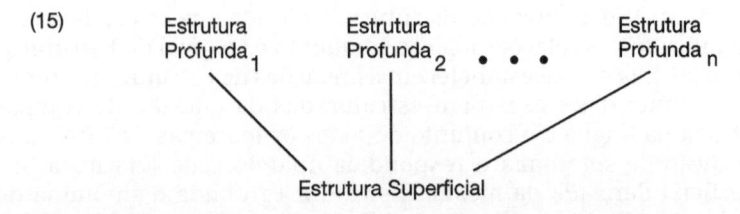

Atualmente, no desenvolvimento do campo da gramática transformacional, há pelo menos dois grupos de pesquisadores que consideram a si mesmos e aos membros do outro grupo como tendo um modelo distinto e rival em relação ao paradigma dominante em linguística. Esses grupos chamam seus modelos de Teoria do Padrão Ampliado e modelos Semânticos Gerativos. Os conceitos e processos que selecionamos da gramática transformacional encontram-se em ambos os modelos. Em outras palavras, ambos os grupos de pessoas serão capazes de identificar os conceitos e processos formalmente equivalentes em seu modelo. Os modelos são úteis para o muito que se encontra fora da equivalência formal. Especificamente, os nomes dados aos conceitos e processos da experiência de se terem intuições a respeito da língua apresentam imagens diferentes. Sugerem, através de mecanismos como pressuposições, insinuações, inferências, e a sintaxe de expressão de cada um desses mecanismos, diferentes atitudes e percepções. A maioria dos nomes que escolhemos utilizar aqui foi extraída da Teoria do Padrão Ampliado. Para os objetivos de se perceber a linguagem e fazermos a análise linguística, e para efeito de elegância formal, escolhemos o modelo Semântico Gerativo. Para os objetivos de descrever nossa experiência em terapia, ao falar a pessoas em treinamento como terapeutas, consideramos mais útil a terminologia da Teoria do Padrão Ampliado; esta foi nossa escolha neste livro. Tentamos dar no Glossário as equivalências notacionais no modelo da Semântica Gerativa, para os termos aqui utilizados, nos casos que nos parecem importantes. Temos intuição de que o modelo Semântico Gerativo será mais útil na área de relações Semânticas Lógicas. Um excelente trabalho está sendo feito nessa área pelos linguistas George Lakoff, Lauri Kartunnen, Georgia Green, Jerry Morgan, Larry Horne, Paul Postal, Haj Ross, Masaaki Yamanashi, Dave Dowty etc., pelos lógicos Hans Herzberger, Bas van Fraasen, Saul Kripke etc., e pelo pessoal da Inteligência Artificial como Roger Schank, Terry Winograd etc. Esses tipos de imagens têm sido úteis a nós dois na representação e comunicação de nossas experiências em terapia.

Apêndice B

AMBIENTES SINTÁTICOS PARA IDENTIFICAÇÃO DE PRESSUPOSIÇÕES DA LÍNGUA NATURAL EM INGLÊS

Nosso propósito, ao apresentar o material constante deste apêndice, é indicar o alcance e a complexidade do fenômeno das pressuposições da língua natural. Além disso, ao listar alguns dos ambientes sintáticos mais comuns, em que ocorrem pressuposições, oferecemos uma oportunidade de praticar àqueles estudantes que estejam interessados em aprimorar suas intuições no reconhecimento de pressuposições. A lista de ambientes sintáticos não é exaustiva, e não tentaremos apresentar nenhuma das teorias que foram propostas por diferentes linguistas, lógicos, semanticistas ou filósofos com relação a pressuposições. Nosso objetivo é, antes, mais prático.

No momento, pressuposições são o principal foco de estudo para os inúmeros linguistas, especialmente os que se consideram Semanticistas Gerativos. Na compilação desta lista de ambientes sintáticos, tomamos de empréstimo muita coisa do trabalho de Lauri Kartunnen. Vide a bibliografia para as fontes.

1. Pressuposições Simples

São ambientes sintáticos em que se requer a existência de alguma entidade para a oração fazer sentido (seja verdadeira ou seja falsa).

(a) Nomes Próprios.
(*George Smith* saiu cedo da festa.) ⟶ (Existe alguém chamado George Smith) em que ⟶ significa pressupõe.

(b) Pronomes. *A, o, os*
    (Eu *o* vi sair) ———➤ (Existe algum masculino
    [isto é, o])
(c) Descrições Definidas.
    (Gostei da *mulher com os brincos de prata*) ———➤
    (Existe uma mulher com brincos de prata.)
(d) Locuções Nominais Genéricas.
    Argumentos nominais representando toda uma classe. (Se os *coalas* não têm árvores para subir, estão tristes.) ———➤ (Há coalas.)
(e) Alguns Quantificadores. *Todo, cada, cada um, algum, muitos, poucos, nenhum*
    (Se *algum dos dragões* aparecer, estou de saída.) ———➤ (Há dragões.)

2. Pressuposições Complexas

Casos em que se pressupõe mais do que a simples existência de um elemento.

(a) Orações Relativas.
    Argumentos nominais complexos, com um substantivo seguido por uma locução iniciada por *o que, qual, que*. (*Muitas das mulheres que falaram com você* deixaram a loja.) ———➤ (Muitas mulheres falaram com você.)
(b) Orações Subordinadas de Tempo.
    Orações identificadas pelas palavras-chave *antes, depois, durante, enquanto, antes de, quando*. (Se a juíza estava em casa *quando eu parei por lá*, ela não atendeu à porta.) ———➤ (Passei na casa da juíza.)
(c) Oração Bipartida.
    Orações iniciadas por é {foi/é} + argumento nominal. (Foi a pressão excessiva que estilhaçou a janela.) ———➤ (Alguma coisa estilhaçou a janela.)
(d) Orações Pseudobipartidas.
    Identificadas pela forma, *Que* [Oração] *é* [Oração] (O que Sharon espera fazer é com que todos gostem dela.) ———➤ (Sharon espera alguma coisa.)
(e) Orações Acentuadas.
    Acentuação vocal (Se Margaret falou com a polícia, estamos perdidos.) ———➤ (Margaret falou com alguém.)

(f) Adjetivos Complexos. *Novo, velho, último, atual, anterior.*

(Se Fredo usar o anel novo, eu me escondo.) ———➤ (Fredo tem/teve um anel velho.)

(g) Numerais Ordinais. *Primeiro, segundo, terceiro, quarto e outro.*

(Se você achar uma terceira pista nesta carta, lhe dou um doce.) ———➤ (Há duas pistas que já foram achadas.)

(h) Comparativas. *-er, more, less**

(If you know better riders than Sue does, tell me who they are.) ———➤ (Sue knows [at least] one rider.) (If you know better riders than Sue is, tell me who they are.) ———➤ (Sue is a rider.)**

(i) Comparativa. *Tanto... quanto*

(Se a filha dela for *tão engraçada quanto* o marido, vamos nos divertir.) ———➤ (O marido dela é engraçado.)

(j) Palavras-Chave Repetitivas. *Também, nem, de novo, novamente*

(Se ela me disser aquilo *novamente,* dou-lhe um beijo.) ———➤ (Ela já me disse isso antes.)

(k) Verbos e Advérbios Repetitivos.

Verbos e advérbios começando por *re-,* p. ex. *repeatedly, return, restore, retell, replace, renew* (If he *re*turns before I leave, I want to talk to him.) ———➤ (He has been here before.)***

(l) Qualificadores. *Somente, mesmo, exceto, apenas*

(Apenas Amy viu os ladrões de banco.) ———➤ (Amy viu os ladrões de banco.)

(m) Verbos de Movimento. *Vir, ir, sair, chegar, partir, entrar*

(Se Sam *saiu* de casa, ele está perdido.) ———➤ (Sam estava em casa.)

---

* *Sufixo formador de comparativos, mais, menos.* (N.T.)

** (Se você conhecer melhores cavaleiros do que a Sue conhece, diga-me quem são.) (Sue conhece [pelo menos] um cavaleiro.) (Se você conhecer melhores amazonas do que a Sue é, diga-me quem são.) ———➤ (Sue é uma amazona.) (N.T.)

*** *Repetidamente, voltar, restaurar, recontar, substituir, renovar.* (Se ele voltar antes de eu sair, quero falar-lhe.) ———➤ (Ele já esteve aqui antes.) (N.T.)

(n) Verbos e Advérbios que implicam ideia de tempo. *Começar, terminar, parar, iniciar, continuar, prosseguir, já, ainda, não mais.*

(Aposto que o Harry vai *continuar* a sorrir.) ⟶ (Harry estava sorrindo.)

(o) Verbos de Mudança de Estado. *Mudar, transformar, tornar-se em, vir a ser.*

(Se a Mae se *transformar* numa *hippie,* vou ficar surpreso.) ⟶ (Mae atualmente não é uma *hippie.*)

(p) Verbos e Advérbios Factitivos. *Estranho, estar ciente, saber, compreender, lamentar.*

(É *estranho* ela ter telefonado para Maxine à meianoite.) ⟶ (Ela telefonou para Maxine à meianoite.)

(q) Advérbios e Adjetivos Comentários. *"Sortudo", por sorte, "barato", "demais", "legal", rabugento, ... inocentemente, felizmente, necessariamente.*

(É um *barato* que você compreenda seu cachorro.) ⟶ (Você compreende seu cachorro.)

(r) Orações Condicionais Contrafactuais.

(*Se você tivesse ouvido a mim e a seu pai,* não estaria na maravilhosa posição em que se encontra agora.) ⟶ (Você não me ouviu, nem a seu pai.)

(s) Contrário à Expectativa.

(*Quando você se decidir* a querer falar comigo, estarei tirando leite das pedras.) ⟶ (Eu não espero que você queira falar comigo.)

(t) Restrições Seletivas.

(If my professor gets *pregnant,* I'll be disappointed.) ⟶ (My professor is a woman.)*

(u) Perguntas.

(Quem comeu as fitas?) ⟶ (Alguém comeu as fitas.) (Quero saber quem comeu as fitas?) ⟶ (Alguém comeu as fitas.)

(v) Perguntas Negativas.

(Você *não* queria falar comigo?) ⟶ (Pensei que você queria falar comigo.)

---

* Este exemplo não se aplica à língua portuguesa, como se vê claramente ao vertê-lo para o português: (Se minha professora *engravidar,* ficarei desapontado.) ⟶ (Minha professora é uma mulher.) (N.T.)

(w) Perguntas Retóricas.

(Quem se importa que você venha, ou não?) ⟶

(Ninguém se importa que você venha, ou não.)

(x) *Não* Espúrio.

(Eu me pergunto se você *não* estaria sendo um pouco injusto.) ⟶ (Eu acho que você está sendo injusto.)

Glossário

Ambiguidade: O nome da experiência que as pessoas têm com orações que significam mais de uma coisa, p. ex., *Murdering peasants can be dangerous*. Esta oração é compreendida pelos falantes nativos de inglês de duas formas: (1) os camponeses mencionados estão cometendo o assassinato e (2) os camponeses mencionados estão sendo assassinados. No modelo transformacional de língua, diz-se que uma Estrutura Superficial é ambígua quando ela se deriva de mais de uma Estrutura Profunda.

Analógico: Um adjetivo que descreve qualquer processo que seja contínuo na natureza. Duas das formas mais conhecidas de comunicação análoga são expressão corporal e tom de voz.

Boa-Estruturação: O preenchimento de um conjunto de condições a respeito de estrutura; isto é, boa-estruturação em inglês, boa-estruturação em terapia.

Comportamento Governado por Regras: Comportamento que é sistemático e que pode ser representado explicitamente por um conjunto de regras. No caso do comportamento humano governado por regras, não é necessária nenhuma consciência das regras.

Digital: Um adjetivo que descreve qualquer processo que seja descontínuo na natureza. O sistema de comunicação digital mais conhecido é a língua.

Distorção: Um dos três universais da modelagem humana; o processo pelo qual as relações que se estabelecem entre as partes do modelo são representadas de forma diferente das relações que, se supõe, representam. Um dos exemplos mais comuns de distorção, em modelagem, é a representação de um processo por um evento. Dentro dos sistemas da língua, isso é chamado *nominalização*.

Eliminação: Um dos três universais da modelagem humana; o processo pelo qual partes selecionadas do mundo são excluídas da representação criada pela modelagem da pessoa.

Dentro dos sistemas da língua, a eliminação é um processo transformacional, em que porções da Estrutura Profunda são removidas e, portanto, não aparecem na representação de Estrutura Superficial.

Empobrecimento: O processo de limitar o número de distinções em um modelo. Em terapia, o processo pelo qual uma pessoa vem a ter um pequeno número de escolhas, ou nenhuma escolha, em seu comportamento.

Enriquecimento: O processo de aumentar o número de distinções em um modelo. Em terapia, o processo pelo qual uma pessoa vem a ter mais escolhas em seu comportamento.

Estrutura Profunda: A representação linguística completa da qual se derivam as Estruturas Superficiais da língua.

Estrutura de Referência: A soma total das experiências na história da vida de uma pessoa. Também a representação mais completa da qual outras representações, dentro de algum sistema, se derivam; por exemplo, a Estrutura Profunda serve como Estrutura de Referência para a Estrutura Superficial.

Estrutura Superficial: As orações, derivadas de Estrutura Profunda, que os falantes nativos da língua falam e escrevem.

Explícito: Apresentado de uma maneira passo a passo; não dependendo de interpretação.

Extensional: Definição pela listagem de cada membro específico da categoria que está sendo definida.*

Formal: Empregado em dois sentidos neste livro: (1) explícito; (2) independente de conteúdo.

Generalização: Um dos três universais da modelagem humana; o processo pelo qual uma experiência específica vem a representar a categoria toda da qual ela é membro.

Integralidade: Uma propriedade semântica lógica da representação linguística completa, a Estrutura Profunda. Estruturas Superficiais estão completas se elas representam todas as porções da Estrutura Profunda.

Intencional: Definição pela(s) característica(s) dos membros da categoria que está sendo definida, em vez de pela listagem dos membros específicos.*

Intuição: Julgamentos coerentes feitos por pessoas (tipicamente, sem uma explicação de como esses julgamentos são feitos). Dentro dos sistemas das línguas, a habilidade, dos falantes nativos de uma língua, de fazer julgamentos coerentes sobre as orações de sua língua; por exemplo, a capacidade de deci-

---

* Vide nota de rodapé 9, Capítulo 3. (N.T.)

dir que sequências de palavras, na língua, são orações bemestruturadas. Um exemplo clássico do comportamento humano governado por regras.

Metamodelo: Uma representação de uma representação de alguma coisa. Por exemplo, a língua é uma representação do mundo de experiência; a gramática transformacional é uma representação da língua e, portanto, um metamodelo.

Modelo/Modelagem: Uma representação de alguma coisa/o processo de representar alguma coisa; um mapa, por exemplo. Um processo que envolve três outros, Generalização, Distorção e Eliminação.

Nominalização: A representação linguística de um processo por um evento.

Pressuposição: Uma suposição básica subjacente, que é necessária para que uma representação faça sentido. Dentro dos sistemas das línguas, uma oração que tem de ser verdadeira para que uma outra faça sentido.

Representação: Uma imagem de alguma coisa que é diferente da própria coisa; um mapa, um modelo.

Semântica: O estudo do significado.

Sinonímia: O nome da experiência que as pessoas têm com orações de forma distinta que têm o mesmo significado; p. ex., *O gato perseguiu o rato* e *O rato foi perseguido pelo gato*. No modelo transformacional da língua, diz-se que duas, ou mais, orações são sinônimas se forem derivadas da mesma Estrutura Profunda.

Sintaxe: O estudo da ordem e padronização dos elementos de um sistema. Dentro da língua, o estudo da ordem e padronização das palavras e locuções.

Bibliografia

Nesta bibliografia, nosso propósito é fornecer referências que lhe permitirão aprofundar qualquer interesse que possa ser despertado pela leitura deste livro. Dividimos as referências em três seções:

Seção I.

Gramática Transformacional

Seção II.

Terapia

Seção III.

Modelagem/Sistemas Formais/Epistemologia

Em cada uma dessas seções, identificamos um pequeno número de trabalhos que achamos especialmente úteis no desenvolvimento de nossos próprios modelos. As referências fornecidas não esgotam os assuntos, nem são as únicas fontes onde as ideias que elas contêm podem ser encontradas. Esperamos que você aprecie sua leitura. Se você sabe de outros trabalhos de referência que considere particularmente claros e úteis segundo sua experiência nessas áreas, apreciaríamos que nos comunicasse. Por fim, se deseja dedicar-se a alguma ideia, ou linha de pensamento, ou experiência suscitada por nosso livro e a bibliografia for inadequada a seus propósitos, escreva-nos e tentaremos sugerir-lhe outras referências.

META-MODELS
c/o Science and Behavior Books, Inc.
P.O. Box 60519
Palo Alto, CA 94306

I. Gramática Transformacional

A. *Referências Básicas*

Bach, E. *Syntactic Theory*, Nova York: Holt, Rinehart and Winston, Inc. 1974. Uma visão geral cuidadosamente apresentada de sintaxe conforme tratada pelos transformacionalistas.

Chomsky, N. *Syntactic Structures*. The Hague: Mouton, 1957. O livro que estabeleceu o modelo transformacional na linguística; o estilo de Chomsky é difícil para muitos leitores. As partes do livro mais ligadas ao metamodelo são o Prefácio; Capítulos 2, 3, 5, 6, 8; e o Resumo.

Chomsky, N. *Aspects of the Theory of Syntax*. Cambridge. Mass. MIT Press, 1965. Esta é uma das descrições mais acessíveis do modelo linguístico, do qual tomamos muita coisa emprestada. Novamente, alguns leitores acharam difícil o estilo do autor. Recomendamos em especial os Capítulos 1 e 2.

Chomsky, N. *Language and Mind*. Nova York: Harcourt Brace Jovanovich Inc., 1968. Quatro conferências que Chomsky fez como professor visitante em Berkeley; menos técnico do que seus outros trabalhos que listamos.

Grinder, J. e Elgin, S. *A Guide to Transformational Grammar*. Nova York: Holt, Rinehart and Winston, 1973. Uma visão geral muito abrangente de todo o campo da gramática transformacional; inclui resumos e comentários sobre *Syntactic Structures* e *Aspects* de Chomsky. Vide especialmente os Capítulos 1, 2, 4, 5, 6, 7, 8, 10 e 13.

Jacobs, R. e Rosenbaum, P. *English Transformational Grammar*. Waltham, Mass.: Ginn/Blaisdell, 1968. Um trabalho de fácil leitura como uma introdução ao campo; não especificamente abrangente.

Langacker, R. *Language and Its Structure*. Nova York: Harcourt Brace Jovanovich, Inc., 1967. Uma introdução de fácil leitura, que trata a linguagem tanto pelo modelo transformacional como de forma mais geral.

Lyons, J. *Introduction to Theoretical Linguistics*. Cambridge, England: Cambridge University Press. Um trabalho erudito que apresenta uma visão global da língua em geral; inclui uma seção sobre o modelo transformacional.

B. *Outros Trabalhos Transformacionais Úteis*

Bever, T. G. "The Cognitive Basis of Linguistic Structure." Em J. Hayes (org.), *Cognition and The Developments of Language*. Nova York: John Wiley and Sons, 1970. Um excelente relato de como a linguagem, como um sistema representativo, poderia ser ligada à capacidade geral de modelagem do ser humano — especialmente a forma como as crianças desenvolvem essa capacidade.

Fillmore, C. "The Case for Case." Em E. Bach e R. Harms (orgs.), *Universals in Linguistic Theory,* Nova York: Holt, Rinehart and Winston, 1968. Um relato de fácil leitura de uma versão um tanto diferente do modelo transformacional — sugestões úteis sobre o que poderia ser uma representação completa da estrutura de referência.

Greene, G. "How to Get People to Do Things With Words." Em *Papers from the 8th Regional Meeting of the Chicago Linguistic Society*. Chicago, Ill: University of Chicago, 1970. Um excelente exemplo da abordagem da Semântica Gerativa que, sentimos, contribuirá muito para um metamodelo ampliado para terapia.

Grinder, J. *On Deletion Phenomena in English*. The Hague: Mouton, 1976. Muito técnico; útil para discussão dos diferentes tipos de eliminação. Vide Capítulos 1, 2 e 3.

Gruber, J. "Studies in Lexical Relations." Tese para doutoramento, não publicada, MIT, 1965. Excelente sugestão para uma completa representação de estruturas de referência.

Horn, L. "A Presuppositional Analysis of *Only* and *Even:*" Em *Papers from the 5th Regional Meeting of the Chicago Linguistic Society*. Chicago, Ill: University of Chicago, 1969. Outro excelente exemplo do tipo de pesquisa da Semântica Gerativa que, sentimos, contribuirá para um metamodelo ampliado para terapia.

Kartunnen, L. "Remarks on Presuppositions." Em *Texas Conference on Performance, Conversational Implicature and Presuppositions*, mimeografado, março de 1973. Kartunnen tem uma série de trabalhos incisivos sobre os fenômenos de pressuposições em inglês. Sugerimos que você escreva diretamente a ele, na Universidade do Texas, para obter cópias.

Katz, J. *Semantic Theory*. Nova York: Harper and Row, 1972. Um dos mais atualizados relatos do tipo de teoria semântica mais compatível com a gramática transformacional da Semântica não Gerativa.

Lakoff, G. *Linguistics and Natural Logic*. Ann Arbor, Mich.: University of Michigan, 1970. Um valioso compêndio de alguns dos mais recentes trabalhos sobre Semântica Gerativa, pelos seus porta-vozes mais prolíficos. G. Lakoff está atualmente na Universidade da Califórnia, Berkeley.

McCawley, J. "Lexical Insertion in a Transformational Grammar." Em *Papers from the 4th Regional Meeting of the Chicago Linguistic Society*. Chicago, Ill: University of Chicago, 1968. Um dos primeiros artigos estabelecendo a Semântica Gerativa; boas sugestões quanto à representação de estruturas de referência.

Postal, P. "On the Derivation of Pseudo-Adjectives." Trabalho apresentado para o *44th Annual Meeting of the LSA*, 1969.

Postal, P. "On the Surface of Verb *Remind*." Em *Linguistic Inquiry, 1*; 1:37-120. O trabalho de Postal é altamente teórico; a primeira referência tem exemplos excelentes dos padrões de derivação, quando Predicados de Estrutura Profunda são mapeados em Adjetivos de Estrutura Superficial. A segunda referência é muito útil na elaboração de sugestões sobre a representação de estrutura de referência.

Ross, J. R. "On Declarative Sentences." Em *Readings in English Transformational Grammar* de R. Jacobs e P. Rosenbaum, Waltham, Mass.: Ginn/Blaisdell, 1970. Esta é a base linguística para a seção do Capítulo 4 chamada *A Execução Perdida*, e um excelente exemplo de análise linguística.

Sapir, E. *The Selected Writing of Edward Sapir.* D. Mandelbaum (org.), University of California Press. Berkeley, 1963. Um dos linguistas clássicos que teve uma sensibilidade sutil para com a modelagem.

Searle, J. *Speech Acts.* Cambridge University Press, 1969. Um trabalho moderno sobre pragmática, tendo o modelo transformacional como base. Fácil leitura.

Whorf, B. "Grammatical Categories." Em *Language, Thought and Reality,* J. E. Carroll (org.), Nova York: John Wiley and Sons, 1956. Outro linguista clássico que se dedicou à questão do modo pelo qual a língua dá forma à percepção.

II. Terapia

Haley, J. *Advanced Techniques of Hypnosis and Therapy: Selected Papers of Milton H. Erickson, M. D.* Nova York: Grune and Stratton, 1967. Uma incrível coleção de trabalhos descrevendo as técnicas poderosas de Milton Erickson.

Haley, J. *Uncommon Therapy.* Nova York: Grune and Stratton, 1968. Uma valiosa contribuição ao trabalho poderoso de Erickson, com um comentário interessante de Jay Haley.

Jackson, D. D. *Communication, Family and Marriage.* Palo Alto: Science and Behavior Books, 1968. Uma excelente antologia contendo os trabalhos do grupo de pesquisa MRI/Bateson.

Jackson, D. D. *Therapy, Communication and Change.* Palo Alto: Science and Behavior Books, 1968. Uma excelente antologia contendo os trabalhos do grupo de pesquisa MRI/Bateson.

Perls, F. *The Gestalt Approach: Eyewitness to Therapy.* Palo Alto: Science and Behavior Books, 1973. Uma apresentação clara dos fundamentos teóricos da terapia gestaltiana.

Polster, I. e M. *Gestalt Therapy Integrated.* Nova York: Bruner/Mazel, 1973. Uma apresentação útil de algumas das técnicas da terapia gestaltiana.

Satir, V. *Conjoint Family Therapy*. Palo Alto: Science and Behavior Books, 1964. Um texto básico, e dos mais úteis, sobre terapia familiar.

Satir, V. *Peoplemaking*. Palo Alto: Science and Behavior Books, 1972. Uma excelente introdução, de fácil leitura, às comunicações e terapia.

Watzlawick, P.; Beavin, J. e Jackson, D. *Pragmatics of Human Communications*. Nova York: W. Norton, 1967. Uma apresentação, de fácil leitura, das ideias de Bateson (p. ex., metacomunicação).

Watzlawick, P.; Weakland, J. e Fish, R. *Change*. Nova York: W. Norton, 1974. Uma tentativa interessante de integrar modelos matemáticos a padrões da modificação humana.

III. Modelagem/Sistemas Formais/Epistemologia

Ashby, W. R. *An Introduction to Cybernetics*. Chapman and Hall, Ltd. and University Paperbacks, 1956. Uma excelente introdução à modelagem e sistemas representativos; requer um certo conhecimento de matemática; digno de ser lido cuidadosamente.

Bateson, G. *Steps to an Ecology of Mind*. Nova York: Balantine Books, 1972. Recomendamos calorosamente este livro; é uma coleção dos trabalhos de Bateson, Muito cativante; a um só tempo irreverente e profundo.

Boyd, D. *Introduction to System Analysis* (no prelo), 1975. Uma representação clara da modelagem, de fácil leitura; enfatiza o processo.

Carnap, R. *The Logical Syntax of Language*. Totowa, Nova Jersey: Littlefield, Adams and Company, 1959. Uma abordagem formal e sofisticada da análise linguística. Uma obra altamente técnica: de leitura difícil.

Copi, I. *Introduction to Logic*. Nova York: Macmillan, 1961. Um excelente texto introdutório aos sistemas lógicos.

Herzberger, H. "The Logical Consistency of Language." *Harvard Educational Review*, 35:469-480; 1965. Um exemplo claro de uma análise filosófica de uma das propriedades formais do sistema representativo humano de linguagem.

Hume, D. *Enquiry Concerninq Human Understanding*. Oxford, England: Oxford University Press. Um ensaio clássico sobre epistemologia, o processo de modelagem humana.

Korzybski, A. *Science and Sanity*. Lakeville, Connecticut: The International Non-Aristotelian Library Publishing Company, 4th Edition, 1933. O trabalho básico de referência para a semântica geral. Korzybski compreendeu e discutiu com clareza as distinções intencional/extensional, mapa/território, ... na modelagem humana. Leia os Prefácios, Parte I e Parte II.

Miller, G. A.; Galanter, E. e Pribram, K. *Plans and Structure of Behavior*. Nova York: Holt, Rinehart and Winston, Inc., 1960. Uma das mais claras apresentações de uma base teórica para o comportamento humano; sugestões para um sistema representativo para estruturas de referência; de fácil e agradável leitura.

Newell, A. e Simon. H. A. *Human Problem Solving*. Englewood Cliffs, Nova Jersey: Prentice-Hall, 1971. Uma emocionante incursão à base neurológica para modelagem humana. Uma apresentação clara.

Russell, B. *Introduction to Mathematical Philosophy*, Londres, Inglaterra: George Allen and Unwin, Ltd., 2nd Edition, 1921. Uma apresentação clara e de fácil leitura de alguns dos mais importantes conceitos da lógica moderna, incluindo teoria dos tipos lógicos.

Schank, R. e Colby, K. *Computer Models of Thought and Language*. San Francisco: W. H. Freeman and Company, 1973. Uma boa coleção representativa de modelagem como feita em simulações em computador.

Tarski, A. *Introduction to Logic*. Oxford University Press, 1941. Uma excelente introdução aos sistemas lógicos, um estilo fácil de ler, sem exigir conhecimento prévio do assunto.

Vaihinger, H. *The Philosophy of "As If"*. Londres, Inglaterra: Routledge and Kegan Paul, Ltd., 1924. Uma excelente fonte para discussões da modelagem humana. F. Perls considera que Vaihinger supriu os fundamentos filosóficos para sua terapia gestaltiana.

Watzlawick, P.; Beavin, J. e Jackson, D. *Pragmatics of Human Communication*. Nova York: W. W. Norton and Company, 1967. Uma apresentação clara e de fácil leitura de algumas das ideias básicas de comunicação com ligações com análise de sistemas.

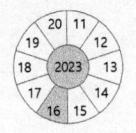